9.11から20年
人類は教訓を手に入れたのか

〈対談〉寺島実郎×柳澤協二監修

伊勢﨑賢治　加藤朗　長谷部恭男
冨澤暉　渡邊隆　林吉永
半田滋　小村田義之　志葉玲
添谷芳秀　酒井啓子　太田昌克
河東哲夫　宮坂直史　佐道明広
池田香代子　屋良朝博　マイク望月

自衛隊を活かす会●編

かもがわ出版

監修者まえがき

「自衛隊を活かす会」代表　柳澤 協二

崩れゆく高層ビルの映像が世界に衝撃を与えた9・11事件から二〇年が経過した。米国は、首謀者をかくまっていたタリバンが支配するアフガニスタンを攻撃し、長い戦争が始まった。今日、米国はアフガニスタンからの撤退を始めているが、同国に平和と安定がもたらされることはない。言い換えれば、米軍が撤退しても戦争は終わらない。

戦争が終わるということは、敗者が負けを認め、勝者の秩序を受け入れることだ。いずれの当事者も負けを認めず、戦争相手の秩序を受け入れないのだから、この戦争に終わりはない。攻め込んだ米国が、嫌気がさして放り出したというだけのことだ。

アフガニスタン戦争は「必要な戦争（War of Necessity）」、イラク戦争は「選択の戦争（War of Choice）」とも言われた。しかし、戦争の目的を達成できなかったのであれば、目的を間違えたか、やり方を間違えたか、少なくとも平和をもたらさなかったという意味で「無駄な戦争」だった。無駄な戦争であっても、必要な戦争であっても、人の命は惜しみなく失われる。

テロが許せないのは、無差別殺人であり、人命を奪うことを自己目的としているからだ。テロとの戦争は、そのテロリストを根絶して無垢の人命を守ることを目的としている。だが、そこには、戦争による兵士と市民の犠牲が避けられないジレンマがある。

犠牲が目的によって意味を与えられるとしても、戦争の結果が人類にとって普遍的意味を持たなければ、犠牲の意味は、やがて失われる。なぜ無駄な戦争を始めてしまったのか、という総括がなければ、過ちはくり返される。自衛隊のインド洋・イラクへの派遣に携わってきた私の問題意識は、「無駄な戦争をしてはいけない。」という一点に集約される。

米国がこの戦争を総括するためには「敗北」を受け入れることが前提となる。狂信的なテロリストには、敗北という概念がない。だから、9・11に始まる戦争は過去の歴史ではなく、現代社会に陰を落とし続ける。米国は、多くの帰還兵士の人格崩壊という問題を抱えたまま自国内の暴力を伴う分断に苦悩している。戦場となった中東、南西アジアでは、犠牲となった民間人への補償もなく、難民への迫害が続いている。そのなかで、9・11以後の戦争が落とした陰の正体を知らないままに、この戦争を知らない世代が生まれ続けている。

二〇世紀の日本の戦争は、勝者である米国の秩序を受け入れ、「軍部が主導した無謀な戦争」と総括された。一九四六年生まれの私は、その戦争を知らない。だが、戦争を知る世代に導かれ、焼け跡から復興する東京をまのあたりにしながら、「戦争をしない国」の一員であることを確信して生きてきた。自衛隊に一人の戦死者もいないことが当たり前の時代だった。

いま、過去の戦争を知る世代の方々はいなくなりつつある。過去の戦争は知らないが、9・11に始まる戦争を経験してきた私の世代も、やがていなくなる。その我々が、次の世代のために、というより、自分が生きてきた証のためにしなければならないことは、自ら経験した時代の戦争を総括することだと思う。次の世代も、様々な戦争や戦争の危機に直面する。げんにいま、中国という御しがたい相手を前に、戦争の不安が高まっている。仮に中国と戦争しても妥協しても、その陰は、長く次の世代に覆いかかるに違いない。せめて考える材料を残しておかなければ、我々の世代が歴史の空白になってしまう。

私は、そのような思いで、今回の企画をお引き受けした。退職後に私が、伊勢﨑賢治さん、加藤朗さんとともに立ち上げた「自衛隊を活かす会」（正式名称「自衛隊を活かす：21世紀の憲法と防衛を考える会」）の活動などを通じて、お付き合いをいただいた方々にお声がけし、このテーマで思い浮かぶことを自由に書いていただくことにした。職業、年齢層はもとより、立場や経験もさまざまではあるが、それぞれに私が尊敬する方々である。

9・11に続く戦争の時代の総括としては、ほんの入り口にすぎないことは承知している。今後やるべきことは山積しているが、「自衛隊を活かす会」の集大成として取り組むべき問題であると認識している。読者の皆さんとともに考え、あるいは忘れない「よすが」となれば幸いである。

短い執筆期間にもかかわらず、丹精込めた論稿をお寄せいただいた方々に感謝申し上げる。また、本企画の実現にご尽力いただいたかもがわ出版の編集者の松竹伸幸さん（「自衛隊を活かす会」の実務も担っていただいている）に御礼を申し上げたい。

もくじ●9・11から二〇年――人類は教訓を手に入れたのか

長谷部　恭男

宮坂　直史

9・11以後の日本の安全保障政策　佐道 明広

マイク 望月

バイデンの「無条件降伏」――喜劇だが、しょうがない

伊勢崎《いせざき》賢治《けんじ》

ジャズトランペッター。出会ったのが内戦中のシエラレオネ。部下のアイルランド兵が聴くマイルスにシビレル。トランペットを手にしたのはアフガニスタン。今度こそ死ぬかもと持参したのが始まり。

今年二〇二一年は9・11から二〇周年ということで、〝そっか、今アフガニスタンに派兵されている米兵たちには、この戦争がどうはじまったかを体感できるものは少ないのだなぁ…〟と感傷に浸るマネができたら思想家を気取ることができるのだろうが、そうはいかない。僕は、このアメリカ建国史上最長の戦争の創成期の現場にかかわった実務家である。

1、防衛庁・省幹部とそのＯＢたちへの鉄槌を書くつもりだったが

アメリカの報復空爆を援護に地上戦を戦い、タリバン政権を崩壊させた九つの軍閥勢力は、アメリカと国際社会への手前、暫定政権におさまったが、政治優位性を得るためのエゴ剥き出しに内戦状態――特に隣接する支配領域を持つものどうしが――に突入していた。東西冷戦期にソ連を追い出した直後と全く同じ状況である。アメリカに大きな借りをつくったと、タリバン政権崩壊後も意気揚々と軍備を増強し続ける軍閥どもを政治交渉により解体し、その軍備を暫定政権の新しい国軍にどうやって移管するか。これが、日本政府の代表としての僕にアメリカが与えた任務だった。

このＤＤＲ（武装解除・動員解除・社会再統合）と呼ばれる任務については、ここでは詳細しない。そして、同時進行する「イラク戦」へ米軍の焦点が移ってゆく〝油断〟の中で、〝予想外〟に好転するＤＤＲが、軍閥の軍備があることによってタリバンの再勃興が抑止されていた当時の軍事バランスを崩す、つまり取り返しのつかない「力の空白」を生むことに途中で気付き、武装解除を停止、もしくは延期するロビーを慌てて開始するも叶わなかった懺悔を、ここで詳述するつもりもない。

更に、「（タリバンに対する）軍事的勝利なし」を、とてもじゃないが、関係者が今のように公言できなかった二〇〇六年当時、ドイツ政府に呼ばれ、ＮＡＴＯ派兵各国政府とアフガン政府の高官会議の席で、「タリバンとの政治的和解を想定するべき未来」を示唆した僕に、特にアフガン女性議員から罵声が浴びせられ――タリバンに人権を蹂躙させられた彼らから見れば昔への逆戻りを意味するから当然だ――僕は会議

場で孤立するも、後にタリバンは、アメリカと対等に政治交渉する世界で唯一の非合法組織になってゆくのだが、その先見の明を自画自賛するつもりもない。

オバマ政権の誕生の二〇〇九年に、特命でタリバン幹部と接触し、そして、タリバンそのものを〝つくった〟パキスタンの「政府の中の政府」、ＩＳＩ軍統合情報局の長官がたまたま僕の国連ＰＫＯ時代の戦友だったおかげで、関係者を非公式に東京に呼び、「軍事的優位にたつタリバンと、ドローンでタリバン高官を殺し続けながら、停戦交渉する」というバカげた現実をＮＡＴＯ軍高官と共に認識し、その直後から現在に続く和平交渉の迷走を予見したことも、ここでは詳細しない。

過去にかまっているヒマはない。これからも続くであろうこの戦争をどう終戦に持ち込むか。その終戦とはどういう状態のものを言うのか、どんな条件が整えばそう言えるのか。この原稿で、気の利いた未来予測を認めるつもりでいた。

そして、日本への問題提起も。

アフガン戦やイラク戦は、完全なる「非対称戦」の現場である。この非対称戦に、以前は国家間の戦争で想定されていた「戦争犯罪」を、いかに適応させるか。これが、戦後のジュネーブ諸条約を中心とする国際人道法・人権法の歩みである。しかし、「九条で戦争しないと言っているのだから戦争犯罪を考えなくてもいい」と思考停止したままの日本。

「非対称戦」では、国際人道法上の合法的な攻撃対象である戦闘員と、そうでない市民の識別は非常に困難だ。そういう状況で外国軍が引き起こす「戦争犯罪」に対して、被駐留国の司法の訴追免除を受けるには、当然、派遣国自身の国内法での訴追が条件となる。日本の刑法は国外での業務上過失致傷致死に対して管轄外（国外犯規定）である。その上に、ジュネーブ諸条約上の義務である「上官」を起訴・量刑の起点として、市民の殺戮などの戦争犯罪を法治する法体系そのものが、日本には存在しない。「法の空白」だ。あるのは、「実行犯」が一番臭い飯を食う「親分と鉄砲玉」の刑法と、抗命罪だけの自衛隊法だ。

イラク戦で、自衛隊派遣と同時期に、ある事件が起きた。アメリカが雇った「民間軍事会社」が、任務中に一四名のイラク市民を殺害する「戦争犯罪」を引き起こした「ニソール・スクエアの虐殺」だ。「会社」はアメリカの軍事法廷の〝管轄外〟であり、同時にイラク政府との協定で、米軍もしくは有志連合軍と同様に、イラク司法から訴追免除される特権を受けていた。イラク社会がこの「法の空白」に気づいた直後から、「会社」は〝復讐の餌食〟となった。この同じ「協定」下で活動していたのが、日本の自衛隊である。「非対称戦」を法治する国際法の葛藤と発展も、それへの日本の立法状況も、まったく気にもとめず、いまだにクラウゼウィッツ云々の旧態依然の戦争論と国防論を弄するだけの「上官」たち。恥も外聞もなく、自衛隊員を「非対称戦」の現場に送ってきた防衛庁・省幹部とそのOBたちに、僕はこの原稿で、厳しい鉄槌を下すつもりでいた。

しかし、だ。

それらの詳述は、すべて、別の機会に譲ることにする。本日四月一四日。ニュースが飛び込んできたのだ。アフガニスタンからの米軍全撤退をバイデン大統領が表明したのだ。

2、「無条件撤退」は重大な負の影響を与えるが……

アメリカ大統領のアフガニスタンからの撤退表明なんて、めずらしいことではない。オバマにとっても大統領選の公約であったし、任期中ずっと「軍事的勝利以外の勝利の口実」を模索し、「撤退できる条件を設ける撤退計画」を表明し続けた。「条件」とは、アフガニスタンでの透明かつ公明正大な民主選挙の実施による「民主主義の定着」（↑誰の目にも失敗）や、アフガン国軍・警察の増強と成長とタリバン等の支配地域の奪回（↑誰の目にも失敗）である。

トランプは、単純だ。彼の「若い兵士の血が流れるばかりだし、だいいちNATOの連中はアメリカばっかりに負担させやがって何の得にもならねぇ」に慌てふためき、少しは「責任ある撤退」を、と引き留めたのが、米国防省だった。そして、IS対策という名目で広島原爆級の破壊力の新兵器MO（爆弾の母）を初実験のごとく投下し、ISと敵対するタリバンをも怒らせ迷走するも、カタールにてタリバンとのサシの和平交渉をなんとか実現し、二〇二一年の五月一日までの撤退を合意し、政権を去った。実現可能性のある「撤退できる条件」が、あいまいになったままであるが。

トランプへのヘイトで選挙戦を戦ったバイデンは、「撤退できる条件」に新規軸を出せるか。僕自身も注視していたが、本日の表明は「無条件」のそれ。トランプの5・1を約四か月引き延ばして不動のものとするもの。それも9・11。

新任の大統領は、オバマ、トランプがそうであったように、就任当初において新規軸を出し、迷走し、そして計画変更を余儀なくされてきた。だから、本日の表明も、変更される可能性は十分にある。でも、今回、二〇年目の九月一一日を撤退期日に据える政治的象徴性は、非常に重い。ゆえに、バイデンの「9・11無条件撤退」は蓋然性が高いものとして、思うところを書き留めて置きたい。

(1) なぜ今か

アメリカの政権がトランプからバイデンに変わり、そしてアフガン国内でテロ攻撃が増加するなか、「十字軍の完全撤退」を譲らないタリバンとの交渉がどう継続されるかに注目が集まっていたが、実は、トルコがホストを買って出て、このバイデンの撤退発表の翌週に和平会議が予定されていたのだ。案の定、タリバンは、バイデンによる撤退期日の延長に、「約束が違う」と即座に不参加を表明した。結果としてタリバンに「腹を立てる口実」を与えてしまった。なぜ、次の会議まで待って、撤退時期の延期を、会議の席の交渉の結果に見せかけなかったのか。会議の雰囲気の醸成次第で、ウインクしながら「だって9・11の方が、キリがいいじゃん」で、タリバンは納得したかもしれないのに。トランプとの違いを演出するためのバイデンの先走りにしか思えない。「アメリカに無条件で撤退するって言わせたオレたちに、これ以上、誰と何を交渉するんだ?」と、タリバンが尻を捲るのは当然である。タリバンの説得役だったパキスタンが今まで以上に頑張って、これから何らかの交渉が再開されるにしても、交渉におけるタリバンの優位性は決定的になった。

(2) 全撤退の〝全〟

二〇一四年の「戦う主人公」の終焉宣言と、アフガン国軍・警察への責任を移管しながら、米・NATO軍は着実に縮小を重ねてきたが、それが決定的になったのはトランプ政権の末期だ。それでも、空軍力、特殊部隊、アフガン国軍の訓練要員までの〝全〟撤退かどうかはグレーだった。トランプは、アメリカの〝正規軍〟の撤退と引き換えに、民間軍事会社などの業者による〝完全民営化〟を目論んでいたフシもある。バイデンが表明する撤退が、どこまでの〝全〟を意味するのか、まだ明確ではない。いずれにしろ、ブラックホークなどの軍装備の整備を委託してきた業者までなくなると、当然、アフガン国軍の戦力は急激に低下するので、そういう外国籍の業者が〝全〟に含まれることのないよう、アフガン政府は必死になるであろう。いずれにしろ、通常兵器の減価償却を含め戦力の増強に必要なアフガニスタンの国防予算計画が9・11までに発表され、国際支援のプレッジが行われるはずである。しかし、国際社会が、〝金だけの軍事支援〟に多大なコミットをするとは考えにくい。軍事支援だけに、使い道のアカウンタビリティーが常に支援国側の社会で問題となるからだ。そうすると、支援国の正規軍のアドバイザー、もしくは民間軍事会社のプレゼンスが必須となってくる。そういうプレゼンスがない場合、国際社会の軍事支援へのコミットは、先細りになっていくはずだ。いずれにせよ、今までも毎年多大な戦死、戦傷、そして脱走兵を補充しながら紆余曲折の増員をこなしてきたアフガン国軍と警察が、タリバンに対して軍事的均衡を形成、そしてそれを維持できる見通しは、残念ながら、ない。

（３）アメリカの国土安全保障

バイデンが、無条件に撤退できる言い訳の筆頭に、アフガニスタンが再びアメリカ本土への直接的な脅威となる可能性が消滅したことを挙げたことは、何よりアメリカの納税者に対して必要であった。その言い訳がその通りであったとしても、今までの状況は、米軍のプレゼンスがあって、〝かろうじて〟維持されてきたものである。いずれにしろ、この状況の維持には、少なくとも、脅威の発生を探知し、早期にアメリカ本土の国土安全保障上の予防手段を講じるための「インテリジェンス」が必要である。それが、現地への軍事プレゼンスなしで可能か。それ無しに、アメリカが国土防衛に必要なクリティカルな情報を、あのアフガン政府の諜報機関に頼り切るなんてことがあり得るか。バイデンの無条件撤退は、納税者向けのリップサービスを根拠にする、戦略なき戦略にしか過ぎない。諜報のための軍事プレゼンスが全撤退の〝全〟に含まれるのかどうかの決定、つまりアメリカの Homeland Security 国土安全保障そのものが、タリバンの手中に渡ったことになる。

（４）NATO、そして安保理

トランプの撤退表明の時から、アメリカと歩調を合わせるというのが、NATOの立場。バイデンの無条件撤退声明の時点で、米軍の兵力は約二五〇〇。開戦以来はじめてNATO軍兵力の総数が米軍のそれを上回り、ドイツは約一三〇〇でアメリカに次いで二位になっていることは特筆すべきである。二〇〇一年のタリバン政権崩壊後のアフガン暫定政権をつくるためドイツがホストした「ボン会議」など、アフガニスタンの復興にアメリカとは異質のコミットをして来たのがNATO諸国。もちろんドイツ国内でもアメリカと同様に強い厭戦気分が支配するが、アフガニスタンの将来を誠実に考え、「責任ある撤退」にこだわる政治勢力は、アメリカ以上に強い。彼らにとって最悪のシナリオは、現在のタリバンによる地方の実効支配が、首都カブールにも及ぶことである。〝全〟撤退後、更にタリバン実効支配が強化拡大し、カブールが〝包囲〟された時、その死守に限定する有志連合の多国籍軍が、ドイツなどの動議で安保理決議される近未来も想定しなければならなくなるだろう。ちなみに、これは、二〇〇一年タリバン政権崩壊直後の安保理決議により発動された多国籍軍、ISAFの初期の布陣である。

(5) タリバン実効支配の更なる強化

今でも、カブールを一歩出れば、基本的にタリバンが実効支配する地域となる。でも、その実態は、保身と既得利権に応じて、その〝帰依先〟を豹変させる個別の土着の武装勢力である。タリバンに単一の指揮命令系統があるわけではない。その〝帰依〟は、我々が抱く民族主義へのロマンを裏切り、何の倫理観もなく簡単に民族の属性を跨ぐ。性質は、日本のヤクザ社会と同じである。上述したように、今までのアメリカは、その撤退計画の表明にあたって、アフガン国軍の成長・実効支配能力など、必ず「条件」を提示して来た。今回のバイデンの「無条件撤退」表明は、どう取り繕ってもタリバンへの「無条件降伏」である。これは、タリバンにとって、今より多くの〝帰依〟を獲得する追い風となる。アフガン政府はカブールでの〝籠城〟に追い込まれ、(4)で説明したような〝死守〟のための有志連合によるシナリオか、もしくは、かつて二〇〇九年当時に「軍事的勝利はない」と確信しはじめた一部のＮＡＴＯ軍首脳の間で囁かれていたプランＢ、つまりパキスタンに接するアフガン南東部を〝タリバン・ランド〟にする「アフガン分割案」のシナリオに現実味が増してくる――。そうなると、アフガニスタンの親インド化を最も恐れるパキスタンにとって、地政学上の勝利となるが、それは一昔前の話。アフガニスタンの「タリバン」は今のところ表明していないグローバル・ジハードへの親和性を有するパキスタン・タリバンや、その他の原理主義を掲げたテロ組織を更に活性化させることになる。アフガニスタンがテロリストの〝サンクチュアリー化〟することは、パキスタン自身の内政問題に跳ね返ってくる。更に同様の原理化が特に若年層で問題になっているバングラディッシュ、スリランカを含め、南アジア全体で「過激化 Radicalization」をさらに顕在化させていくであろう。

(6) Intra-Afghan 交渉の行方

「アメリカを含む外国軍の完全撤退」というタリバン側の最大の要求が達成されたことで交渉のハードルが一つ減り、Intra-Afghan 交渉、つまりアフガン政府とタリバンとの間の政治的和解が促進するという見方がある。しかし、過去、一九八九年のソ連撤退後、「力の空白」をめぐって軍閥たちは内戦に陥り、それを(パキスタンの支援があったとはいえ)武力と人身掌握でアフガン全土を〝平定〟したのが「タリバン」であったことを忘れるべきではない。一三万人を超えるアメリカ・ＮＡＴＯ軍に加え、二〇万人以上のアフガン国軍・警察を相手に、実効支配を拡大してきたタリバンと、後ろ盾の無くなったアフガン政府にタリバンが向かい合う交渉とは一体何なのか。アメリカが完全撤退することで、「もはやアフガン政府と交渉する必要はない、実効支配を広げるだけ」と、僕がタリバンでも考える。

(7) タリバンの〝代表能力〟への脅威

アメリカとタリバンの和平会議をよそに、現在でもアフガン各地でテロ攻撃が継続している。タリバンは一枚岩ではない。そして、「アルカイダとの絶縁」というアメリカの要求に今まで明確に応えていないのは、そもそも他の武装勢力との関係を末端の要員までコミットさせるだけの求心力も指揮命令系統もないからだ。これが席巻するタリバンの「実効支配」のもう一つの側面だ。一方で、アメリカとの交渉のテーブルにつく「タリバン」の代表能力に挑戦し、その無力を証明したいアルカイダ、ＩＳなどの勢力は、「タリバン」が交渉に応じれば応じるほど、当然、その攻撃を増している。そして、アメリカの〝全〟撤退後、それは着実に加速するだろう。いずれにしろ、一般市民の犠牲の増加は継続する。自身も同じ問題で苦悩するパキスタンが、その影響を発揮できるのは「タリバン」だけで、アルカイダ、ＩＳなどの「その他」をまとめ、交渉のテーブルに送り込める力は、今のところ、誰にも、どこにも存在しない。

(8) 周辺国への期待の現実

元々は、９・11同時多発テロへの報復としてアメリカの「個別的自衛権」の行使として始まったのが、このアフガン戦争だ。その直後からアメリカは、ＮＡＴＯの「集団防衛」、そして安保理決議による「国連的集団措置」を引き出し、戦争の「国際化」に努めてきた。近年では、パキスタン、インド、中国など「周辺国」を主体とする協働体制の構築を試行錯誤してきたが、「利害が異なる外部プレヤーの介入が多くなればなるほど内戦は長引く」という仮説を証明する格好のケースとなっている。アメリカ・NATOという一枚岩性に取って代われる体制は存在しない。そのアメリカ・NATOが達成できなかったことを「周辺国」が成就する期待は、もはや夢想に近い。アメリカが中心となって「周辺国」を舵取りすればいいという声が聞こえるが、軍事プレゼンス無しで、どうやって求心力を発揮するのか。これも夢想の領域である。

おわりに

以上、バイデンの「9・11無条件撤退」は、確実にアフガン一般市民の犠牲を増加させ、パキスタン・インドの敵対関係を中心とするこの地域全体の安全保障に多大な負の影響を与えるという悲観的な見通ししかない。

しかし、今まで「撤退できる条件を設ける撤退計画」を試行錯誤し続けた結果、アフガン戦はアメリカ建国史上最長の戦争になった。特に、「軍事的勝利なし」が確信されてから既に一〇年以上経ち、軍事〝以外〟の勝利の口実づくりも不毛に終わり、アメリカを中心に国際社会が〝手塩にかけて〟育てたアフガン政府が、末期的な縁故主義と腐敗、そして「人類史上最強の麻薬国家」の汚名から脱し、アフガン民衆の

「帰依」を獲得できる兆しは、微塵もない。

全撤退の期日を不動のものとし、「タリバン」が納得する〝全〟を交渉し、それがどんな極悪人でも「味方にできる敵」を、確実にひとつひとつ増やしてゆく以外、残された方法はないのだ。それもまた分派し、世代交代し、新たな敵に変異してゆくが、めげずに。

そして、アメリカの無条件撤退は「終戦」ではない、ということ。これは、アメリカだけじゃなく、全世界が肝に銘じるべきだ。言わずもがな、近未来のアフガン問題が国連安保理の俎上に上れば、日本の自衛隊派遣をめぐる可否の政局の再来となる。

むろん、上記の「法の空白」のまま、この議論に加わる愚行を繰り返すことのないよう、防衛庁・省幹部とそのOBに、釘を刺しておく。いいな⁉

（二〇二一年四月一四日）

9・11同時多発テロと監視国家中国の台頭

加藤《かとう》 朗《あきら》

桜美林大学リベラルアーツ学群（国際学部から改組）教授。早稲田大学大学院政治学研究科国際政治修士修了。防衛庁防衛研究所（一九八一―九六）を経て二〇〇一年まで桜美林大学助教授。

はじめに――9・11同時多発テロとは何か

これまで長年にわたってテロ（紛争）の研究を続けてきた筆者にとって、9・11同時多発テロ（以下9・11）は数多くあるテロの一つに過ぎない。テロの一つではあったが、一九七二年の日本赤軍によるテルアビブ空港襲撃事件、一九九五年のオウム真理教によるサリン事件とともに、同時代を生きた筆者そして私たちにとって何であったか、否応なく自問自答を迫る出来事であった。

筆者は9・11直後の二〇〇二年に出版した『テロ―現代暴力論』(中公新書)においても、また二〇一一年の『13歳からのテロ問題』(かもがわ出版)においても9・11の原因を世界観の対立の文脈で論じてきた。その世界観の対立とは、西洋列強がイスラム文明を植民地化していく過程で生じたイスラム文明対西洋キリスト教文明の衝突である。その基本的な世界観の対立を踏まえて、時代の変遷の中で、時には英仏等に対する反植民地闘争、あるいは反イスラエル、反ソ、反米闘争等の様相をまといながら、今日までイスラム・テロが続いてきたと論じてきた。9・11も、世界観の対立に基づくイスラム・テロの一つとして語ることがほとんどであった。

反植民地闘争としてのイスラム・テロが反西洋闘争として文明の衝突の様相を帯びたテロに変容する契機となったのは一九七九年のイラン革命である。イラン革命はイスラム世界にイスラムの覚醒をもたらし、アルカイダやISIS(イスラム国)のテロに通ずるイスラム・テロの原点となっている。イラン革命が鼓舞したイスラム・テロは、一九八〇年代にエルサレム解放を掲げるイラン革命防衛隊の支援を受け、レバノンでヒズボッラーやイスラム聖戦機構の反イスラエル、反米闘争として隆盛していく。やがて湾岸戦争を契機に一九九〇年代にはサウジアラビアをはじめ湾岸諸国に大規模派兵したアメリカやNATO諸国に対するテロが、欧米の国内外で頻発する。その極め付きがアルカイダによる9・11である。その後二〇〇〇年代になると世界的な「ブランド」となった「アルカイダ」の名を冠した組織がシリアやサウジアラビア半島、北アフリカ、アジアなどイスラム地域で活動を活発化させた。またアルカイダと競いあうように登場してきた過激なISISはアルカイダ以上にイスラム・テロの恐怖を世界中に拡散した。

9・11以後の世界を振りかえってみると、二〇〇一年に政治、経済、軍事で絶頂期にあったアメリカには9・11は頂門の一針となった。以後、米軍史上最長の戦争となったアフガニスタン戦争の泥沼に足をとられたアメリカの凋落が始まった。

「アフガニスタンは帝国の墓場」の言葉通りに、没落した大英帝国、崩壊したソ連帝国に次いでアメリカは衰亡する三番目の帝国となるのだろうか。そして日本は「アメリカ帝国」と運命をともにするのだろうか。9・11が我々に問いかけている問題は、実のところテロといった犯罪でもなければ国家間の戦争でもない。ではハンチントンの「文明の衝突」なのだろうか。

本論では、9・11を、これまでのような世界観対立という静学的要因からではなく、情報論やシステム論の視点から紛争の動的過程として素描する。すなわちテロとは、閉鎖系システムにおける、複雑性の縮減に向けたコミュニケーションの一種であり、秩序（システム）形成の手段である。テロ（既存秩序への暴力的応答）は、閉鎖系システム（既存の世界観に基づく秩序）の矛盾、いわばエントロピーを抑制すると同時に、逆にエントロピーを促進し既存システムを内破し新たなシステムを自己創出する要因となる。この文脈で9・11は、冷戦後のアメリカによるグローバル支配という閉鎖系システムを内破して新たな世界秩序を自己創出する契機となったグローバル・テロである。

具体的にはアルカイダは、アメリカによるイスラム共同体（ウンマ）への支配というイメージ（世界観）に基づいて、アメリカとのコミュニケーション（テロ）によって、このアメリカとアルカイダのテロによるコミュニケーションを構成素とし、イスラム／反イスラムの二値コードに基づく反テロ（イスラム）の新たな閉鎖系世界システムを構成した。そして、このイスラム／反イスラムの閉鎖系世界システムにおいて、イラク戦争を契機に登場してきたイスラム国が欧米諸国とのテロによるコミュニケーションによって、西洋／非西洋の二値コードに基づく世界秩序を形成した。そして、現在この西洋対非西洋に基づき新たに西洋対中国との政治、経済、軍事等様々な分野で新たなコミュニケーション（対話）が始まっている。要するにテロとは戦争同様に新たな秩序形成の一手段であり、9・11もまた同様に、西洋秩序から新たな秩序の形成を促す契機となったテロである。そして9・11が内破した西洋秩序から自己創出してきた新たな秩序が、人機（人間／機械）融合のネオ・サイバネティック・システムに基づく監視国家中国の華夷秩序である。

1、MAD体制とテロ

システムが閉鎖系か開放系かは、システムの内部に視点を置くか、外部に視点を置くかの違いである。この視点の異同は、主体によって異なる。とはいえ、多くの主体にとって共通主観として世界が閉じられた、あるいは共通の世界に暮らしているというイメージは現在では世界中のだれもが思い描く共通主観ではないだろうか。テロはそうした閉鎖系のシステムとともに、システムの安定維持と新たなシステムの自己創出の役割を担ってきた。

（1）ＭＡＤ体制による閉鎖系世界システムの誕生

現代の世界システムが閉鎖系であるとの共通主観、具体的には地球は一つ、人類共同体という概念が登場してきたのは一九六二年のキューバ危機ではなかったろうか。この時世界の人びとは核兵器による人類絶滅を覚悟した。ネガティヴな意味での人類共同体の覚醒である。米ソによる核戦争の恐怖が人々を国境や民族、人種をこえて共通の核世界に暮らしているとのイメージを抱かせ、世界は核兵器によって閉じられたのである。

このイメージは一九六八年のＮＰＴ（核不拡散条約）によって制度化され、さらに一九七二年のＡＢＭ条約（弾道弾迎撃ミサイル制限条約）によって米ソによるＭＡＤ（相互確証抑止）体制の成立で世界は完全に閉じられた。誰もどの国も、米ソによるＭＡＤ体制の外に逃れることはできなくなったＭＡＤ体制とは、「恐怖の均衡」ではなく、核兵器の「恐怖（terror）」に基づくコミュニケーション（対話）である。米ソは表向き対立しつつも、裏では対話に基づく世界の分割共同統治を享受していたのである。「恐怖の対話」こそが、対立すればするほど協力が強化されるという抑止の矛盾の本質である。抑止の矛盾に囚われた米ソにはＭＡＤ体制を直接解消する術はなかった。というよりも対話を通じた安定した分割共同統治が模索されたのである。こうして閉鎖系システムとなった冷戦システムは、次第に増大する抑止の矛盾というエントロピーを外部に放出することができないままに、一九六八年にはついにＭＡＤ体制の閉鎖系システム秩序に内部崩壊の兆しが現れ始めた。

（2） MAD体制下のテロ

一九六八年から一九七二年にかけてMAD体制による世界システムの崩壊の過程で、一九六八年の一月には北ベトナムのテト大攻勢でアメリカのベトナム戦争敗北が始まり、ベトナム反戦運動が吹き荒れる米国内では四月にキング牧師、五月にはロバート・ケネディ司法長官が相次いで暗殺され、日本を含め欧米諸国で学生運動が勃興し、共産圏では八月にソ連がチェコに侵攻し、まさに世界内戦の状況にあった。

中東におけるテロも、こうした世界内戦の中で始まった。一九六八年七月に初めてPLO（パレスチナ解放機構）がイスラエルのエル・アル航空をハイジャックした。これが9・11につながる中東テロの始まりであった。一九七〇年にはPFLP（パレスチナ解放人民戦線）が「欧州一斉蜂起」作戦で四機を同時にハイジャックし、一九七二年五月にはPFLPの支援を受けた日本赤軍がテルアビブ空港乱射事件を起こし、九月にはPLOの秘密部隊「黒い九月」がミュンヘンオリンピックのイスラエル選手村を襲撃した。

こうした一連のテロや暗殺等の動乱は、いずれも米ソ代理戦争の一環すなわち米ソ間のコミュニケーションであり、MAD体制の閉鎖系システムの中で起きた世界内戦である。両国ともこのMAD体制という分割共同統治システムを崩壊させることはできず、直接の軍事対決を招かないように慎重に国際テロを管理したのである。PLOによるテロが米ソ冷戦の終焉とともに終わったのは、米ソ冷戦が代理紛争であったがゆえに、である。

中東におけるテロの情況が一変するのは、一九七八年から七九年にかけてアフガニスタン、イランで起こったイスラム革命以降のことである。七八年四月に始まるアフガニスタンの共産革命に抵抗するイスラム保守派（今のタリバンに通ずる）の反政府闘争は、結局七九年一二月にイスラム革命の中央アジアのイスラム地域への波及を危惧するソ連のアフガン侵攻を招いた。一方アフガニスタンのイスラム勢力の反共闘争に鼓舞されたイランのイスラム勢力は七九年二月、長年にわたってイスラム勢力を弾圧してきたパーレビ国王体制をついに打倒し、ホメイニによるイスラム共和制革命を成功させた。このイラン革命が、ヒズボッラーやアルカイダ、ＩＳＩＳなどによるイスラム共同体の復興というイメージに基づくイスラム・テロの淵源となったのである。

(3) MAD体制の崩壊と開放系システムへの転換

米ソのＭＡＤ体制はソ連のアフガン侵攻で一時、危機的状況に陥ったが、かろうじて維持された。アメリカはアフガンの反ソ・ゲリラを「自由の戦士」として支援し、ソ連をアフガニスタン戦争の泥沼に引きずり込んだ。やがてソ連は足掛け九年にわたるアフガン戦争で経済的にも社会的にも疲弊し、一九九一年一二月に社会混乱のうちに崩壊した。ソ連は、大英帝国に次いで、アフガにスタンに関わり没落、崩壊した二つ目の帝国となった。このアフガニスタンにおける反ソ闘争でアメリカが支援した「自由の戦士」の一人がアルカイダの創始者オサマ・ビン・ラディンである。皮肉にもアメリカは、自らの手で、自らを攻撃する、鬼っ子を育てていたのである。

イラン革命以降米ソＭＡＤ体制という閉鎖系システムの中でイスラム原理主義勢力は、米ソの自由主義、共産主義の西洋近代イデオロギーに対抗するイスラムのイデオロギーを掲げ中東を中心にテロ、ゲリラ闘争を米ソに挑んだ。やがてソ連の崩壊とともに、MAD体制に代わるアメリカによる自由民主主義に基づくグローバル・システムが誕生した。このグローバル・システムは、米ソによる分割共同統治のMAD体制とは異なり、3M（Military・Money・Media）を支配するアメリカを頂点とする階層的（ハイラーキカル）閉鎖系システムとなった。世界はグローバリズムというアメリカニズム、アメリカ一国主義によって統合されたのである。九〇年代にアルカイダと関連するイスラム・テロ組織が繰り返しアメリカにテロを仕掛けた。九三年貿易センタービル地下駐車場爆破、九六年サウジアラビア駐留米軍住宅爆破、九八年ナイロビとダルエスサラームの米大使館爆破など大規模テロを仕掛けた。そして二〇〇一年に、「アメリカ帝国」の階層的閉鎖系システムを内破したのが9・11である。

9・11によりアメリカ一国支配の階層的閉鎖系システムが破れ、西洋国際体系が相対化され無政府的（アナーキカル）開放系システムとなった。世界は西洋列強が非西洋諸国を植民地化する前の状況へと歴史の大転回が起こった。そして二〇一〇年代についに西洋国際システムに対抗する外部システムとしてイスラム秩序のＩＳＩＳと華夷秩序の中国が登場してきた。その意味で9・11は、アメリカの階層的閉鎖系グローバル・システムを内破し、キリスト教の西洋国際体系、イスラムのウンマ体系、華夷秩序の天下体系の複数の無政府的開放系システムへとグローバル・システムを変化させる契機となったのである。そして時を同じくして、ＩＴ革命が起き、世界は人機融合のネオ・サイバネティック・システムへと変容しつつある。

2、メディアの進歩とテロ

メディアが無ければテロは成立しない。なぜならテロは語源通り、terrorすなわち恐怖がその本質であり、物理的暴力を恐怖という心理的暴力に変換し、恐怖という情報を伝達するメディアが無ければ成立しない。つまりテロを無くすには、メディアを管理すればよい。

メディアの発展とともに、テロの形態も規模も変化してきた。一九世紀末には活字メディアがロシア革命におけるテロを、音声メディアのラジオがナチのテロを扇動した。やがてメディアはさらにマス化してテレビの映像メディアの時代となり、宇宙中継とともに世界にテロを伝達できるようになった。

そして現在は二〇世紀末のＩＴ革命の到来により、マス・メディアであると同時にパーソナル・メディアでもある双方向インターネット・メディアの時代となった。メディアという文脈において9・11は一方向のマスメディアの時代の最後を象徴するスペクタクルな出来事であると同時に、インターネットの双方向マス／パーソナル・メディアの時代の幕開けとなるテロでもあった。そして9・11は、テロ防止を口実にインターネットを含むすべてのメディアを統治し情報を管理する監視国家を生み出す契機ともなったのである。

（1）マスメディアの時代（一九六八―一九八九）

一九六八年が現代テロの始まりとなったのは、世界システムが閉鎖系システムになるような国際情勢の変化だけが原因ではない。テレビというマスメディアの発達が無ければ、現代テロは成立しなかった。六二年に始まる宇宙中継でテレビは国境をこえて世界中に画像を放映できるようになった。ＰＬＯが六八年にアメリカのＴＷＡ機をハイジャックしたのも、宇宙中継による国境を超えたテレビの宣伝効果に目を付けたからである。

七〇年代にはハイジャックやテロは、テレビで生放送され世界中に配信されるようになった。とりわけ七一年のＰＦＬＰ（パレスチナ解放人民戦線）による「欧州一斉蜂起事件」でジャンボ機が爆破されるライブ映像や、七二年五月の日本赤軍のテルアビブ空港襲撃事件での血だまりの映像、同年九月のミュンヘンオリンピック村襲撃事件のライブ映像など世界中のテレビの視聴者に大きな衝撃を与えた。

一九八〇年代末までマスメディアとテロの関係は、あくまでもマスメディア側が主導権を握っており、報道するしないはマスメディア側の判断次第であった。そのため必ず報道されるように、ＰＬＯは次第にスペクタクルな映像を狙ってテロの形態や規模をエスカレートしていった。地味で小規模なテロでは報道されないからである。ＰＬＯにとってテロはあくまでもプロパガンダであり、報道されなければ意味がない。対照的に国家が関与するテロはあくまでも実利的効果が目的であり、秘匿性が高い。典型はイスラエルによるＰＬＯに対するカウンター・テロである。特にミュンヘンオリンピック襲撃犯への報復テロは数年にわたりひそかに行われた。

一九八〇年代になると個人用ビデオが自爆テロの格好の宣伝メディアとなった。自爆犯が事前にテロの決意表明をし、実行後放送局がビデオを放映し、対外的には政治プロパガンダを、他方対内的にはメンバーの闘争心を鼓舞する役割を果たしたのである。ちなみに自爆テロという自殺テロを中東に持ち込んだのは日本赤軍である。一九七二年のテルアビブ空港襲撃事件ではＰＬＯの反対にもかかわらず、日本赤軍が生還を考慮しないカミカゼテロを決行した。実際、自爆テロを多用したのはＰＬＯではなく、イスラム原理主義勢力である。

一九八〇年代に自爆テロが広まった理由は、おそらく二つある。

第一の理由は、ハイジャック対策が強化されたために、ハイジャックに代わるより宣伝効果や戦術効果の高いテロとして自爆テロが選択された。事実、マスメディアの時代におけるテロ対策は、もっぱら空港での保安対策に焦点が当てられ、武装テロ犯の航空機への搭乗を水際で阻止することにあった。9・11は、こうしたヒト、モノの物理的、アナログ的管理によるテロ対策の限界を示す事件であり、同時にヒト、モノの情報的、デジタル的管理によるテロ対策を促す契機ともなった。その究極のテロ対策が、現在の「天網」による中国の国民総監視体制である。

自爆テロの典型は、一九八三年一〇月、ベイルートの米海兵隊司令部および仏陸軍空挺部隊への自爆攻撃である。米軍は一日の犠牲者としては硫黄島上陸作戦に次ぐ二四一人、仏軍はアルジェリア戦争以来最大の五八人の「戦死者」を出した。この自爆テロの効果は絶大で、米軍はレバノンから撤退し、以後湾岸戦争でサウジアラビアに派兵するまで中東から米兵の姿が消えた。この事件に「教訓」を得たイラクのフセイン大統領は、ベトナム戦争で敗北し、レバノンでは一回のテロで撤退した「腰抜け」米軍が介入することはないと誤断し、クエートを侵略した。ベイルートの自爆テロが、イラクのクエート侵攻、湾岸戦争、

9・11同時多発テロ、アフガニスタン戦争そして第二次湾岸戦争ともいうべきイラク戦争と、中東における一連の戦争の発端となったのである。

第二の理由は、イラン革命の影響である。イスラム革命で鼓舞されイラン・イラク戦争で実践された「殉教」の精神がイスラム世界に伝播し、ヒズボッラーやイスラム聖戦機構などイラン革命防衛隊の指導を通じてイスラム革命の影響を受けた組織が自爆テロを多用するようになった。イラン・イラク戦争で、兵器で劣勢にあったイランは人海戦術をとり、イラン革命防衛隊の少年兵を時に人間地雷探知機として、時に爆弾を抱えて、時にカラシニコフだけで重武装のイラク軍に突撃させたのである。やがて「殉教」はイスラムにおける戦争の文化として定着した。9・11は、従来のプロパガンダとしてのハイジャックと「殉教」精神の自爆テロが合わさった究極のカミカゼテロとなった。

(2) インターネットの時代（一九九〇―二〇一〇）

冷戦の終焉は、テロにも大きな影響を与えた。米ソ冷戦の政治闘争の一環としてのPLOによるテロは下火となり、代わってイスラム宗教組織によるテロが世界各地で横行し始めた。その背景には二つの事情がある。

第一はアフガニスタンにおける反ソ武力闘争の終焉である。一九八八年五月のソ連のアフガニスタン撤退以降、いわゆるアラブ・アフガンズと呼ばれたアラブ人をはじめとするイスラム世界各地からの義勇兵が帰国あるいはチェチェン、ユーゴスラビア、アルジェリア、フィリピンなどのイスラム勢力による武力闘争地域に転戦し、各地でテロ、ゲリラ闘争に参加し始めた。その一方で、アフガニスタンでは部族間の内戦が続き、国家破綻の混乱の中でビンラディンら義勇兵の一部がアフガニスタンにとどまり、テロ組織の拠点「アルカイダ」を構えることができたのである。

第二はインターネットの普及である。冷戦の終焉で軍事用の通信システムであったインターネットが民間に開放されると九〇年代には一気に電子メールが広がった。やがてIT革命が起き、二〇〇〇年代には新聞、ラジオ、テレビ等の文字、音声、映像のマスメディアが統合され、双方向マス／パーソナル・メディアのインターネット時代になった。電子メールが無ければ9・11はテロの秘密裏の計画立案や円滑な計画の実行は困難だったろう。郵便や電信、電話、FAX等のアナログの傍受システムは確立させていた米情報機関であったが、九〇年代には電子メール等のデジタルの傍受システムは未熟であった。実際、双方向マス／パーソナル・メディアのインターネットが無ければ9・11は今ほどの影響をもたらさなかったであろう。

事件後アルカイダの名前はインターネット上でブランド化し、中東各地でアルカイダを名乗る組織が誕生し、世界中でアルカイダを騙ったテロ事件が続発した。インターネット上には9・11の映像や資料、記事、論評など虚実取り混ぜたありとあらゆる関連情報があふれ、しかもその9・11に関するさまざまな言説はデータとして保存され、テロという心理的暴力を拡大再生産し続け、インターネットを通じて今もなお、そして未来永劫人々の心に恐怖を植え付けるのである。

（3）AIの時代（二〇一一—現在）

9・11から一〇年後の二〇一一年五月、オサマ・ビン・ラディンがついにアメリカの特殊部隊に暗殺され、9・11は伝説となった。時を同じくして、コンピュータ技術に革命的な変化が起きた。人間の認知・思考・指令機能を代替するニューラルネットワークによる深層学習モデルいわゆるITエージェントの開発である。一般に、このITエージェントが無数に連携してAIと呼ばれる機能を果たしている。今やインターネットはマン・アンド・マシーン・ハイブリッドのネオ・サイバネティックスと呼ばれる人間／機械融合（人機融合）の時代を迎えている。人間と機械はインターネット空間では、スマートスピーカーALEXAのように、もはや人間か機械（ITエージェント）か区別がつかない。ITエージェントは、人間の能力をはるかに超えて、音声、画像、文字などをビッグ・データとして認識し、高速で大量に処理し、あたかも人間が判断、行動したかのように、その結果をインターネットを通じてスマホで表示し、また人間に代わって様々な操作をしてくれる。

このネオ・サイバネティック・システムでは、テロ側にもカウンター・テロ側にも革命的な変化を起こしている。たとえばISISは独自のインターネット放送局を創設し、洗練された番組を配信して世界中から義勇兵を募った。ISISが目標とするカリフ制国家の再建はISISの専売特許ではない。そもそもオスマントルコ帝国が英仏等によって分割支配され、カリフ制国家が消滅したときから続くイスラム再興運動の一環である。その運動が二〇一四年のアル・バグダーディのイスラム国建国宣言で一気に現実化したのは、イラク戦争によるイラクの崩壊が一因ではあるが、同時に建国宣言を世界中に配信したインターネットの普及が大きい。

　イスラム世界にインターネットが革命的変化を起こした事例には、二〇一一年の中東の民主化運動がある。これまでテレビや電話の普及が遅れていた地域のイスラム世界の多くの人びとも、携帯電話やインターネットを通じて世界中の情報にアクセスできるようになった。さらにこれまで聖職者や有識者に独占されていたイスラム法が様々な言語に翻訳され、インターネット上にアップロードされ、多くの人びとが読めるようになった。その結果、SNSなどによって新たな情報や知識に触れた人々の間で民主化運動が一気に拡散する一方で、インターネットで新たにイスラム法に触れ、イスラムに覚醒した人々の間でイスラム復興運動も台頭してきたのである。その勢力の一つがISISである。ISISもインターネットが無ければ、世界中から人々を集め、勢力を一気に拡大することはできなかったろう。

　ISISはインターネットを使い政治宣伝するだけでなく、断首の処刑場面や捕虜への拷問の場面など自ら撮影、配信するシステムを構築した。マスメディアの時代なら、映像の配信、放映はマスメディアが牛耳っていた。しかし、インターネットでは、個人でさえも自ら撮影した映像を世界中に配信できる。しかも映像は自由自在に編集、加工できる。はたして現実か仮想かさえ区別がつかない。マス／パーソナル・メディアであるインターネットでISISはあらゆるテロ（恐怖）を創作、加工、編集、放映し、世界中に恐怖を拡散したのである。

　しかし、ISISが統治できなかったのは、GAFAやBATのようなデジタル・プラットフォーマである。国家がデジタル・プラットフォーマを規制すれば、インターネットは使えない。現在の米中対立の本質はデジタル・プラットフォーマを国が支配するのか、民間にガバナンスをゆだねるかという問題である。この背景には、各国ともテロを防止するために、9・11で限界が明らかになったヒト、モノの物理的・アナログ的管理に替えて、ヒト・モノの情報的・デジタル的管理体制をどのように構築するかという問題意識がある。

9・11を契機にアメリカは情報機関の抜本的な見直しを図り、二〇〇二年にはすべての情報機関を統合して国家安全保障省を新設した。情報によるテロ対策強化の始まりである。アメリカの情報監視体制の一端が明らかになったのが二〇一三年に元CIAのエドワード・スノーデンが暴露したアメリカの世界情報監視システム「プリズム」の存在であった。アメリカには、スノーデン事件を明らかにしたマスコミの調査報道のように、国家による情報監視をチェックする民主主義的機能が曲がりなりにも働いている。しかし報道機関も中国共産党の統制下に置かれている中国のような専制主義国家では国家による情報監視に歯止めはない。

中国では「天網」と呼ばれる国民の監視システムが構築されている。BATのようなデジタル・プラットフォーマを政府の統治下におき、ITエージェント利用した生体認証システムを構築し、国民一人一人を監視している。

その結果、政府に一挙手一投足を把握され、国民は政府に抵抗することもできなくなっている。しかも中国国内の国民だけではない。中国国外に居住する中国国民、その関係者も含め、中国のネットに接続したすべての者のデータが保存されている。かくして中国はテロを完全に封じ込め、安心・安全な「幸福な監視国家」（梶谷懐、高口康太（2019）『幸福な監視国家』NHK出版）となった。万一テロが起きたとしても、報道を管理する中国でテロが報じられることもない。報じられなければテロは無かったことになる。こうして9・11はICT（情報通信技術）の発達とともに、テロを完全に封じ込めることに成功した「幸福な監視国家」を実現させたのである。

おわりに

「はじめに」で記したように、テロとは、閉鎖系システムにおける、複雑性の縮減に向けたコミュニケーションの一種であり、秩序（システム）形成の手段である。テロ（既存秩序への暴力的応答）は、閉鎖系システム（既存の世界観に基づく秩序）の矛盾、いわばエントロピーを抑制すると同時に、逆にエントロピーを促進し新たなシステムを自己創出する要因となる。

この文脈で9・11は、冷戦後のアメリカによるグローバル支配という閉鎖系システムを内破して新たな世界秩序を自己創出する契機となったグローバル・テロである。そして9・11を契機に自己創出してきた新たな秩序が、ITエージェントと一体化した人機融合のネオ・サイバネティック・システムの監視国家中国の華夷秩序である。

問題は、監視国家中国においては新たな秩序形成の手段としてのテロ（既存秩序への暴力的応答）が完全に封じ込められていることである。民主主義国家ならテロに代わり選挙という既存秩序への応答の手段がある。しかし、選挙もなければテロも封じ込められている中国には華夷秩序を内破して新たな秩序を自己創出する手段がない。

前述したように、システムが閉鎖系か開放系かは、システムの内部に視点を置くか、外部に視点を置くかの違いである。華夷秩序はイスラム国際体系や西洋国際体系の外部システムから見れば開放系システムである。

一方で、華夷秩序の内部から見る限り、華夷秩序が開放系システムとなることはない。なぜなら、華夷秩序の基本概念である天下の概念は、閉鎖系システムの概念だからである。壇上寛（二〇一六）『天下と天朝の中国史』（岩波新書）によれば、天下の中心に存在する天子の威徳の及ぶ範囲が天下であり、したがって天下は天子の徳に応じて自在に伸縮し、明確な境域というものが存在しない（同上三頁）。つまりシステムの境界がないという意味では、厳密には閉鎖系システムでもない。言い換えるなら、システム論の前提となる主体と環境の区別がなく、主体でもあり環境でもあるシステムである。これこそが、人機融合のネオ・サイバネティック・システムであり、中国がＩＴエージェントと一体化した人機融合の監視国家となりえた最大の理由である。

人機融合のネオ・サイバネティック・システムは、環境という視点で言えば、通信企業が提供する通信インフラを基盤ＯＳとし、その上でデジタル・プラットフォーマがネットワークサービスを提供し、さらにデジタル・プラットフォーマの上に無数のコンテント・プロバイダーがあらゆるネット・サービスを提供しコンテント・ユーザーが利用するハイラーキカル・システムである。そして中国共産党は、デジタル・

プラットフォーマを管理することで、デジタル・ハイラーキカル・システムを統治しているのである。

一方、主体という視点から見れば（例えばスマホを使う一人のユーザの視点に立てば）、人機融合のネオ・サイバネティック・システムは人間と人間（例えばＳＮＳ）、人間と機械（例えばＡＬＥＸＡのようなＩＴエージェント）、機械と機械（例えばオペレーティングシステムとアプリケーションソフトのようなＩＴエージェント間）のすべてのコミュニケーションが交わされる人機融合のデジタル情報空間である。このデジタル・プラットフォーマがインフラ環境を提供する情報空間を中国共産党はコンテント・プロバイダー、コンテント・ユーザーを管理することで統制している。コンテント・ユーザーであるヒトは、モノとして細胞や遺伝子の生命情報にまで細分化され、また顔や身長、体重などの身体的特徴や血圧、体温、血糖値など健康状態などの身体情報としてデジタル情報に置きかえられ管理されている。

中国の監視体制を支えるネオ・サイバネティック・システムは決して中国だけの問題ではない。デジタル・プラットフォーマを中国のように政府が管理するか、アメリカのように民間のガバナンスに委ねるかの違いはあっても、人機融合のネオ・サイバネティック・システムではいずれ、ＩＴエージェントが人間のさまざまな機能を代替するようになるであろう。かつては人間の単純作業にとって代わるだけと考えられていたが、碁や将棋ソフトのように今や複雑な思考までＩＴエージェントが代行する時代になってきた。その時、社会の秩序は誰がどのように形成するのか。これまでは、戦争やテロといった人間の物理的・アナログ的コミュニケーションが秩序を形成してきた。しかし、今やすべてがビッグ・データとしてデジタル化された。このビッグ・データから誰が、どのように秩序を形成するのだろうか。

ネオ・サイバネティック・システムという視点から見る限り、世界は否応なくサイバネティック・システム化している。言い換えるなら世界はいわばデジタル華夷秩序化しているのである。9・11はICTの発展とともに、二〇年前には想像もつかない世界を自己創出した。

シャルル・ドゴールの闘争

長谷部《はせべ》　恭男《やすお》

早稲田大学教授。一九五六年広島市生まれ。一九七九年東京大学法学部卒。学習院大学教授、東京大学教授、ニューヨーク大学客員教授、国立台湾大学客員教授等を経て、二〇一四年から現職。

1、出自

シャルル・ドゴールがＢＢＣの短波放送で、ドイツ軍に圧倒されたフランス国民への呼びかけを開始したのは、一九四〇年六月一八日のことである。前日には、ポール・レノーに替わって首相となったペタン元帥がドイツに休戦を提案する旨を表明していた。「ドゴール（de Gaulle）」は偽名だと受け取られていた。フランスの救済者を名乗る将軍の名前がゴール（Gaul）、つまりフランスの古名にちなんだものであるとは、話が出来過ぎだと考えられた。

ドゴールは偽名ではない。ただ、Gaulとも無関係である。おそらくは、古フラマン語のde walle（壁）に由来している。deは定冠詞で、貴族の家系を示すものではない。先祖は一七世紀はじめ、ブルゴーニュ地方に住んでいた。一家はその後パリに移る。シャルルの曾祖父は、フランス革命時に逮捕され、ロベスピエールの失脚がなければギロチンで処刑されるところであった。シャルルの祖父ジュリアンは、古書を収集する学者であった。父のアンリは、ジェズイット系の中学校でラテン語、哲学等を教えた。

シャルルの母はリールの富裕なマイヨ（Maillot）家の出身である。シャルルが一八九〇年一一月二二日に誕生したのは、リールの祖父母の家であった。ドゴール家もマイヨ家も保守的でカトリックであった。シャルル以前に、ドゴール家出身の軍人はいない。

2、戦車師団の指揮官

一九〇九年、シャルルはサン・シール（Saint-Cyr）陸軍士官学校に入学し、一二年に卒業した。席次は一三位であった。一九一四年八月はじめ、第一次大戦が勃発する。ドイツとの最前線の戦闘に参加したドゴールは、一九一六年三月、ヴェルダンの塹壕戦で負傷し捕虜となる。彼は三二か月間を捕虜収容所で過ごした。

戦後、ドゴールは軍務に復帰し、一九三二年から国防高等評議会（Conseil supérieur de la défense nationale）の事務局で勤務する。政府と軍の連絡にあたるポストである。三四年には『プロの軍隊へ（*Vers l'armée de métier)*』を刊行した。彼が同書で主張したのは、まず軍の機械化、とりわけ戦車が戦争のあり方を根本的に変革することであった。戦車の役割は歩兵の援護にとどまるべきではない。戦車団が自律的に行動すれば、そのスピードと火力により効果的に攻撃を行うことが可能である。彼は、重戦車の六箇師団からなる兵団を組織すべきだとした。また、徴兵された兵士（徴集兵）では、戦車を十分に操作することができない（兵役は一九二八年に一年に短縮されていた）。ドゴールは、戦車を有効活用すべく、高度に訓練された一〇万人からなる常備軍を新たに創設すべきだとした。同書は、刊行一年内にロシア語とドイツ語に翻訳された。

一九三七年九月、ドゴールは大佐に昇進し、メッツの第五〇七戦車連隊の指揮官となった。一九三九年三月、ヒトラーはプラハに派兵してチェコ全域を支配下に置き、帝国主義的野心をあらわにした。これに対してイギリスとフランスは、ポーランドの安全を軍事的に保障すると宣言した。ヒトラーに対する宥和政策は抑止政策へと転換した。しかし、イギリス、フランスに、ドイツのポーランド侵攻を軍事的に阻止する手立てはない。ポーランドは軍事力が弱体であったにもかかわらず、ダンツィヒのドイツ領への復帰とポーランド回廊の自由通行というドイツの要求を拒み続けた。

八月二三日、独ソ不可侵条約が締結され、独ソ両国民を含めて世界中を驚かせる。ドイツ包囲網は破綻し、かえってポーランドが独ソに包囲された。九月一日、ドイツ軍はポーランドに侵攻し、その二日後、イギリスとフランスはドイツに宣戦する。しかし、独仏間に実際の戦闘は起こらない。戦闘が開始したのは、一九四〇年五月のことである。当時、ドゴールはアルザスの第五軍で戦車師団を指揮する地位にあった。

ドイツ軍の侵攻に対して、フランス軍最高司令部はジロー将軍の率いる第七軍をベルギー・オランダに展開し、オランダ軍と連繋するよう指令したが、この作戦は破滅的であった。ドイツ軍の主力は南方のアルデンヌに向けられており、パンツァー戦車で構成されたドイツ軍の一〇箇師団は五月一〇日〜一三日、空軍の援護の下に防御の手薄なアルデンヌ森林を突破し、ミューズ川に到達した。フランス軍最高司令部は、マジノ・ラインを防衛する部隊から第六軍を編制し、ドイツ軍を分断しようとする。ドゴールの指揮する重戦車師団は、ドイツ戦車師団の側面を突き、第六軍の到着まで時間を稼ぐよう命じられた。

五月一七日早朝、ドゴールの重戦車師団はモンコルネ村で、前夜に到着したパンツァー戦車師団を攻撃した。ドイツ軍は不意をつかれたものの、次第に形勢はフランスにとって不利となる。フランス軍の重戦車は性能が高速移動に対応しておらず、二〇キロの走行ごとに燃料を補給する必要があった。また、無線の性能も十分とは言えなかった。さらに、奪取した地点を防御する地上部隊にも欠けていた。フランス軍は八五台の戦車の三分の一を失った。

五月一九日、ドゴールの師団はモンコルネ村の西方三〇キロのクレシィ・シュル・セールで再びドイツ軍を攻撃したが、前回よりも速やかに撃退された。ドゴールの師団は戦力を回復するまで行動の休止を余儀なくされる。

五月二八日と二九日、ドゴールの師団は、ソンム川河口のアブヴィルに橋頭堡を築いたドイツ軍を攻撃した。ドイツ軍はイギリス海峡に向かい、ベルギーから撤退しようとする英仏軍を壊滅させようとしていた（五月二六日から六月四日の間に、フランス兵約一〇万人を含む約三三万人がダンケルクからの撤退を果たす）。

ドゴールはドイツ軍に深刻な打撃を与えたが、今回も十分な歩兵の援護がなく、約一〇〇台の戦車を失った末、三〇日夜ドゴールは攻撃中止命令を受けた。

ドゴール戦車師団の三回の戦闘は、いずれも「敗退」である。しかし、攻撃の意欲に富んだ指揮官が戦車師団に全力での戦闘を命じたとき、何が可能かを示すものでもあった。

3、国防次官

ドゴールはパリに呼び戻される。彼は少将(général de brigade)となっていた。六月五日、彼はポール・レノー内閣の国防次官となる。

ドイツ軍は今やパリに向かおうとしていた。六月六日、ドイツ軍はアブヴィルを突破した。ドゴールはレノーに、政府をブルターニュか北アフリカに移すことを提案する。六月一〇日の未明、ドイツ軍がセーヌ川を渡河したとのニュースが伝えられる。パリは間近である。

フランス政府は休戦へと傾いていく。ドゴールは抗戦継続をイギリス政府と協議するため、ブルターニュ経由で船でロンドンへと向かう。しかし、ドゴールがロンドンへと向かっている間に、レノー内閣はドイツに休戦を提案することを決定した。六月一六日の夜、フランスに戻ったドゴールは、レノーが辞任し、ルブラン大統領がペタン元帥に組閣を命じたことを知る。ドゴールは帰国した飛行機で直ちにロンドンに向かうことを決意する。抗戦派のドゴールは、軍あるいは政府によって身柄を拘束される危険があった。

翌朝九時、ドゴールは旅立った。直前にレノーに会ったドゴールは、政府の資金から一〇万フランを渡されている。彼は四九歳だった。

4、抵抗運動のリーダー

一九四〇年六月一七日午後、ドゴールはロンドンに到着した。チャーチル首相は協力を約束し、BBCの放送設備を利用できるよう取り計らった。ドゴールは翌日、一八日の午後六時、BBCでフランス国民への呼びかけを録音した。録音は当日の午後一〇時（フランス時間で八時）に放送され、翌日四回繰り返し放送された。フランスは機械化されたドイツ軍に圧倒された、しかし戦いはまだ終わっていない、フランスには海外の帝国があり、英米の支援が期待できるというのが、メッセージであった。

ドゴールと彼の率いる自由フランス（France libre）は、ロンドン、ブラザヴィル、アルジェ等を拠点として活動を続けた。ヴィシー政府に忠誠を誓っていた世界各地の植民地も次第に自由フランスへと結集する。ドゴールは一九四三年一一月には、ジロー将軍との権力闘争に勝利してフランス国民解放委員会（Comité français de libération nationale）の長となった。その間、彼は支援者であるチャーチル、同盟者であるはずのルーズヴェルトと諍いを繰り返した。

ノルマンディー上陸作戦直後に、ドゴールが解放されたノルマンディーへの訪問を望んだとき、しぶしぶ承諾したチャーチルは、現地のモンゴメリー将軍に「ドゴール将軍訪問［という災厄］を君に押し付ける（inflict）ことになる」と伝えた。一九四四年六月一四日、ドゴールはノルマンディーのバイユー（Bayeux）を訪問した。市内では、拡声器でドゴール将軍の来訪が告知され、県庁では副知事がペタンの肖像を壁から外してドゴールを迎えた。ドゴールはペタン派の司教を含む当地のお偉方を謁見した後、徒歩で中央広場に向かい、群衆を前に演説した。ドゴールは、去るにあたってモンゴメリー将軍に、四名の部下をバイユーに留める旨を伝えた。モンゴメリーは何のことか分からなかったようであるが、残された四名は県庁以下の現地の民政を掌握した。

ヴィシー政権を連合国側に引き込む可能性に期待をかけていたルーズヴェルトは、いったんフランスが解放されれば、ドゴールはただの小物になると想定していた。アメリカ政府がドゴールのフランス国民解放委員会をフランスの「事実上の」政府として承認したのは、一九四四年七月にドゴールがアメリカを訪問したおりのことにすぎない。訪米の際、ドゴールはルーズヴェルトに潜水艦の模型をプレゼントしたが、ルーズヴェルトはクリスマスにそれを孫にあげてしまった。国家元首からの贈り物をそんなに扱っていいのかと夫人が問うと、彼は、ドゴールは国家元首ではなく、何かの委員会の委員長だと答えたとのことである。

七月三一日、アメリカ軍はノルマンディーの橋頭堡を囲むドイツ軍を突破し、二週間後にはパリとの中間点に達した。パリの解放にはフランス軍が参加することが認められ、ルクレール将軍の第二機甲師団が八月一日にノルマンディーに上陸した。

八月二三日の午前六時、第二機甲師団はパリに入り、翌日夕刻にはパリ市庁舎をおさえた。二五日にはルクレール将軍自身もパリ入りし、モンパルナス駅に本拠を構える。ドゴールは午後五時に同駅に到着した。ついで彼はサン・ドミニク街の国防省に向かい、国防次官室に落ち着いた。四年間のヴィシー政権はただの幕間であり、ドゴールが国家の継続性を保持したことを象徴的に示す行為である。

午後七時には、ドゴールはパリ市庁舎を訪れ、レジスタンス運動の幹部たちを前に演説した。共和国が再建されたことを宣言しないのかと問われた彼は、「共和国は消滅したことはない。ヴィシーは常に無効だった」と答えた。

翌日、ドゴールはシャンゼリゼ通りを歩いて行進した。集まった群衆の数は空前のものであった。コンコルド広場に着いたドゴールは、オープン・カーに乗ってノートルダム大聖堂に向かう。ドゴールが大聖堂に入ろうとしたとき、スナイパーによるものと思われる射撃音が大聖堂の内外で轟きわたった。その場を実況したＢＢＣのリポーターによると、スナイパーは大聖堂のパイプオルガンの背後にも、また屋上にもいた。リポーターのすぐ隣に立っていた者は首に銃弾を受けた。香煙と硝煙の匂いが入り交じり、負傷者は数百名にのぼった。銃撃の降りしきる中を、しかし、ドゴールは祭壇に向かって直立していた。不思議なことに、彼に銃弾は当たらなかった。

スナイパーたちの正体は、今もって判明していない。

5、憲法構想

臨時政府の首相となったドゴールは、一九四六年一月、首相を辞任する。国防予算に関して議会と衝突した上、制定過程にあった憲法（四月一九日草案）は、彼の意に反して行政権を弱体化させようとするものであった。

野に下ったドゴールは、特殊利益や党派によってではなく、強力な大統領によって指導される統一国家フランスの建設を提唱する。一九四六年六月一六日、二年前に訪れたバイユーの地で、ドゴールは、議会よりも広範な選挙母体によって選出される国家元首が、党派政治を超越して、首相をはじめとする国務大臣を任命し、政府の政策決定と執行を統括すべきだとの演説を行った。国家元首は、国家の継続性と独立性を保障し、大臣会議を主宰し、政党政治を超越した裁定者（arbitre）として行動する。国政の危機に際しては、総選挙を通じて主権者たる国民の判断が表明されるべく訴えかける。一二年後の一九五八年に、第五共和政憲法として結実する憲法構想である。

フランスが弱体化したのは、特殊利益や諸党派のせめぎ合いが国家としての統一的意思決定を阻害したからである。主権者たる国民の意思を直接に体現する国家元首が国政を強力に指導する国家体制の構築が求められる。国家元首として誰がふさわしいと彼が考えているか、疑問の余地はなかった。

一九四七年四月、ドゴールは「フランス人民の結集（Rassemblement du peuple français）」を立ち上げる。約五〇万人の党員を集め、右派の一大勢力となったが、ドゴールの国政復帰をもたらすにはいたらなかった。

6、政権への復帰

ドゴールが政権に復帰するきっかけとなったのは、アルジェリア危機である。アルジェリアは、多くのフランス植民者が居住していただけではない。アルジェリアは植民地ではなくフランス政府が直轄する本国領土として扱われており、そのことが、解決をさらに困難としていた。

一九五八年三月四日、自由フランスのメンバーであったレオン・デルベックが、パリのドゴールのオフィスを訪れ、長時間にわたって密談した。デルベックは、アルジェリアのフランス人の間でドゴールへの支持が高まっていること、彼らはドゴールの指示を待っていることを告げた。「フランスのアルジェリア」を放棄するつもりはないかと問われたドゴールは、「ドゴールが諦めるなどということがあったか」と答え、去り際のデルベックに、「用心深くやるように。やりすぎるとブタ箱行きだ」と言った。

翌日、アルベール・カミュがドゴールのオフィスを訪れている。カミュはアルジェリアの出身で、アルジェリアが失われたときに発生するであろう騒乱やアルジェリアのフランス人たちの激昂を懸念していた。ドゴールは、「私は六七歳だが、フランス人同士が殺し合いをするのは見たことがない。私自身を除けば」と言い、さらに、「いずれにせよ、フランス人ほど巧みな手立てを思い付く国民はいない」と述べたとのことである（Albert Camus, *Carnets III: Mars 1951-décembre 1959*（Gallimard 1989 & 2013）255）。謎めいた述懐でである。

デルベックはアルジェリアで総督や現地軍と接触する。現地軍司令官のサラン将軍は、フランス軍参謀総長のエリーに、軍はアルジェリアの放棄を許さないとの電報を送る。デルベックは現地の有力紙を味方につけ、五月一一日付けのその社説は「将軍、決意を表明せよ」と訴えかけた。五月一三日の大衆示威運動は大規模な騒乱へと発展する。五月一五日、サラン将軍は総督府から群衆に呼びかけた。彼は、アルジェリアはフランスの治下にとどまると言い、演説の最後を「フランス万歳、アルジェリア万歳」、そして間をおいて「ドゴール将軍万歳」と締めくくった。台詞を言わせたのは、デルベックである。

ドゴールは五月一九日の午後三時、記者会見を行い（Charles de Gaulle, *Discours et messages III: Avec le renouveau (Mai 1958-juillet 1962)*（Plon 1970）4-10）、現下の深刻な事態は自身が国家に再び直接に奉仕する機会を与えていると述べ、アルジェリアの将来については確たることを語らず、政権に復帰するとすれば、それは例外的な手続を経てのこととなると述べた。彼はクーデタを企てているのか、それとも共和制を擁護するのか、アルジェリアは独立するのか、それともフランスの領土のままか、答えは謎のままである。五月末になると、アルジェリア現地軍が蜂起するとの噂が広まった。サラン将軍は実際、蜂起を計画していた。クーデタを止められるのは、ドゴールだけである。

五月二九日の夕刻、ドゴールはついにルネ・コティ大統領の首相就任要請を受諾した。六月一日、彼は議会で演説し、六か月間の全権掌握、その間の新憲法の起草と国民投票による制定を求めた。午後三時に開始された審議は九時まで続き、ドゴールは三二九対二二四で首相としての信任を得た。

六か月間は議会も活動を停止するため、新憲法の起草に議会が関わることができない。この欠陥を埋めるため、有識者に各党の代表も加えた憲法諮問委員会（Comité consultatif constitutionnel）が設置されることとなった。七月二九日に閣議で取りまとめられた憲法草案は、八月一四日の憲法諮問委員会の答申、八月二八日のコンセイユ・デタの答申を経て、九月三日に閣議決定され、九月二八日に国民投票で可決された。フランス本土では、国民投票への投票率は八五％で、投票者の七九％が賛成票を投じた。有権者の約四分の一にのぼるはずの共産党支持者も、反対票を投じよとの党の指令に従っていなかったことになる。投票日前夜の世論調査によると、回答者の四九％は憲法案を一字たりとも読んでいなかった。

有権者が賛同するか否かを問われたのは憲法ではなく、ドゴールであった。レイモン・アロンは、第五共和政の発足はボナパルティズムの典型だと言う。それは、国家の危機、議会と政治家の信用低下、そして一人の人物の声望の組み合わせであった。ルイ－ナポレオン、ブーランジェ、ペタンの場合と同様である（Raymond Aron, *Memoires*（Robert Laffont 2003）380）。一九五八年一二月二一日、ドゴールは彼のために用意された大統領職に選出される。

ドゴールは政権に復帰した。しかし、軍がクーデタを計画し、その情報を意図的に流すことで軍の意向に政府を従わせることができるという危険な先例が作られたことになる。ドゴールが新憲法を制定し、彼自身が強化された大統領の地位に就いた後も、この先例が彼の統治に影を落とすことになった。

7、アルジェリア問題の解決

政権発足時の最大の懸案はアルジェリア問題である。ドゴールは、問題をいかに解決するか、態度を鮮明にしようとはしなかった。しかし彼は、アルジェリア独立に向けて舵を切る。一九五九年、ドゴールは腹心であったアラン・ペイルフィットに、フランスはアルジェリアから手を引かざるを得ないと語った。ターバンを被り、ジャラバをまとったムスリムたちを見れば、彼らがフランス人でないことがわかる。彼らをフランスに同化（intégration）させようとするのは、ヴィネガーとオイルを混ぜ合わせようとするのと同じだ。アラブ人はアラブ人、フランス人はフランス人だ。一〇〇〇万人のムスリムはすぐに二〇〇〇万人、四〇〇〇万人になってしまう。人口動態からして、彼らをフランス人として扱えば、フランスはイスラム国家になる。高い生活水準を求めて、彼らはフランス本土にやってくるだろう。ドゴールの私邸がある「二つの教会があるコロンベ村（Colombey-les-deux-Eglises）」も「二つのモスクのあるコロンベ村（Colombey-les-deux-Mosquées）」になるだろう（Alain Peyrefitte, *C'était de Gaulle I* (Fayard 1995) 52)。

一九五九年九月一六日のテレビ演説でドゴールは、アルジェリア問題解決の三つの方途を示した。第一はアルジェリアの独立、第二はアルジェリアのフランス化、つまり同化である。第三はフランスの支援と密接な連繋の下でのアルジェリア住民の自治である（*Discours et messages III* 121-23)。

アルジェリア民族解放戦線（Front de libération nationale）の政治部門であるアルジェリア共和国臨時政府は、休戦に向けた交渉の用意がある旨を表明した。一九六〇年六月九日、民族解放戦線の武闘部門（Wilaya)

の三名の指導者が秘かにエリゼ宮に招かれ、ドゴールと短時間会談した。一九六一年二－三月、スイスでの民族解放戦線との交渉に向かうジョルジュ・ポンピドゥーに、ドゴールは「独立ということばに大した意味はない。現下の世界では、そのことばにはプロパガンダとしての意味しかない。現実にはあらゆる国家は他の諸国家と結びついており、いかなる国家も独立してはいない」と教示した。

一九六一年四月一一日の記者会見でドゴールは、フランスはもはやアルジェリアを支配下に置くつもりはない、アルジェリアがもたらすコストは、利益を上回ると言い放つ（*Discours et messages III* 288）。四月二二日、アルジェリアで軍の叛乱が発生した。サラン将軍も蜂起に加わった。憲法一六条の規定する非常事態が宣言された。叛乱軍がフランス本土を侵攻するとの噂が飛び交い、同日夜、ミシェル・ドゥブレ首相は、パリ市民に周辺の空港を占拠するようテレビ・ラジオで訴えかけた。

「フランス人民よ、私を助けてくれ（Françaises, Français! Aidez-moi!）」と二三日テレビとラジオでドゴールは呼びかけ（*Discours et messages III* 308）、叛乱軍指揮下の兵士たちの多くもそれをラジオで聴いた。徴集兵の同調が得られないことを理解した叛乱軍の将軍たちは、ある者は潜伏し、ある者は当局に出頭した。彼らは一九五八年の再現を狙っていたのかも知れないが、もはや彼らの目的を実現するドゴールは、存在しなかった。

蜂起は四月二六日には鎮圧されたが、その後も、ドゴールは非常事態を継続した。解除されたのは、約五か月後の九月末である。ドゴールは非常事態権限にもとづいて特別裁判所を設置し、蜂起の首謀者たちを裁かせた。

国政の決定と指導を大統領ではなく首相の統率する政府の任務とする憲法二〇条の文言にもかかわらず、ドゴールは外交、軍事、安全保障を含む広範な領域を大統領に「留保された事項（domaine reservé）」とみなした。首相のミシェル・ドゥブレは「フランスのアルジェリア」の強硬派であり、アルジェリア問題の政策決定は彼の同意を得ないまま行われた。ドゴールは一九六〇年九月五日の記者会見で、「われわれは憲法典の価値がどの程度のものか知っている。フランスでは一五〇年間で一七の憲法典が制定された。政治家たちが書いた条文より、事の本質が優先する（la nature de choses est plus forte）」と述べている（*Discours et messages III* 246）。

8、プティ・クラマール事件

一九六二年三月、アルジェリア民族解放戦線との停戦協定（エヴィアン協定）が締結され、協定の可否を問う四月の国民投票では、支持が九割を超えた。是が非でも独立を阻止しようとするＯＡＳ（Organisation armée secrète）は、フランス各地で爆弾テロを敢行した。ドゴール大統領も当然、テロの標的となった。しかし救国の英雄は、不死身だった。

一九六一年九月には、週末を過ごすため、コロンベの私邸に向かうドゴールの車を狙った爆破テロが起きたが、プラスチック爆弾の起爆装置は何故か作動せず、彼は無事だった。一九六二年八月二二日の夕刻、ドゴール大統領夫妻はコロンベ行きの飛行機に搭乗するため、エリゼ宮を発ってヴェルサイユ近くのヴィラクブレ軍用飛行場に向かった。

午後八時過ぎ、パリ郊外のプティ・クラマールで大統領夫妻の乗ったシトロエンDSはマシンガンによる襲撃を受けた。二〇〇発を超える銃弾が発射され、約一〇発が車を貫通したが、前輪駆動で独自のエア・サスペンション・システムを備えたシトロエンDSは走行を続け、奇跡的に一人の負傷者もなかった。数分後、空港に到着した大統領は、スーツからガラス片を払って衛兵を閲兵し、夫人はお付きの者に、トランクにある翌日の昼食用の鶏への注意を促して飛行機に乗り込んだ。唯一の犠牲者は事件の知らせを聞き、心臓麻痺を起こして死亡したコロンベの警察署長である。しかも、事件の約一時間後には、犯行に使用されたルノー・エスタフェットが近くの森で発見され、車内には丁寧にもマシンガンが残されていた。証拠隠滅を狙ったはずの爆弾も車内で発見されたが、その起爆装置は何らかの理由により作動しなかった。

プティ・クラマール事件の四週間後の九月二〇日、ドゴールは、大統領直接公選制への制度改革案を、第五共和政憲法一一条にもとづき、直接国民投票にかけることを表明した（Charles de Gaulle, *Discours et messages IV: Pour l'effort (Août 1962-décembre 1965)* (Plon 1970) 20-24）。後任の大統領がドゴールと同等の、国の命運を預かるに相応しい権威を得るには、人民による直接の信任が必要だとの理由からである。しかし、憲法八九条は、憲法改正には国民投票前に議会両院での審議・議決が必須だとしている。特別法は一般法に優越する（une disposition spécial déroge à une disposition générale）。議会の審議・議決をスキップして直接国民投票で憲法改正の可否を問うのは、明白な憲法違反である。

一〇月二日、国民投票の施行について政府の諮問を受けた憲法院は、七対三で大統領の提案する手続は憲法違反だと結論づけた。大統領の政治責任を問うことのできない国民議会は、一〇月六日、ポンピドゥー内閣の不信任を議決し、ドゴールはそれに対抗して九日に国民議会を解散した。一〇月二八日に施行された国民投票で、憲法改正案は有効投票の六二・二五％の賛成で可決された。一一月一八日および二五日の総選挙で、ドゴール支持派は議席の過半数を得た。国民投票での可決後、違憲審査の提訴を受けた憲法院は、一一月六日、六対四で、主権者たる人民が直接下した結論を憲法院が審査することはできないと決定した。

国営放送は政府のプロパガンダ装置と化し、政治的にセンシティヴな裁判には露骨な圧力が加えられた。老齢と共に迫りくる死の意識が、将軍から忍耐力を奪っていった。将軍の頑なさが、彼の権力行使を「永続するクーデタ」と非難するフランソワ・ミッテランへの支持を次第に増やしていくことになる（François Mitterrand, *Le coup d'état permanent* (Julliard 1984, first published in 1964)）。

おわりに

ドゴールは、自身の作った憲法に忠実に国政を運営する指導者ではなかった。彼は、事実上の非常事態の継続を背景として政治制度自体を変革するとともに、政治的正統性と権限を自身の掌中に集中した。彼が度々用いた国民投票と解散−総選挙は、人民に権力を与えたわけではない。二一世紀のポピュリスト政治家と同じである。彼は、憲法が大統領の役割とする裁定者ではなく、統治者（gouvernant）であった。

ミッテランが喝破したように（ibidem, 35）、ドゴールは国の動乱と災厄（l'orage et la tourmente）を糧として開花する指導者であった。第二次大戦下の抵抗運動のリーダーとしての彼の行動様式にも、第四共和政下での反体制運動にも、それは如実にあらわれていた。９・11以降のアメリカで顕現した行政権限の大統領への一元化は、ドゴール政権下では、憲法の規定に反して、すでに常態化していた。裏返して言えば、ドゴールの生涯は、９・11までのアメリカがいかに例外的に幸福な国であったかを示すものでもある。

ドゴール治下でフランスの政治と社会が安定性を取り戻したとき、逆説的にも、ドゴールは不要となる。救国の英雄を必要とし続ける民主政、偉大な国家を再生させる指導者への結集が求められ続ける民主政、それはなお民主政と言えるであろうか。その疑念が爆発したのが一九六八年五月の騒乱であり、それはポンピドゥー首相が収束させた。元老院改革と地方制度改革を合体させた一貫性のない改憲提案が翌年四月二七日の国民投票で否決され、翌日ドゴールの辞任が公表された。三日前の二五日夕刻、彼はエリゼ宮を退去していた。

＊本稿の作成にあたっては、文中に掲記したもののほか、主に次の文献を参考にしています：Julian Jackson, *A Certain Idea of France: The Life of Charles de Gaulle*（Allen Lane 2018）；Ian Kershaw, *To Hell and Back: Europe 1914-1949* (Penguin 2016)；Bertrand Mathieu et al (eds), *Les grandes délibérations du Conseil constitutionnel 1958-1986*（2nd edn, Dalloz 2014）；Marcel Morabito, *Histoire constitutionnelle de la France de 1789 à nos jours*（16th edn, LGDJ 2020）；Graham Robb, *Parisians: An Adventure History of Paris*（W.W. Norton 2010).

二〇年を省みての提言――憲法九条と憲法九八条2項の優先順位を考える

冨澤《とみざわ》　暉《ひかる》

元陸上幕僚長。一九三八年東京生まれ、防衛大学校卒、戦車小隊長以降各級部隊長・幕僚・研究職等を経て、陸上幕僚長。退官後、東洋学園大学客員教授・理事を経て二〇一七年東洋学園大学名誉教授。

1、9・11事件発生の頃

「米国同時多発テロ事件」が発生したのは二〇〇一年九月一一日の朝（米国時）と記録されているので、あの時、日本人の多くは一一日夜のニュース番組で承知したものと思う。しかし、どの局のどのアナウンサー（或いはキャスター）から聞いたのか、私には記憶がない。

多分その翌一二日には米国・欧州発の様々なニュースが入ってきて、①犯人はアルカイダというグループのオサマ・ビン・ラディンという人物の部下たちらしい、②そのアルカイダ主力はアフガンのタリバン政府の庇護の下に在る、③米国はこの犯人グループに報復戦争をするだろう、といったことを私も承知していた、と思う。

一三日の何時頃だったかは記憶にないが、日経新聞のある記者から電話があり、「一体、この報復戦争というのはどんな戦争になるのか」との質問を受けた。「報復戦争」という言葉は辞書にないのだが、ともかく私に推察できることを何か喋った。それが一四日の日経新聞朝刊に、ある面の囲み記事として掲載された。囲み枠上段に「大きなリスク覚悟」という表題で、英ランカスター大の防衛・国際安保研究所のT・リプリー氏の記事があり、下段に私（冨沢暉・元陸幕長）の「難しさ伴う作戦に」という表題の文が掲載されていた。その下段記事のみを以下に記す。

報復として軍事活動をするとすれば極めて難しい作戦になる。軍隊にとって確かな決め手のないテロリスト制圧作戦は元々苦手な分野。おそらくいま、米軍首脳はとても迷っていると思う。
テロの首謀者の身柄を拘束するのに一番理想的なのは、隠れている地域を地上部隊で制圧して探し出すことだが、犠牲が多すぎる。結局はまずかくまっている国に対し期限付きの引き渡し要求を出し、応じない場合に巡行ミサイル攻撃に踏み切ることになろう。
ただ、相手は自由自在に隠れることのできるテロリストだけに、ミサイル攻撃でどれだけ効果を上げられるかの判断は難しい。米国にとって重要なのは軍を熟知したパウエル国務長官ら政治家が今回の軍事作戦で達成すべき目標は何なのかを明確に定め、軍に提示することだ。

その後の現実の動きはどうだったのであろうか。

一二日の国連総会で「このテロ攻撃に対して速やかに国際協力すべき」とする決議が全会一致で採択され、安保理も決議一三六八を採択した。それはこのテロ攻撃を「国際の平和及び安全に対する脅威」と認め「テロリズムに対してあらゆる手段を用いて闘う」というものであった。また本決議前段には「個別的又は集団的自衛の固有の権利を認識」という言葉があり、これは同日にNATOが創設以来初の第五条（集団防衛条項）による集団的自衛権発動を決定する根拠となった（約一〇年前に発生した旧ユーゴスラビア紛争時には、NATOは非五条任務、即ち集団安全保障措置としてこれに介入していた）。

米国は私どもの予想どおりタリバン政権にビン・ラディンらの引き渡しを要求したが、タリバンはこれに応じなかったので、世界中の国々に制裁を働きかけた。

これに応じ多くの国が米国に協力して連合を組み、これらの国は有志連合諸国と呼ばれた。タリバンを承認してきたパキスタン・サウジアラビア・アラブ首長国連邦もアフガンと国交を解消した。さらにはイランもテロを非難した。ただ、アラブ連盟・イスラム諸国会議機構の国々とイランはアフガニスタン攻撃の際には民間人の被害を最小限にするよう要請した。

また二八日採択の安保理決議一三七三で「全ての国」に国連憲章第七章に基づく強制措置として厳罰化や情報交換及び資金援助禁止などのテロ対策とその報告が義務化された。これは正に国連憲章第一条2項・5項を具現化した集団安全保障措置そのものであった。

そして米国中心で英・仏・加・独等を含む有志連合軍をもって一〇月七日に空爆（海上艦艇からのミサ

イル攻撃を含む）を開始してタリバンを攻撃、それまでにタリバンと対抗していたアフガン北部同盟軍に地上部隊をまかせ、一一月一三日には首都カブールを制圧した（不朽の自由作戦）。

米国が、数千人のタリバン兵士を殺害したのでタリバンは自然消滅すると考えていたこともあり、国連は一一月中にタリバンを除くアフガニスタンの四つのグループ代表を招集してボン会議を開き、①暫定政府の成立、②ロヤジルガ（全部族会議）の招集、③国際治安部隊（ＩＳＡＦ）の成立、④国連アフガン支援ミッション（ＵＮＡＫＡ）の設立が合意された。

その間にビン・ラディン以下のアルカイダ兵士たちは都市部を放棄してパキスタン国境の地下要塞トラボラに立てこもった。ここは地下要塞だったので空爆は有効に働かず、地上部隊担当の北部同盟は戦意なく米国は初めから陸上部隊の準備をしていなかったので、アルカイダは無事に国境を越えてパキスタンに逃げ込んでしまったということであった。パキスタン陸軍が挟み撃ちにする予定だったが広い国境正面に配兵するヘリコプターが準備できなかった、というのがパキスタン側の言い訳だったとも聞く。その後パキスタン西部に多いパシュトゥーン人たちが参加してタリバンの立て直しが行われ、アフガン・パキスタン国境を挟む地域でのテロ活動は激しさを増す。

結局、オサマ・ビン・ラディンがイスラマバード郊外にあった邸宅で米軍特殊部隊に殺害されたのは、アフガン紛争より二年遅れて開始されたイラク戦争で最後の米戦闘旅団が撤退し、オバマ大統領がイラク戦闘任務終結を宣言した二〇一〇年八月の翌年（二〇一一年）五月のことであった。

このオサマ・ビン・ラディンの殺害にも拘わらず、その後もアフガン紛争はなお収まらず、パキスタン陸軍の内紛も絡み、米国は「米軍撤退のための増兵」を繰り返した。トランプ大統領は選挙中から「アフガンからの撤兵」を公言していたが、就任後、軍部の要求に応じ一時派遣米軍増強に転じ、さらに四年の紆余曲折の後に、漸くこの二〇二一年一月の退任時に残留米兵数を二五〇〇に減じた。しかしアフガン政府とタリバンの折衝はなお進捗せず、バイデン新大統領はこれ以上の米軍撤兵を止め逆に在アフガン米軍を増強するのではないか、というニュースが流されている（二〇二一年二月末現在）。なんと丸々二〇年にならんとして、9・11事件から始まったアフガン紛争はまだ継続中であり、終わっていないのである。

あの九月一四日に日経新聞に掲載された私の予想は不幸にも当たってしまった。パウエル国務長官等米国の政治家が軍に対して適切な戦争目標を与えなかったためか、それとも米軍人たちの戦い方が悪かったためか、その反省については未だ寡聞にして聞いていない。

2、その時日本政府は何を考えていたのか

二〇〇一年九月時点における外交・防衛関係政府要人は小泉純一郎首相、田中真紀子外相、野上義二外務事務次官、中谷元防衛庁長官、佐藤健防衛事務次官、竹河内捷次統合幕僚会議議長、中谷正寛陸上幕僚長、石川亨海上幕僚長、遠竹郁夫航空幕僚長等であった。

当時、外相と外務省事務方との仲がメディアで取沙汰されており、外務省全般の動きは国民に中々伝わらず、防衛庁の動きも退官後六年を経た私からは聞き難いものであった。そうした中で、新聞・テレビが

非公式に伝えるわが政府の軍事協力方針は、①在日米軍基地に対するテロ攻撃に備え陸上自衛隊が米軍基地を警備すること、②米軍への後方支援としての輸送業務を海・空自衛隊で行うこと、の二つになるらしい、とのことであった。

このうち、①の駐屯地（基地）警備の問題は部隊に着任したての若い当直幹部として駐屯地警衛指導を始めた頃からの、なお吹っ切れない思いの残るものであったし（一九七一年八月、朝霞駐屯地の陸士長が歩哨勤務中に、赤衛軍幹部や雑誌記者に唆された大学生たちによって刺殺された「朝霞自衛官殺害事件」の口惜しさは五〇年後の今でも忘れ難い）、また②に関わる「輸送を含む後方支援なら武力行使に当たらない」という話は、約一〇年前の「湾岸戦争」以来の私どもの「憲法解釈・憲法改正」に絡む苦々しい思い出であった。

その上、何よりも気に入らなかったのは、米国がこの攻撃を「多国籍軍」として実行しようと外交努力をしている時に、日本政府が米軍支援だけを考えており多国籍軍参加の米国以外の国々への協力を何も考えていない、ということであった。

そこで、私は思い立って次のような文章を一晩で書き上げ、陸幕長時代から交流のあった読売新聞記者・勝俣秀通氏（現日大教授）にメールで送った。勝俣氏は当時同紙「論点」の担当をしていたのだが、一部の字数調整の上、殆どそのままに九月一九日朝刊の「論点」欄に掲載してくれた。その『軍事的支援論議の時…冨沢暉・元陸上幕僚長』という表題の短文をここに紹介する。

米国で発生した同時多発テロに対し、世界各国が結束して戦おうとしている。ブッシュ大統領は「これは戦争だ。決して負けない」と言っており、長期戦も覚悟の様子である。

各国の反応を見る限り、この戦いは米国だけが立ち向かう個別的自衛ではなく、北大西洋条約機構（NATO）軍としての集団的自衛、さらにはロシア、中国、オーストラリアなどを加え、国連決議に基づく多国籍軍としての戦い、すなわち、世界秩序維持のための集団安全保障として取り組もうという意図が汲み取れる。米国の外交努力には目覚ましいものがある。

そこで今、一九九一年の湾岸戦争を反省しつつ、「日本はこの多国籍軍に、どのような協力ができるのか」ということが話題になっている。

だが、私の結論は「現行法と今の法解釈のままでは、米国中心の多国籍軍に対し、自衛隊が軍事的に支援できるものは何もない」ということだ。

政府・与党は現在、自衛隊による米軍基地警備と物資の輸送などの後方支援を検討しているという。しかし、両案とも、同盟国としての貢献策としては、あまり効果が期待できないのではないかと思う。

一九九四年の朝鮮半島危機の際、「日本は米軍にどんな支援をしてくれるのか」という質問を受け、陸上自衛隊もこれを検討したことがある。実はこの時「陸上自衛隊による米軍基地の警備」が話題になった。だが、陸上幕僚長だった私は「これだけはやらない」と言った。

「軍隊というものは、部隊を自ら警備するのが原則であり、一国の軍隊が他国軍の警備をするということはあり得ない」というのが理由だが、実はより根本的な問題があった。

陸上自衛隊には元々、領域警備や部隊警備の任務と権限が与えられていない。自衛隊が国内で武器を使用できるのは、防衛出動と治安出動、それに弾薬庫警備にあたる場合だけだ。つまり、武器使用を伴って基地や駐屯地周辺で部隊警備に当たるという任務は、奇妙なことに認められていないのである。

例えば防衛庁がある市ケ谷駐屯地の警備は、施設管理権によって文官の防衛庁会計課長の責任で実施されている。部隊警備の任務や権限すら持たない陸自の部隊が、その任務も権限も持っている在日米軍を警備するなどということは、こっけいこの上ない話なのである。

次に後方支援だが、周辺事態法を作る過程でも議論されてきたが、日本は米軍への後方支援を行う際の要件として、「戦闘行為の行われないと認められる地域における支援」ということで決着している。ここが最大の問題点である。安全が確保された地域ならば自衛隊に頼まずとも、民間業者に頼めばよい。新規立法で対処しようと意見も出ているが、このポイントを切り替えない限り、自衛隊による後方支援には意味がない。

軍事協力の本質は、お互いの軍隊が流血の可能性というリスクを分担するというところにある。本質から外れた対策で当面を繕い、それでことを終わらせてしまうやり方は、今や世界では通用しない。

現在の日本がなすべきことはただ一つしかない。それは「集団安全保障（集団的自衛権を含む）にかかわる武力行使を認めるよう憲法解釈を改める」と、政府が内外に宣言し、直ちに国会で論議し、その了解を得ることである。

国会での論議が長引き、多国籍軍の軍事行動に間に合わないこともあり得ようが、それはそれで致し方ない。それでも諸外国は日本の姿勢を評価するであろう。勿論、憲法解釈を変えても、自衛隊をどう運用するのかを決めるのは政治であることは言うまでもない。今や、首相の決断にすべてがかかっているのである。

◇防大卒。第一師団長、北部方面総監などを歴任。現在は川崎重工業顧問。六三歳。

この「論点」の記事は比較的多くの人に読まれたらしく「誰それがあの記事褒めていたよ」といった通報は二、三貰ったが、公式の評価はメディア上に全くなかった。しかし、流石に陸幕内では話題になったらしく、数日後、タクシーに乗っていた私の携帯に中谷陸上幕僚長から電話があった。「時代が大きく変わりましたので、当分私たち現役に任せて下さい」とのことであった。「わかりました、そうしましょう。ご苦労様です」というのが私の返事であった。

3、その後自衛隊はどう対応したか

(1) 在日米軍基地の警備(警護)について

その後、政府は自衛隊法第六章自衛隊の行動の第八一条(要請による治安出動)のあとに第八一条の2(自衛隊の施設等の警護出動)という新しい条項を設けた。これは自衛隊の駐屯地(基地)警備とは別に、当該駐屯部隊だけでは警備できない自衛隊の施設を、他駐屯地にある部隊を駆けつけさせ警護するための新しい規約である。

その第1項②に、在日米軍基地と、旧日米安保条約第三条関連行政協定に基づき自衛隊と米軍が共同使用している施設・区域のうち、合同委員会で自衛隊の部隊が警護を行うとされたものに限り内閣総理大臣が自衛隊の部隊に警護出動を命ずることが出来るとも書かれてある。そしてその警護出動の２項に、この出動を命ずる場合には関係都道府県知事の意見を聞き防衛大臣と国家公安委員長との間で協議をさせた上で、警護を行うべき施設・区域ならびに機関を指定しなければならない、としている。さらに、新たに第八九条・第九〇条（治安出動時の権限）のあとに第九一条の２（警護出動時の権限）を新設し、そこでは、警察官がその場にいない限りでの警職法準用の武器使用の外、他にこれを排除する適当な手段がないと認められるときは合理的に必要とされる限度での武器使用。即ち「治安行動時の権限」の特例九〇条と同様に「危害を与えても良い武器使用」が認められている。

この自衛隊法の警備（警護）に関する追加条項を六法全書で読んだ時に私は退官後一〇年以上経っていたので、何故このような法制変更が為されたのか、またこの法制変更により日頃の訓練がどう変わったのかについては知るよしもなかった。警備（警護）準備のことは当然重要な秘密事項だから公開されることはないし、自衛隊ＯＢたる私にも教えてくれないのである。

ただ、（防大学生時代を除き）三五年間自衛隊に居た私には新たに決められた法制を読んでそれなりに忖度できる部分はある。二〇年前の読売「論点」の拙文と関連させつつ、その駐屯地（基地）警備（警護）に関し、その忖度事項を以下に述べる。

①「警備」とは施設・区域の管理者が自らその施設・区域を守るためこれに備え、訓練し、侵害が発生すれば対応することをいい、「警護」とはその施設・区域の管理者以外の者が、その施設・区域を守るため備え、訓練し、侵害が発生した時にそこへ駆けつけ対応することである。

②軍隊（自衛隊）の駐屯地（基地）内には他者に盗まれ、破壊されては困る人員、装備、秘密事項（文書）が多くあるので、その施設・区域の管理者たる駐屯地（基地）司令の下、当該駐屯地（基地）所在部隊が警備を担当するのが当然であり、自衛隊が在日米軍の駐屯地（基地）を警護すると言っても、米軍の装備がどういう状態でどこにあるか、どれだけ重要な秘密物件・情報がどこに存在するかを教えてくれる筈もない。となれば自衛隊の警護担当部隊長は当該米軍施設・区域の内部を守ることはできなくなる。

③そこで、その区域（通常外柵を設けている）に侵害者が近づかないための警護しかできないのだが、自衛隊に警備地区は与えられていたとしてもその平時における警備行動は、いつか有事になった場合に備えての情報収集しか許されていない。平時において軍事（自衛隊）基地の外部を警備するのは警察（海上では海上保安官）なのである。軍事（自衛隊）基地の周辺何キロだけは平時から自衛隊の任務にすると言っても、そこは多く民有・公有地であり、警察（海上保安庁）はおいそれとその調整に乗らないであろう。

④そこで、自衛隊最高指揮官である総理大臣は各都道府県警察を管理する各知事の意見を聞き、防衛大臣は全国的な警察運営管理を指導する国家公安委員長と協議の上、警護出動を行うべき条件を定めなければならないこととなっているようである。

⑤結局のところ在日米軍基地のうち、一つの区域に米軍と自衛隊の施設が共存している（例えば座間キャンプ（駐屯地）のような）幾つかの場所、それもその共用部分のみがこの警護行動の対象になっている

のだろうと想像するが、現実に警察・自衛隊・米軍の間で、出動時における任務調整が如何に行われたのか、どのような共同訓練が行われたのかは私にはわからない。また、この法律改正が行われたため、在日米軍と自衛隊の間、さらには各県警との関係がどのように変化し、特にアフガンはじめ中東における米軍および多国籍軍（有志連合軍）等の作戦にどれだけ寄与したのか、という成果報告も聞いていない。

⑥幸運なことに、これまでにこの警護行動は現実に実施されたことがない。しかし「場合によっては危害を与える射撃を伴う警備（警護）行動」というものは　互いに流血のリスクを背負ったものであり、実は武力行使そのものである。しかもこの警備（警護）行動の対象（侵害者）の中には日本国民が含まれる可能性もある。そのことを国民も、自衛隊の各級指揮官もよく承知しておく必要があると思う。

⑵ テロ対策特措法に基づく活動について

日本政府は二〇〇一年九月一二日の安保理決議一三六八を受けて、テロ攻撃に対する措置をとる米軍等に対して、医療、輸送、補給等の支援措置を実施する目的で、一〇月五日にテロ対策特措法案を国会に提出、これを一〇月二九日に成立させた。

この法案成立を受けて同年一一月以降、海上自衛隊は被災民救援活動として、国連難民高等弁務官事務所（ＵＮＨＣＲ）の要請に基づくテント・毛布等の海上輸送（同年一一－一二月）を行ったが、二〇〇二年以降は協力支援活動としてのインド洋北部等における艦船への給油及び艦船による輸送に徹するようになり、また航空自衛隊は協力支援活動として、米軍の物資などの国内外輸送を行っていた（但し航空自衛隊は二〇〇二年五月以降、テロ特措法関連での国外輸送を行っていない）。

海上自衛隊は当初、補給艦二隻、護衛艦二隻、掃海母艦一隻計五隻の艦艇を派遣していたが、その後は逐次に部隊を縮小し二〇〇五年以降は概ね補給艦一隻、護衛艦一隻計二隻の体制でこの活動を継続してきた。補給活動に関しては当初艦船用燃料だけを実施していたが、二〇〇四年一〇月に基本計画を変更し艦船搭載ヘリコプター用燃料及び飲料水を提供できるようにした。なお、基本計画には捜索救助活動が含まれていたがその実績はない。

テロ特措法は二〇〇三年に二年、二〇〇五年・二〇〇六年に一年間延長され二〇〇七年一一月には更に一年延長の予定であったが、二〇〇七年七月の参議院選挙で与党（自・公）が過半数を割ったことと、安倍内閣の総辞職、福田内閣成立に伴い、時間切れ失効が確実となったので、新政府はこれまで海上自衛隊が行っていた補給活動のうち、海上阻止行動（ＯＥＦ－ＭＩＯ）に従事する艦船への給油等の補給支援に限定した「補給支援活動特措法案」（略称：新テロ特措法案）を二〇〇七年一〇月に国会に提出、二〇〇八年一月一九日に参議院本会議での否決を経て衆議院本会議で再議決された。新テロ特措法が執行出来るまでの二か月強の期間、海上自衛隊の艦艇は印度洋を離れ日本に引き揚げていたが二〇〇八年二月以降再びインド洋にもどった。

この海上阻止行動はインド洋上を通過するテロ組織を遮断しテロ組織相互の連携を阻害するので、世界平和にとっても参加各国にとっても極めて有効なものであった。海上自衛隊が給油した外国艦艇の国籍は米国、パキスタン、フランス、カナダ、イタリア、イギリス、ドイツ、ニュージーランド、ギリシャ、オランダ、スペイン（給油回数順）と多数であるが、これら各国は須らく日本のこの活動に感謝した。

二〇一〇年一月にこの新テロ特措法が期限切れ失効したため海上自衛隊は撤収し、このアフガン紛争に関わる給油活動はアフガン紛争解決を待たずして終了したことになる。

（３）テロ特措法関連以外での海自のインド洋での活動

しかし二〇〇五、六年ごろから、ソマリア沖、アデン湾、印度洋西部等において海賊が跋扈するようになり、二〇〇八年六月から〇九年五月にかけ、幾つかの国連安保理決議が採択され、二〇〇八年八月には第一五〇合同任務部隊（ＣＴＦ－１５０）が、翌〇九年一月には第一五一合同任務部隊（ＣＴＦ－１５１）が設立される。

日本は〇九年三月に情報収集目的で八名の海上保安官を乗艦させた護衛艦二隻に海上警備行動を発令し三月末にはソマリア沖で日本関係船舶の護衛を始める。そしてジブチにＰ３Ｃ哨戒機拠点を設けその警備要員として陸自部隊を派遣し、五月にはＰ３Ｃを二機を派遣した。六月には海賊対処法が成立、じご日本船舶以外も護衛できるようになり、更に遅れて二〇一三年一二月には多国籍部隊であるＣＴＦ－１５１に参加、他国海軍とともに、ゾーンディフェンスを実施している。二〇一四年からはＣＴＦ司令部に要員を派遣し、翌一五年中にはＣＴＦ司令官を派遣するまでになった。

二〇一九年七月に米国は各国に対してホルムズ海峡等における船舶安全運航の確保をはかる有志連合軍

への参加を呼び掛けた。海上自衛隊OBなどに「日本もこれに即参加すべし」という意見もあったが、日本政府は同年一二月に「護衛艦一隻を中東海域に派遣し調査・研究活動に就かせ、先に海賊対処のためジブチに派遣した哨戒機二機を支援させる」と決定、二〇二〇年一月に「ホルムズ海峡とペルシャ湾は調査対象から外す」と表明の上、二月には中東海域にむけて出航させた。有志連合軍と情報交換はするがあくまでも日本独自の行動とのことである。この任務は更に一年延長され現在も続行中である。

(4) イラク戦争が自衛隊に及ぼした問題点について

1項で述べたように、二〇〇一年に開始されたアフガン紛争は現在も未だ継続中だが、遅れて二〇〇三年に開始されたイラク戦争は二〇一〇年に一応終了した。

無論、この戦争は、その後イスラム国（IS）問題につながり、シリア内戦（難民）問題、さらには米国とイランの確執の原因とまでなって今なお問題を残しているが、自衛隊はそれら後続の問題には直接関わっていない。

両紛争を通じての自衛隊の収穫は「危険な仕事であったのに、一人の戦死者も出さなかったこと」だが、「それは幸運と日頃からの訓練の賜物であり、他の官僚・業者・ボランティアでは出来ないものと理解された」ということでもあった。

一方で、自衛隊にとってこのイラク戦争がアフガン紛争と大きく異なっていたこともある。以下二点に絞って述べる。

①何よりもの違いは、テロ特措法に関わりアフガン紛争で活躍したのが海上自衛隊のみであったのに、イラク特措法で中東に派遣されたのは陸上自衛隊と航空自衛隊だったことである。海上自衛隊は陸上自衛隊の装備品等の輸送業務以外では殆ど関わっていなかったといえる。無論、海自がアフガン関係海上阻止行動で活躍したことがイラク戦争にも影響した筈だが、例えば海自が給油した米艦がイラクに向かったというので大騒ぎになったことがあるように、「それは公式にはない」ことになっていた。

②もう一つは、当初、独立してイラク・クウェートに存在していた陸・空自衛隊が、二〇〇四年六月のイラクへの主権移譲にあたり、戦役前段で不参加だった独・仏両国等を含む多国籍軍に参加したことである。これが集団的自衛権行使か集団安全保障措置か即ち憲法違反か、の議論も出た。また「参加して情報は貰うが司令官の指揮は受けない」という説明に「おかしなことだ」と言う軍事評論家もいた。

4、軍事的な分析と提言

(1) 国家間決戦は核兵器で制御されている

①第二次大戦後に国家間決戦はなく、今後もないだろう。

国家間決戦とは戦勝国が敗戦国の首都に進撃・占領し、戦勝国が望む講和条約を強制するまでの決定的な戦争をいう。

この「9・11事件後の二〇年」を含み第二次大戦以降、国連加盟国同士の国家間決戦はなく、これからも生起しないであろう。それは核兵器を所有する大国が、その核兵器を「戦争ストッパー」として、戦争そのものを制御しているからである。

そのために、①「核恐怖」の強調と、②「大量破壊兵器の拡散」を防ぐこと、という一見矛盾した二つの行動が世界平和のため必要となった。
②「核恐怖」強調は戦争制御の必要条件だが、核保有国に核廃絶を強いる方法はない。仮に話合いで核廃絶が出来たとすれば、在来兵器による二次大戦型国家間決戦が復活する可能性が大きく残る。大量破壊兵器には相互脆弱性があるが、在来兵器にはそれがないのである。
③「大量破壊兵器の拡散」を防ぐためには友好国たる核保有大国に協力するしかない。勿論、日本は現状において核保有国になるべきではないが、「世界平和＝日本の平和」のためには「核の傘」をさして貰わねばならない。
④とは言え、日本に核爆発が絶対にないとは言い切れない。少しでも生きのびるための手段は考える必要がある。その意味で核シェルターは他国並みに準備すべし。核保有国・非核国を問わず中・米を含む多くの先進国で六〇％以上のシェルター準備が進められているが、日本のシェルター準備率は〇・二％にすぎない。
⑤周辺全ての国が核武装をした場合には自らの核武装を考える必要が出てくるかもしれない。そのため核開発の手順だけは準備すべきである。
⑥戦術核兵器を核兵器に含めるか通常兵器の一種と見るかについての議論は未決着だが、私個人は「戦術

核兵器は核兵器であり通常兵器ではない」と考える。

（２）国家間決戦なき時代における通常兵器の役割

上記の核兵器に関わるものを除き、世界各国の軍事力は、国家間決戦用ではなく「外交・平和維持のための力」と言うべきものである。

この軍事力で相対する国の一方が殲滅されることはないが、「外交で譲らざるを得なくなった国が軍事のみならず、経済・文化に及ぶ譲歩を強いられ、弱体化する」という結果を招き易い。

またこの力には、①大国が保有する大量の通常戦力と、②それに非対称な戦力（サイバー・人海戦術等を含むテロ・ゲリラ的戦力）が含まれ、戦力評価・判定が難しい。

そして②の戦力には国民一人一人の人間力が加算されるので、各国内外に及ぶ心理戦・法律戦・宣伝戦能力が問題になる。それは、軍事用語でいえば「情報・監視・偵察＝ＩＳＲ（Intelligence・Surveillance・Reconnaissance）」というべきもの、３の（１）で述べた「警備（警護）」能力に近いものである。

「では、尖閣での日中紛争があれば、それは国家間決戦か警備問題か」とよく聞かれる。「それは警備問題だ」と答えるしかないが、同時に「日本の警備が破られた場合は本腰（核を伴った米国）が出て来るかも」あるいは「その警備に米国がまずは確実に参加する」と思わせる日米外交の基盤がなければならない。

(3)利益線(公共財)は集団安全保障で、主権線はとりあえず自衛で防衛する

①一八九〇年の第一回帝国議会で山県有朋首相は「我が国の防衛に当たっては、主権線防護のみならず、主権線防護に密接に関係する利益線をも護らなければならない」と演説した。これは当時のウィーン大学教授ロレンツ・フォン・シュタインの言葉の引用であり、山県の利益線は朝鮮半島を意味したらしいが、現代の「利益線」は各国共通の「グローバルコモンズ(国際公共財)」でありその防衛は各国が共同して行うべきものとなった。

国際海峡・シーレーン・産油地域の平和・南極大陸、等々はまさにこの各国共通の「グローバルコモンズ」であり各国の共同防衛により守るべきものである。共同防衛の根拠は集団安全保障にあり、集団的自衛権行使は集団安全保障措置の一部に過ぎず、集団安全保障措置が機能するまでの一時的措置に過ぎない。共同防衛に当たる部隊は無論、国連の認めた多国籍軍であることが望ましいが安保理決議のない有志連合軍の行動もまた集団的自衛権行使ではなく集団安全保障措置だと認識される。何故なら安保理決議のない有志連合軍を国連憲章違反であると安保理が指弾したことは一度もないからである。

②而して自衛隊は平時、個別的自衛権を根拠として領空・領海・領土内で「領域警備」を実施し、戦時に備えての日米共同訓練を錬成する。また、南北極、国際海峡、公海空、宇宙、等のグローバルコモンズにおいては(米軍中心の)有志連合による集団安全保障措置としての共同警備(護)を実施し、戦時に備えての有志連合による共同訓練錬成を行わなければならない。無論、国連主催の国際平和協力活動(PKO等)には武力行使を必要とするものを含み積極的に参加すべきである。

日米安保条約により日本を守るために米国が集団的自衛権を発動して米軍を派遣することは期待されるが、米国が侵略された時、自衛隊がそこに派遣されることは元々期待されていない。それ故、自衛隊の海外派兵は集団的自衛権行使の問題点ではなく須らく集団安全保障問題なのだが、この二〇年間だけでなく湾岸戦争勃発時以来のこの三〇年、日本では「集団的自衛権と武力行使」の話ばかりで「集団安全保障措置への日本の義務」の話はほとんどなかった。なお、集団安全保障措置には「話し合い」「経済制裁」「武力制裁」の全てを含み、あくまでも「制裁」を背景に「話し合い」の段階で決着するのが本旨であることを理解しなければならない。

（4）「国際テロ・ゲリラ」が最大の脅威なのにその準備が全く不十分

二〇一三年制定の国家安全保障戦略において、脅威は「大量破壊兵器の拡散」と「国際テロ」であると明確に示されている。なのに、この両脅威に対する現実の具体的処置が殆どとられて来なかったことが最大の反省点である。特に「国際テロ・ゲリラ対処」には人手と金がかかる。そのため、空域を除く領域警備を警察（海上保安庁）に委ねるのは良いとしても、その勢力は極めて少数であり、不足している。武装警察一五万人（中国では一五〇万人実在）と消防団を改組した民兵八〇万（中国では八〇〇万人実在）の増（新）設を提言するとともに、自衛隊自身の領域警備力強化をはかり、更に自衛隊は「護身隊」と誤解されるので、防衛隊または防衛軍と改名し、国際（集団）安全保障の有力メンバーとすべく、増強することを希望する。そのために、防衛予算を世界主要国なみに「ＧＤＰ二％」程度とし、米国をそのリーダーとしつつもより多くの国々との幅広い共同訓練ができるものに育てて欲しい。

5、一国民としての政治的提言

外交・軍事は国内法（大陸法）でなく国際法（英米法）に法って運用すべし

「現憲法は、自衛権行使と集団的安全保障措置における武力行使を禁じているものではない」という意見が国際政治学者の中に増えてきている。しかし「個別的自衛権行使時を除き武力行使は一切不可」とする憲法学者中心の牢固な意見も残存する。

憲法九八条には憲法が国の最高法規だと明記しつつ、その2項には「条約・国際法規はこれを誠実に順守する」とある。

国連憲章も米国を巡る多くの条約も英米法で書かれてあるので条文の字句通りに解釈できないところがあるが、だからこそ参加各国が幅広く、その趣旨を理解し誠実に順守しなければならないのである。こうした軍事・外交に関わる問題は、内閣法制局の官僚や憲法学者に任せる問題ではなく、政治家と国民が語り合い決めていくべきものなので、政治家・官僚・ジャーナリスト・各学者方の国民目線に合わせた議論を期待したい。何れにせよ九条2項を生かしたまま自衛隊を明記するという改憲案は余りにも姑息である。

現在、日・中・韓関係において「外交における法の順守」が問題となっている。その法とは各国の国内法ではなく、条約等を含む国際法であることを、身をもって示すべき秋《とき》が来ている。

9・11に始まる対テロ戦争の本質と限界

渡邊《わたなべ》 隆《たかし》
国際地政学研究所副理事長、元陸将。防衛大・米陸軍戦略大学卒、陸上自衛隊第一師団長・統合幕僚学校長・東北方面総監等を歴任後、非常勤大学講師（安全保障論）。主著に『平和のための安全保障論』。

はじめに

世界貿易センタービルに二機目の旅客機が突入・爆発した時点で米国は自国が攻撃されたと確信するに至った。アメリカ合衆国本土が本格的な軍事攻撃を受けたことは歴史上例がなく、それは真珠湾攻撃を超えるほどの衝撃の事態だった。

米国は直ちに国土防衛のためのシステムを機能させる。フロリダの小学校を視察中だったジョージ・W・

ブッシュ大統領は専用機に搭乗し、目的地を定めずに空中から情報把握にあたった。これは米国の政府存続計画に基づく措置である。すなわち米ソ対立の中で核戦争となった場合に米国がどのように政府機能を維持するかを周到に準備した計画のひとつである。その計画が冷戦終結後一〇年も経過した9・11で初めて発動されたのは皮肉なことであった。

テロ攻撃の目標はアメリカの経済の中心・象徴ともいえる世界貿易センタービルだけではなかった。軍事の中心である国防省を標的としたAA七七便とペンシルベニア郊外で墜落したUA九三便は政治の中心であるホワイトハウスか議会議事堂を目標としていたと推測されている。四機の民航機がハイジャックされテロ攻撃に使用されたが、その後に続くテロ攻撃が起きなかった状況を受けて、ブッシュ大統領はその夜、国民に向かって「情報当局と司法警察機関の総力を真相解明と容疑者訴追するために注力する」と語った。

しかし翌一二日、大統領は国家安全保障チームの会合で今回のテロ攻撃はもはやテロリズムではなく「戦争行為（acts of war）」であると述べた。これに呼応して国連安全保障理事会は個別または集団的自衛権を規定した国連憲章第五一条に基づき国際テロリズムが国際社会の平和と安全に対する脅威であるとする安保理決議一三六八を決議した。五日後の九月一六日、ブッシュ大統領はキャンプデービッドにて「対テロ戦争（War on Terrorism）」を宣言した。こうして米国および国際社会は、「対テロ戦争」に突入することとなったのである。

米国と同盟関係にある我が国においても9・11の衝撃は大きかった。地下鉄サリン事件という大規模なテロ事件が起こったものの、9・11が起こるまで日本はテロリズムに対する関心も警戒も極めて低調だった。タリバン、オサマ・ビンラーディンという名前を知っていたのは、極めて少数の専門家のみであった。

しかし小泉政権の行動は迅速だった。国際テロ集団によって自由と民主主義が危機に瀕している情勢であり、このような新しい脅威に対抗するためにテロリズムとの戦い、すなわち米国の対テロ戦争の支援の重要性が論じられるようになる。テロ対策特別措置法案が一〇月五日に提出され、二九日に成立・制定した。このテロ特措法 は一一月二日に施行され、一週間後の一一月九日には海上自衛隊の護衛艦三隻がインド洋に向けて出港するという早さだった。アフガニスタンにおける米国の「不朽の自由作戦」の支援活動として、海上自衛隊によるインド洋における給油活動などが行われた。

9・11に引き続く米国や有志連合の対テロ戦争は、アフガニスタンで始まり、イラク戦争などで継続された。我が国においても二〇〇三年七月「イラク人道復興支援特措法」が四年間の時限立法として成立し、イラク戦争後のイラクの非戦闘地域で、積極的に人道復興支援活動・安全確保支援活動を行うことを目的として陸上及び航空自衛隊が派遣された。

それから二〇年が経過した。実は、対テロ戦争はまだ終わっていない。現在も米国は戦争状態にあると言ってもよいのである。二〇一一年五月、9・11を実行したオサマ・ビンラーディンの処刑に成功した後も、テロ組織アルカイダはテロを継続している。二〇一三年一月、日本人一〇名が犠牲となったアルジェリアのイナメナスにおける天然ガスプラント襲撃、人質拘束事件もアルカイダ系のテロ組織である。世界からテロは無くなっていない。それどころか、英国、仏国、独国など多くの国家でテロは頻発している現状にある。
本論は、9・11以後の国家が行う実効的なテロ対策に焦点を当て、軍事作戦としての対テロ戦争の本質とその限界について述べるものである。

1、軍事力は戦争を抑止してもテロを抑止することはできない

現代の国際社会において、軍事力によって現状改善を試みることは原則として否定されている。各国が保有する軍事力は基本的に自国及び同盟国を防衛するための戦力であり、戦争を抑止するための手段として存在する。国家の防衛戦略は、必要かつ十分な戦力を保有することにより相手の侵略を思いとどまらせる抑止戦略を基本として構築されている。抑止戦略の本質は、「恐怖」、「利益」、「名誉」というツキディデスの三要素にある。

しかし、テロリストにとっては守るべき領土も国民も経済も存在しない。そしてテロリストは目標のためならば生命の危険すらも顧みない狂信性がある。このようなテロを未然に抑止することは基本的に不可能である。そのためテロ対策はテロ組織を特定して能動的に攻撃し、テロ組織またはテロリストを物理的に制圧することが基本となる。すなわち報復ではなく、先制攻撃することがテロを未然に防ぐ最も効果的な手段なのである。

2、テロリストと交渉することは困難である

テロとの戦いにおいて、政治的な対話（交渉）や封じ込め・経済封鎖などの効果は期待できない。米国は、従来からテロ組織と直接交渉したり、譲歩・妥協したりしないと表明していた（オバマ政権になって家族が人質解放のために身代金を支払うことを容認し、情報の提供や精神的なケアなどテロリストと交渉する家族を支援していくこと、さらには身代金を支払わないという長年の方針に変更はないものの、政府当局者がテロリストと接触、直接交渉することを承認する旨の方針変更を行っている）。一九七七年九月に起きたダッカ日航機ハイジャック事件において日本政府が人質救出のためテログループの要求をほとんど受け入れたことは国際社会から大きな非難を浴びる結果となった。テロ支援国家に圧力をかけることでテロ活動に一定の制限を図ることは可能だが、あくまでも間接的な手段に止まる。したがってテロを発生前に防ぐためにはテロ組織またはテロリストを直接攻撃して物理的に壊滅させることが必要である。

クラウゼヴィッツは未完の大著「戦争論」の中で「戦争とは他の手段をもってする政治の継続である」と述べた。その理論に基づけば、軍事作戦は政治的に決着を付けなければならない国家の行動であると言える。いかなる戦争も無限に続けることは出来ない。戦場で戦争が決着する場合であっても講和条約などの国際政治のプロセスを経過しなければ戦争は終わらない。それがウェストファリア条約以降の国際政治の原則であった。

しかし例外はある。「核戦争」と「対テロ戦争」である。

核戦争には勝者も敗者もいない。あるのは人類絶滅のシナリオだけである。

対テロ戦争では、国家は軍事的勝利を得たとしても交渉する責任ある組織を見つけることが出来ない。むしろテロ組織の残存勢力や勝利に付随して生起する副次的な被害（コラテラル・ダメージ）が新たなテロ攻撃を生む温床となることが多い。一元的な命令系統を有する軍隊であれば例外なく国家の命令に従うが、テロ組織の指揮命令系統は曖昧で、例え背後にいる国家や組織と交渉できたとしても、目の前のテロリストがその交渉の結果に従うとは限らない。対テロ戦争においては、ひとつの局面の軍事的な勝利が必ずしも政治的な（全体の）勝利につながらないことが多い。テロ組織は正規の軍隊との決定的な戦闘を避け、地域住民の中に埋没し、何の罪もない住民や民間の施設（ソフトターゲット）などをテロの対象とするからである。さらに、国家に属する軍隊は国際人道法をはじめとする各種国際法規を遵守するが、テロ組織はそのような法的制約がなく、また世論の非難も恐れない。総じてテロに対する軍事的な勝利は一時的なものであり、軍事作戦が終わればテロは復活する。

3、軍事作戦としての対テロ戦争

二度にわたる世界大戦とその後の朝鮮戦争を勝利した米軍がはじめて挫折した戦争がベトナム戦争であった。ベトナム戦争で米国はベトコンというゲリラ組織との戦いで苦戦を強いられた。決戦を回避してひたすら敵の出血と消耗に焦点を当てたゲリラ作戦・戦法は、世界最強の米軍を苦しめた。結果的に米軍がベトナムから撤退したのは軍事的理由というよりも、反ベトナム運動などに見られる米国の国内的な理由によるものであった。

対ゲリラ作戦（対遊撃作戦）は純粋な軍事作戦である。その本質は彼我の圧倒的な戦力差にある。戦力が劣勢な側はまともに戦っても勝てないので、決定的な戦闘を避けるようになる。

または本格戦争が決着した後で戦闘がゲリラ戦に移行することもある。第二次世界大戦のペリリュー島の戦いでは本格戦闘の後、守備隊が玉砕した後も残存した兵士によって約二年間わたりゲリラ戦闘が継続されている。ペリリュー島の作戦は米軍に出血を強要することと同時に絶対国防圏死守のための時間稼ぎという戦略的な目的があった。

すなわちゲリラ作戦（戦闘）は、あくまでも戦争・作戦の全体に寄与するための作戦である。しかし、テロはテロ攻撃やテロの対象そのものが目的であることが多く、持久作戦や主作戦に寄与するという目的を見ることがほとんどない。テロにはじ後の政治的交渉を有利にするための軍事的な目標がないか、あっても極めて稀なのである。軍事作戦が敵の意志を打ち崩すことであるとするならば、テロ攻撃を断念させるようにするためには、テロ組織やテロリストの位置を特定してテロ攻撃が起こされる前に相手を壊滅させる以外に方法がない。すなわち裁判によって有罪が確定しない限り無罪であるという「推定無罪」の原則に従う限り、テロ対策はテロ行為に対する報復行為という側面を持たざるを得ず、結果として次なるテロ事案が起きることを容認する結果となってしまうのである。軍隊の行動は域外においては戦時国際法によって規制され、推定無罪の原則は適用されない。米国が9・11のテロ攻撃を犯罪ではなく戦争として捉えた最大の理由がここにあると考えられる。すなわち現在の国際社会には、海外で活動するテロリストやテロ組織を取り締まり、検挙し、裁くための国際的な枠組みが不完全なのである。

4、テロリストには特殊部隊を

テロリストを特定し対処するためには、テロリストの行動を分析し、予測する組織・人材が必要であり、テロ組織に対して最も有効な手段が特殊部隊であるというのはそれが理由である。生まれながらの兵士がいないように、生まれながらのテロリストも存在しない、テロリストは兵士のように訓練され育成されるのである。多くのテロ行為の背後に特定の国家の存在が当てはまるのは、組織的なテロ攻撃のためには資金と人材が必要不可欠であるからだ。そして国際テロリスト集団にとってテロの実行犯は消耗品であることから、テロリストの養成こそが最も重要なのである。

どのような国家にも不幸で不運な人たちがいる。テロリストは戦争や飢餓や貧困に苦しむ環境からだけ生まれるのではない。豊かで恵まれた環境の中でも虐げられていると思い込む人たちがいる。潜在的なテロリスト候補者である。このような潜在的なテロリスト候補者をなくすことは不可能であり、これらの候補者をテロリストに育てることにこそテロ組織の本質があると言える。

一方で、テロリストに必要な技術・能力は軍隊における兵士の育成に似ている。その中身は、①武器・弾薬（爆発物）の取り扱い、②生存のための訓練（サバイバル訓練）、③通信機器の取り扱い、④戦時国際法などの理解などである。その他、⑤語学（外国語能力）、⑥尾行・潜伏（身分詐称など）の能力などの技術・能力が必要と言われるが、⑤以降の能力は潜入捜査やスパイ活動に必要な能力であって兵士の教育訓練とは別なものである。これらのテロリストは人格的な資質も含めて極めて稀な存在であり、容易には育成できない人材である。テロリストの技術に特化した訓練とイスラム教過激派などに見られる精神的・心理的な刷り込みが組み合わさると、テロリストは極めて危険な殺人兵器となる。

5、テロリストとの戦いは民衆との戦いである

対テロ作戦で勝利するためには、テロ組織に対する直接・間接的行動のほかに地域住民に対する包括的な対策が必要である。すなわち住民を味方に引き入れ、テロ組織を特定し住民と分離することが必要不可欠である。

しかしテロリストを特定する過程で地域住民に対して行動制限や捜索・選別・尋問など一定以上の制限を課すことが必要となり、結果として対テロ部隊と住民との間に緊張状態が生起する。この緊張を和らげ住民を味方に引き入れるための具体的な住民対策、すなわち民生支援を軍事作戦と同時に行う必要がある。米軍には「対反乱作戦（Counter-Insurgency）：ＣＯＩＮ」という概念がある。この作戦は、ゲリラ、テロリストなどの反政府勢力などを撲滅・制限する作戦のことで、対革命戦（Counter Revolutionary Operations：ＣＲＷ）とか、対内乱作戦、治安戦とも表記されていて、対テロ作戦、対ゲリラ作戦を包括する上位の概念

である。その中身は、①民事作戦、②（住民）保護プログラム、そして③対ゲリラ作戦に区分される。

民事作戦とは、現在の政府と対ゲリラ作戦に対する国民的な支持を維持増加させることで、医療サービスの無償提供や学校、病院、電気・水道などの社会インフラの整備、都市計画の支援や経済援助などを通じて民心を獲得する上で有効性が見られる活動を行うことである。イラクにおいて自衛隊派遣部隊が行った復興支援活動を想起してもらえればよい。保護プログラムとは、反政府勢力などが武力を背景として行う脅迫・プロパガンダ・暴行などから一般住民を守ることで、イラクにおいて米軍は街の主要な地点に兵士を配置することで、間接的に住民を守ることに留意していた。最終的にゲリラやテロ集団が特定できれば、捜索・追跡してこれを武力で制圧する対テロ作戦を遂行する。こうして見るとテロとの戦いは、軍民共同の非常に広範囲の作戦であり、純粋な軍事作戦は実は最後の部分なのだということが理解できる。

しかし現実問題として軍隊が対テロ作戦と住民対策を同時並行的に行うことは難しい。人的な制約と共にハードとソフトの両面を同時に行うことになるからだ。このため非軍事の支援組織やＮＧＯなどが行う民生支援活動を活用することになるが、その効果は一般的に遅効的であり、特に民生支援活動はテロに対して脆弱で弱点を露呈するため結果的にテロ攻撃の格好の標的となり易い。

「テロと戦う」ということは、実はテロを生み出した背景・要因と戦うということである。自己完結性の高い軍隊の活動は一般的にコストがかかる。そのため軍事作戦は特定の時機と場所に決定的な戦力を集中することが求められる。「兵は拙速を聞く」を引き合いに出すまでもなく、軍事作戦は短期集中的である。しかし、対テロ作戦は全地域を対象として地道な活動を一定期間継続することでようやく地域住民とテロリストを分断し、テロリストを特定し、孤立させることが可能となる。それは長期間の作戦と戦力の広域展開、分散使用を容認することであり、本質的に軍事的原則とは相容れない活動となる。そして軍隊が地道な作戦を選択したくても政治がそれを許さない場合もある。政治は国内世論や野党に対して成果をアピールしなければならないからだ。

6、ドローンは対テロ戦争のゲームチェンジャになり得るか

敵対するテロ集団が特定できた場合、速やかに攻撃しなければならない。何故ならテロ集団は少人数で動きが早く、頻繁に所在地・拠点を移動させるからである。その位置を特定しても、大部隊で対処するのは困難であり、これまで比較的準備が短時間で迅速な対処が可能なミサイルや航空攻撃でも対処が間に合わないとされていた。

9・11以降の対テロ作戦では、無人航空機（Unmanned Aviation Vehicle：UAV）、いわゆるドローンが多用されるようになった。無人航空機は一定時間、上空で待機することが可能であり、偵察ばかりでなくミサイルなどを搭載してテロの拠点を直接攻撃できるようになった。

このドローン攻撃には、様々な問題点が指摘されていることも事実である。ひとつは、戦時国際法の問題である。無人航空機を操作しテロリストを殺傷する者に交戦者の資格があるのか、ということである。ハーグ陸戦法規は、戦場における交戦者を規定している。少年兵や自爆テロなどのテロリストが戦争法規

違反であることは明白であるが、一方でテロに対処する側が何千キロも離れたシェルターからドローンを誘導して、特定の標的を攻撃することが正当な戦闘行為であるのかと疑問を指摘されている。9・11から一〇年経った二〇一一年九月三〇日、アラビア半島のアルカイダの中心的な指導者だと目されていたアンワル・アル・アウラキという人物は、潜伏していたイエメンにおいて無人航空機からのミサイル攻撃によって殺害されている。この問題の所在は、彼がアメリカ国籍を持っているアメリカ人であったことで、レーガン大統領の時代に米国は非合法であるとして政治的暗殺を禁止しているからである。また、アメリカ連邦刑法は、アメリカ国外においてアメリカ国民がアメリカ国民を殺害することを「不法な殺害」として禁じてもいる。

無人航空機によるテロ対策の二つ目の問題点は、一般市民の付随的被害、コラテラル・ダメージ（Collateral Damage）である。二〇〇九年八月五日にパキスタン国内でＣＩＡが行ったとされる無人航空機によるタリバン指導者の殺害では、その場にいた親族などを含む一一人が死亡する事態をもたらしただけでなく、それに至るまでの一年間に九回の未遂に終わった無人機のミサイル攻撃で、その都度、数人から数十人に及ぶ一般市民の犠牲を生じ、その中には一〇人の子供と四人の部族長も含まれていたと報じられている。

テロが卑劣で戦時国際法を含めても非合法の戦いであることは、本人たちは別として、全く異論がない。しかし、テロと戦うために無人航空機で攻撃することは戦時国際法の下で許容されるだろうか。筆者は無人航空機による攻撃そのものを問題視しているわけではない。物理的破壊の手段として、航空機を操縦しているパイロットがミサイルを発射する行為とドローンを操縦して攻撃する行為は本質において変わらない。しかしながら、アメリカ国内の絶対安全なシェルターにいて、ゲームのようにディスプレイに映し出される標的に向かってミサイルを発射してテロリストを殺害することが、戦時国際法が規定する戦闘・戦争行為であるということについては疑問を抱かずにおれない。

米政府は、その疑問に対して以下のように説明している。基本方針として「無人航空機による攻撃は、最も優先されるべき選択肢ではない」ということ。そして、「テロリストを拘束できる場合には、拘束が優先される」こと。なぜなら「拘束によって情報を引き出し、テロリストの拠点を無力化する可能性が高くなるためである」とし、無人航空機による攻撃は、「テロリストの拘束が不可能であり、脅威に対抗するための代替手段がない場合に限られる」としている。このような基本方針に基づいて、アメリカ領土外の無人航空機による攻撃には以下のような条件が必要だとされている。①無人航空機による攻撃は「テロ組織の指導者に対してのものであるか、テロ攻撃に用いられる兵器そのものに対してでなければならない。②無人航空機による攻撃は、標的となるテロリストが、「アメリカ国民に対して、継続的かつ切迫な脅威となっている場合にのみ」行われる。③「ターゲットとなるテロリストの確保が不可能であり、本来対応するべき現地政府が、脅威に対応できない場合」に限られる。④無人航空機による攻撃を予定している場所に、「ほぼ確実に、ターゲットが存在しており、非戦闘員には被害が及ばない」場合に限られるとしている。

二〇一九年九月一四日、サウジアラビア東部の石油生産プラントがテロリストによるドローン攻撃の標的にされた。イエメンのテロ組織による攻撃声明が出されたが、アメリカ合衆国はイランがその背後にいるものと断定している。この事件から見えることは、ドローン技術はもはや先進国の占有するものではなくなっているということである。多くのテロ組織がドローンという手段で攻撃を行う可能性が増大していることも事実である。テロに対して無人航空機で攻撃することは、まさに無人航空機による報復を助長することになるのではないだろうか。自爆するテロリストを養成するよりも無人航空機を開発する方がテロ組織にとっては容易な手段になる可能性はある。大量破壊兵器、特にＢＣ（生物化学）兵器とドローンが組み合わさるとテロ対策はさらに対処困難になることが予想される。繰り返しになるが、テロに抑止は効かないのだということを深く考える必要があるように思う。

おわりに

安全保障は基本的に「ゼロ・サム」の世界である。参加者の利益や損失を全て足し合わせるとその合計が常にゼロになるという世界である。ウェストファリア体制の国際社会において、永年、このゲーム理論が定説となっていた。もし主権国家の目標がより多くの利益（国益）を獲得することなら、獲得した利益と同じ損失をどこかの国家が受けていることになる。過去の戦争の多くが領土と利権の争いであったことは紛れもない真実であり、戦争によって獲得した領土や利益が失った人命や経費に見合うならば、その戦争は勝利者にとって意義がある。

人間とその集団の行動の源泉が「恐怖」、「利益」、「名誉」にあると分析したことで知られるトゥキディデスの三要素は安全保障における不変の原則事項であった。しかしながら対テロ戦争のような非対称の戦いにおいて、国家とテロ組織の三要素は全く別の次元のものであると言わざるを得ない。国家滅亡の恐怖と個人の命を失う恐怖を同列に論じることが出来ないように、国益第一主義で判断する国家とテロリストの利益はゼロ・サムではない。そして任務に殉じるテロリストにとって死は恐怖ではなく、むしろ名誉となる。行動の結果としての批判や裁判はあまり意味を持たないテロリストと、常に世論やメディアの動向を気にする民主国家とでは、その正義や行動原則が正反対である。

このように見ると、テロとの戦いにおいてテロリスト・テロ組織を物理的に制圧することができるのは軍事力（物理的な対処力）だけだが、軍事力だけではテロを撲滅することは出来ないというジレンマに陥ることになる。軍事力の成果を全体の成果とするための国家としての政治・経済・文化などのソフトパワーが不可欠なのである。

狂信的で慎重かつ大胆な単独のテロリストの攻撃を防ぐことは不可能かもしれない。予測が不可能だからだ。しかしテロ集団が連続して行う一連のテロ行為は対処が可能であるし、それこそが軍事作戦の主眼であるべきだと思料する。

イギリス外務大臣デイヴィッド・ミリバンドは、二〇〇九年一月一五日付ガーディアンに論文を投稿した。この中で「『対テロ戦争』なる定義は誤りだった、かえって諸勢力を団結させる事に繋がった」と述べた。イギリス政府も二〇〇七年からは「テロを煽る事になる」としてこの語を用いていない。これに呼応するようにヒラリー・クリントン米国務長官も二〇〇九年三月三〇日、バラク・オバマ政権が「対テロ戦争」なる語の使用を中止したと述べた。

米軍は、二〇一一年一二月にイラクから撤退した。トランプ前大統領は二〇二〇年一一月、アフガニスタンの駐留米軍兵士を二五〇〇人まで削減すると発表して大きな批判を受けた。米国は9・11以来、二〇年以上にわたり対テロ戦争を継続していたのだと新ためて気づかされる。新型コロナウィルス感染症による世界的なパンデミックや南シナ海や台湾・尖閣諸島など、世界の安全保障環境が大きく変わろうとする中で、9・11の残滓が再燃する可能性があることを国際社会は最も恐れているのかもしれない。戦争は遠い対岸の火事のようだが、テロはいまそこにある恐怖だからである。

「9・11ニューヨーク・ワシントン同時多発テロ事件」雑感

林《はやし》 吉永《よしなが》

国際地政学研究所理事。防衛大航空工学卒（六五年）。空自に入隊し、北警団司令、百里基地（七空団）司令、奈良基地司令（幹部候補生学校長）。退官後、防衛研究所戦史部長、亜細亜大学非常勤講師。

1、9・11直前のワシントンで

二〇〇一年九月一一日、ニューヨーク、ワシントンで同時多発テロ事件が起きた。筆者と9・11が直接に関係していたわけではないが、この頃、米国を訪れる機会が多かった。まずは、事件の2か月前、当時拝命していた防衛庁防衛研究所戦史部長として、米国防省のシニア・アーキビストに会うためのワシントン出張であった。

目的は、知己であったアーキビストの手配で、米国が鹵獲《ろかく》した第二次世界大戦中の公文書史料公開（大統領承認後、審査一年を経て二〇〇一年一二月公開予定）に当たり、事前審査を行っていた米国国立公文書記録管理局（通称：アメリカ国立公文書館、National Archives and Records Administration：ＮＡＲＡ）の好意で事前に閲覧可能になったからであった。

対象史料は、「旧帝国陸軍関東軍七三一部隊（関東軍防疫給水部本部―生物化学兵器部隊―）関連（秘）文書」で、戦後行われた、七三一部隊専門職員からの『聴き取り記録』、限りなく「白に近い灰色」と結論された『七三一部隊生体実験調査記録（メリーランド米陸軍病院における被験米軍人の隔離検査報告書）』、米国主導で行われた七三一部隊戦犯裁判と米国が独占した七三一部隊文書に係わる『ソ連のクレーム記録』、生物化学兵器に分類された、『日本の風船爆弾への警戒・落下爆弾の取り扱い・落下地点立ち入り禁止命令』、『環境汚染／被害（ピクニック中の幼稚園の保育士と子供が死亡）報告書』、『北米大陸に落下した風船爆弾約四〇〇個の落下プロット・チャート』などであった。

他方、ソ連（当時）、中国は、鹵獲した日本軍関係の史料を公開していない。埃《ほこり》をかぶった『酸性紙の旧日本軍史料』が朽ちていく危惧があった。エズラ・ボーゲル氏（一九三〇―二〇二〇）来日時に意見を交わす機会を得て、中国が鹵獲した日本軍史料を所蔵している中国「档案館」の扉を開ける助力を請うた際、日中の「戦史研究交流」を行うのはどうかと助言を頂いたが力が及ばず実現できなかった。

ドイツの場合は、独仏共同で「第二次世界大戦史編纂」を行って「独仏間の悪い感情関係」を「相互理解」に転じている。今もって、露・中の戦争史料公開のガードは固いが、「歴史の真実」を双方で確認できれば、二国間の摩擦解消に資することができるはずだ。

米国の「公文書史料」の扱いに比較し「日本政府」は無関心を極めている。日本には、自国の戦争を客観的に顧み、防衛・安全保障、そして、国民が「戦争を起こさない平和の構築」を学び、考える動機を与える「戦争博物館（War Museum)」が存在しない。だから、先の戦争のＰＴＳＤに苛《さいな》まれ、日本は、戦禍の犠牲を「祀る」ことができても、「顕彰」できない国になった。

米国のために真摯な犠牲を払った米軍人顕彰のシンボルとして、軍人に限られていた「ワシントン・アーリントン国立墓地への埋葬法」は、９・11後、直ちに改正され、犠牲となったペンタゴン米国防省シビリアン職員が埋葬され、さらには、アーリントン墓地拡張の土地買収も行われた。

この年、９・11の聴き取り調査に、全米規模でアーキビストが駆り出されたため、史料公開審査に手が回らず、公開は一年延期となった。米国では、大学など専門教育を経て養成され、国家資格を与えられたアーキビストの多くが国・州・私立の文書館において「歴史に携わる」枢要な仕事に就いている。

２、９・11直後のニューオーリンズとニューヨークで

９・11の年、一二月八日、米国南部ルイジアナ州ニューオーリンズ市内の「D-Day」ミュージアムが主催、ニューオーリンズ州立大が協賛する ”60-Years Memorial Symposium Since D-Day” に招かれて発表することになった。テーマは、”Relation between Japan & the U.S. since 1945” である。筆者は、”Non-Impact has brought Impact to the U.S. from Japan since 1945”（『防衛研究所戦史研究年報第六号』二〇〇三年三月掲載・二〇〇二年米国ノーフォークにおいて開催の国際軍事史学会年次大会においても発表）と題して話した。

内容は、第二次世界大戦後の五五年間、「敵対する怖れが皆無で、しかも米国に都合のいいように振舞う日本」を強調した論考である。「裏を返せば」、「米国が日本にとって都合のいい国であってほしい」という期待もあった。

ある時期には、「経済摩擦」があって、「日本バッシング」が行われたものの、日本が米国離れすることはなかった。しかも、日本は、米国に軍事上の脅威を全く与えていない。むしろ、冷戦における西太平洋域の対東側軍事勢力優位を確保、維持する在日米軍基地の存在を受け容れてきた。日本の都合を満足するものであったか否かは、防衛行動が無かったから結論付けられない。しかし、日本の防衛・安全保障にとって、「米軍のプレゼンス」は、日本が独自の防衛力を自己完結できない欠落を補完することは確かだ。

そこには、日本にとって「米軍に守ってもらう」メリットがある。しかし米国の地政学者ニコラス・スパイクマン（一八九三―一九四三）は、“Bi-Lateral”あるいは“Multi-Lateral”の同盟構築に当たり、「米国が求める同盟の条件」に次の項目を挙げている。

・組織に参加する諸国はそれぞれが自国防衛に足る軍事力を保有していること
・同盟国の安全が脅かされれば躊躇なく参戦する意思が強固である
・他国が自国を守ってくれるという紙の上の約束を鵜呑みにしない
・大国は自国の国益と勝算に基づき小国の保護を約束する

これに照らすと、「米国が日本にとって都合のいい同盟国かどうか」は疑問である。

米国は、第五代大統領J・モンロー（一七五八—一八三一）の「南北米大陸のヨーロッパに対する相互不干渉」の議会演説（一八二三）以来、「孤立主義」を貫いて来た。ところが、米国は、第一次・第二次世界大戦に請われて参戦、連合国の勝利に寄与した。これにより米国は、冷戦時、東西世界対峙の西側リーダーとして、脅威の排除・均衡の主役を担うことになる。

米国は、東側勢力と優位に対峙するため、西側最大の集団安全保障体制NATO（北大西洋条約機構 "North Atlantic Treaty Organization"）を構築、加盟するに際して、米国民が二年かけ、「集団的自衛権行使の決断」に議論を重ねた。ヨーロッパに背を向けて北米に移住した人々にとって、西欧諸国防衛・安全保障のために米国民の血を流すことには、「反対」が勝っていた。しかし、議論は、「孤立主義」を担いでいた上院外交委員会A・ヴァンデンバーグ（一八八四—一九五一）委員長の主導で、スパイクマンの「同盟条件」が確認され、NATO加盟のコンセンサスを形成するに至った。

戦後、日本では、「吉田茂体制」の下、「片務性が際立つ米国頼みの防衛」を企図して「経済復興優先」政策が推進され、経済大国を実現した。この時代の「日米同盟」には、ヴァンデンバーグ決議で確認した「同盟の条件」との乖離が在った。日本にとって、同盟の核心は、米国に日本を守ってもらう「片務性」であって、在日米軍基地はその担保だった。言葉を換えれば、米国は、「日本の防衛・安全保障にとって都合のいい同盟国」であった。

一九五一年、「講和条約」と同時に締結された「日米安全保障条約」について、米国民は、国民参加で議論した「NATO加盟時のヴァンデンバーグ決議」や「スパイクマンの同盟の要件」を「同盟の必然」と理解していたから、その「片務性について」憤《いきどお》った。当時の大統領H・トルーマン（一八八四―一九七二）は、「日本が我々の考える同盟国になるには時間がかかる」と国民を説得している。

9・11直後の米国の様子に触れる。

9・11は、米国最大の都市ニューヨーク市民を最悪最大の犯罪に巻き込み、「約三〇〇〇人の死者を出した無差別殺人」であった。到着したニューオーリンズ空港では、物々しい警備体制に、拘束されるのではないかと身を固くするほどであった。警備に就いている多くの「軍人」は、自動小銃の引き金に指がかかる状態で動哨していた。入国時の持ち物、身体検査に一時間を覚悟しなければならないインフォメーションもあった。同道することになった、日本からD-Day六〇周年シンポジウムに招かれていた元外交官は、「爪切りを持参したのですが、鑢《やすり》部分をもぎ取られました」と嘆いていた。「針金ハンガーでも鑢で研げば凶器になる」という理由であったとか。

日本で同様の事件が起きた場合を考えてみる。自衛隊員が実弾を込めた小銃を構えて警備に就くのだろうか。大東亜戦争下の警察や軍の常軌を逸する取り締まりのPTSD（Post Traumatic Stressed Disorder）から抜けきらない時代精神を引きずった日本国民は、あらゆる犯罪、テロの可能性を考え、厳しく、徹底した危険物探知、排除の厳戒に従っていけるのだろうか。今次の東京オリンピックは、まさに試金石となっている。

「戦争と同じだ」と言いながら、COVID―19対処に、行政は「国民に対しお願いするしかない」有様だ。

秋田のイージスアショア配備に際して、「迎撃ミサイルのブースター切り離しが近隣住民に安全ではない」からと配備が断念された。何と「平和ボケ」だろう。国民に危険が直《じか》に迫るミサイルが日本に打ち込まれる恐れが最高度に達し、迎撃ミサイルが発射されるという状態は「戦時」である。戦争の本質と乖離したメッセージが発せられること自体、「国民保護」、「住民避難」をないがしろにしている証左である。「イージスアショアの配備」と「配備基地周辺の住民保護・避難」はワンセットで考えるのが当然だ。

二〇〇〇年六月一三―一六日、朝鮮半島が分断されて以来初の「南北首脳会談」が行われた。たまたまの話だが、金大中（当時）大統領の北朝鮮訪問の日に、防衛研究所の韓国・中国研修団は韓国を訪れていた。筆者は団長として同行し、その日、大統領機護衛の任務を担う水原空軍基地を研修した。出迎えてくれた基地司令兼戦闘航空団司令とは、かつて在日韓国大使館空軍武官として筆者と交友があり、偶然の再会となった。司令は、旧知の仲とあって、大統領の三八度線を超えるフライトに対する「空軍の即応態勢」について、本音でコメントしてくれた。

「三八度線付近では、完全武装の護衛戦闘機が空中待機（CAP：“Combat Air Patrol”）している。航空団所属戦闘機は全機、ミサイル・二〇ミリ機銃の実弾を搭載して飛行訓練中である。しかし、表向きの警戒待機・防衛態勢は平常態勢だ。北を刺激しない最善の態勢で『最大戦闘力発揮』即応態勢を維持している」とのことだった。

基地の各所に、戦闘機の「分散待機・再発進整備機能」を備えた「掩体（Concrete Unti-Bomb Shelter）」や用途廃止された戦闘機を各所に駐機した「欺瞞（Dummy）」の備えも目に入った。しかし、研修団を普通に迎え入れてくれた「部隊側の接遇」には緊張感は無かった。他方、司令との会話には「有事を意識した凄味」が感じ取れた。研修団を迎え入れてくれたこと自体、「情報」の世界では「欺瞞」であったかもしれない。軍事においては、状況変化に応じ「作戦的発想」で「景色を読み取る」性癖が育つ。これは、国や国際社会の防衛・安全保障、軍事一般の知見と体験の積み重ねから育つ後天的感性だろう。

諸外国では、国民が「戦時体制」を心得、行動する感性が養われている。研修団が宿泊したソウル市内ホテルの客室には、「戦争が始まった時の『避難要領』が書かれたブロッシュア」が置かれていた。不意に訓練が行われることもあるのか、宿泊者への訓練参加の要請と行動の案内も置かれていた。今、この「即応態勢」がどうなっているか確認していない。しかし、韓国では「朝鮮戦争休戦下」であり、「戦争に備える感性」の風化は見えなかった。

日本では、「COVID-19対処は『戦争』状態だ」と言う。しかし、軍事の感性が備わっていないから、戦時の「覚悟」と「厳しさ」が伝わってこない。戦闘においては、「兵力の小出し」が戒められるのだが、国の対処は「小出しの典型」で、小さな効果が出る度に「態勢を緩めて元の木阿弥」を招いている。日本では、「戒厳令・総動員」などの言葉を出せば、直ちに批判の砲火を浴びてしまう。政治が恐る恐る事を運ぶのが分からないわけではない。しかし、危機管理に当たっては、大胆さ、厳しさ、強制力の発揮が望ましい。

徳川吉宗の享保の改革時代の「大岡忠相（一六七七―一七五二）」と松平定信の寛政の改革時代の「長谷川平蔵（一七四五―一七九五）」の違いはそれぞれが活躍した改革期の時代精神が「緩やかさ」と「厳しさ」

を際立たせている。

政治はこのようにあるべきであって、「戦争だ」と言うならば、国民にご協力を願う「任意」ではなく、国民のコンセンサスを得て国の主導で大胆な施策を促した方がいい。その政策の出口、目的が国民に受け入れられ、「国民のやる気」が確実にエンカレッジされることが望ましい。しかし、その推進役である「政治を与《あずか》るヒトたち」が国民の神経を逆なでしていては「国・国民」は救われない。

話を戻す。

D-Day 六〇年シンポで訪れたニューオーリンズ市内は、マーケットに客が見当たらなかった。「非常事態宣言」中だったからだ。平常時であれば日本人観光客はお得意さんなのだろう。やたら、片言《かたこと》の日本語で語りかけてくる。近傍のフレンチ＝クォーターには、米国で現存する最古のカトリック教会であり、地域のカトリック教会を束ねる司教座聖堂サン＝ルイ教会が在る。いつもの教会前は、大道芸人の芸、ミュージシャンの歌や踊りが見られるのだが、祈りを捧げるカトリック信者が聖堂に足を運ぶ姿が散見されるだけだった。

翌二〇〇二年八月、米国ヴァージニア州ノーフォークで開催された第二八回国際軍事史学会年次大会に参加した。この年も空港警備は物々しかった。

この機会に、9・11追悼のため「ニューヨーク貿易センタービル」の現場を訪れた。貿易センタービルからウォール・ストリートへと足を運ぶと、至る所に9・11の痕跡が遺され、犠牲への祈りの場が設けられていた。「自由の女神像」を訪れるには、フェリーに乗船するまで検査に二時間余を要した。「自由の女神像」は、米国の「自由の象徴」であり、テロリストのターゲットになるだろうことは至極当然である。

3、9・11と宗教

さらに9・11に係る筆者の思いを述べる。第一は「宗教」についてである。

イスラム教誕生（六一〇）後、イスラム教徒の生存圏は、教徒の増加に比例して拡大した。このため、イスラム教は、独自に国家を建設し、イスラム教義に適った統治を布いた。ローマ帝国がキリスト教を国教（三九二）としたように、国家が特定の宗教を採り入れる例は今日でも多いが、「特定の宗教が自ら国家建設した」のは、イスラム教だけだ。

イスラム教の初代指導者ムハンマドがメッカで布教（六一〇–六二二）に行き詰まり、メディナ（当時：ヤスリブ）に移住（遷都：ヒジュラ）した。しかし、食に窮して「盗賊まがい」にはしったのが「生きるための戦い（聖戦：ジハード）」の始まりだった。イスラム教への帰依は、オアシスに分散して生活を営む遊牧と交易のアラブ民族が「価値観を共有してまとまる」ことにつながっていく。イスラム教は、イスラム王朝に姿を変え、「生存と自給自足圏」確保、拡張のため、アラビア半島からアナトリア半島、北アフリカ、イベリア半島へ侵攻した。

原始キリスト教は、イエス・キリストが説いた「愛＝忍耐・寛容・謙虚」が教えであった。しかしDNAが強化されていく。「キリスト教以外の宗教は宗教に非ず」の転機は、「ローマ帝国のキリスト教の国教化」であった。帝国の庇護を受けるようになって、キリスト教指導者に奢《おご》りや高ぶりが生じ、それが「唯我独尊」と「堕落・腐敗」を招いた。

その浄化運動が「宗教革命」であり、J・フス（チェコ、一三六九？－一四一五）、M・ルター（独、一四八三－一五四六）、J・カルヴァン（仏・スイス、一五〇九－一五六四）らは、中世キリスト教（以後、「カトリック」と言う）を牛耳り、腐敗するカトリックを糾弾し、新たなキリスト教に導いていった。しかし、カトリックと、カトリックに反旗を翻し新たに生まれたプロテスタント（以後、「カトリック」＋「プロテスタント」を「キリスト教」と言う）は、「教義の衝突」を招いただけではなく、ヨーロッパ諸国の封建領主の後ろ盾を得て、ヨーロッパ中を戦渦に巻き込んで行った。これが三〇年戦争（一六一八－一六四八）である。

他方で、同時代の大航海時代（一四一五－一六四八）は、キリスト教のボーダレス、かつグローバルな宣教時代でもある。ヨーロッパでは、小中封建領主の吸収・併合によって中央集権化が進み、ポルトガル、スペインなどの有力封建領主が「大航海のパトロン」となって冒険家を外洋に送った。

ローマ教皇は、「宣教のグローバル化に大航海を利用」するため「新大陸征服の正当性」を「神の名」によって権威付けた。然るに、公然と占領、略奪、殺戮を行う大航海の冒険家は、「略奪者」ではなく「コンキスタドール（征服者）」と呼ばれたのである。

大航海時代の始まりを刺激したのは、「イスラム交易」である。ヨーロッパでは、「シルクロード」とユーラシア大陸東沿部を伝う「海のシルクロード」によってもたらされる商品を、「イスラム交易」に依存していた。商品には、今日で言う「輸送費・関税」が付加され「高額」となっていた。このため、ヨーロッパは、自ら大型帆船を駆って直接に商品を調達する方法を選択、海洋交易に乗り出したのである。

シルクロード、ユーラシア沿岸航路は、イスラム交易に支配されていたから、帆船の大型化と相俟《ま》って必然的に「大西洋・インド洋・太平洋」へと乗り出すことになった。新大陸発見と新大陸における富の略奪がコンキスタドールの仕事であった。また、後に「コロンブス交換」と呼ばれるのだが、「大航海」は、「ヒト・モノ」でだけではなく、先進国の疫病や飲酒、麻薬などを運び、インカやアステカなど原住民の壊滅、文明の消滅、自然界の侵食を促した。

大航海時代、ヨーロッパ諸国は、新大陸や島嶼における植民を促し、原住民を使役する「植民地経営」を盛んにした。また、北米における殖民は、移住した人々によって六〇〇余の原住民が排除され、新たな国家が生まれようとしていた。

時代が進み、三〇年戦争が国家主権を明定すると、国家間の主権・領域・国益を争って戦争が盛んになった。戦争は、「社会に『進歩』を伴う変革現象をもたらし、それが戦争を変革する相互連鎖を励起」した。これがＲＭＡ「"Revolution in Military Affairs"（軍事上の変革）」であり、軍事強国を生み、戦争の様相を変えてきた。

ヨーロッパの軍事強国は、第一次世界大戦において敗戦したイスラム教のオスマン帝国（一二九九―一九二二）を解体し、帝国を分割した地域を植民していった。キリスト教徒がイスラム教徒の国家を支配したのである。別けても、中東において「石油資源」を独占した西欧キリスト教国は、アラブ民族の共有するイスラム的価値観を破壊し、さらに、イスラム教世界の後継者をめぐる派閥化の後遺症がイスラム世界の内部分裂を進めた。

それは、RMAの産物であり、宗主国が植民地独立の収拾をつけず、単に国境を直線的に分けて「植民地を放棄」した結果が生んだ分裂と混乱と言えよう。八世紀から始まった「イスラム教」対「キリスト教」の構図は、今日、「イスラムのキリスト教に対する憎悪の新たな現象」として再び現れつつある。それは、大東亜戦争後沁みついた、中国、韓国、北朝鮮の盛んな「対日嫌悪」に通ずる。

ピレネー山脈を越えたイスラム教勢力は、フランスのトゥール、ポワティエに侵攻するが、キリスト教徒の反撃に遭い敗戦（七三二）、圧力を受けてスペインのグラナダに向かって後退していく。イスラム教勢力は、イベリア半島上陸（七一〇）後、グラナダ陥落（一四九二）まで、イベリア半島のポルトガル、スペインを征服、「イスラム王朝」を建国した。これに対する「トゥール＝ポワティエの戦い」以降にカトリック勢力が戦った「失地再征服戦争」（七一八―一四九二）は、レコンキスタ“Reconquista（Reconquer）”と呼ばれる。

聖母マリアにイエス・キリストの受胎を、ムハンマドにイスラム教誕生を告知したのは大天使聖ガブリエルである。イエス・キリストが磔刑に処され昇天した地はエルサレムであり、ムハンマドが昇天したのもエルサレムである。しかし、このような宗教上の重大な共通性があっても、両宗教の信者が親戚付き合いを持つに至っていない。

イスラム、カトリックの様々な現象は、連鎖して今日に至っている。その一つは、今世紀に至り、ローマ教皇ヨハネ・パウロⅡ（一九二〇―二〇〇五）が、「十字軍の遠征（八回、一〇九五―一二七二）はカトリックの重大な過ちであった」と、「歴史的謝罪（二〇〇〇・三・一二、ヴァチカンのミサ聖祭）を行った」ことだ。「十字軍」について加筆する。

東ローマ皇帝アレクシオスⅠ（一〇五八―一一一八）は、イスラム王朝が勢力を広げ東ローマ帝国帝都コンスタンチノープルに迫ったため、ローマ教皇ウルバヌスⅡ（一〇四二―一〇九九）に「傭兵の援軍」を求めた。教皇は、イスラム教勢力に占領された「聖地エルサレム」奪還を名目に「十字軍派遣」を指令した（一〇九五・一一、クレルモン公会議）。

イスラム教とキリスト教は、「戦争の正義」を神に負託して、それぞれの戦いを、「聖戦」とした。十字軍は、エルサレムへの行程で「殺戮・暴行・略奪・占領」の限りを尽くし、遠征が重ねられ「殺戮・暴行・略奪・占領」の対象が無くなると新たに北アフリカ、東ヨーロッパに行動を拡大した。ローマ教皇は、その正当性を「異教徒」の排除に拡大し、「凄惨な殺戮を伴う異教・邪教狩り」を督励した。

サン＝ドニのテロ事件について触れる。

三世紀、カトリックの宣教を行う少人数の集団がイタリアから現在のフランス、ガリア地方に派遣された。その中の一人「ドニ」は、現在のパリ・モンマルトルで宣教中に迫害され、斬首された。「ドニ」は切られた自分の首を抱えて、カトラクスの野にたどり着き息を引き取った。その地に「ドニ」は埋葬され、後に、列聖され「サン（聖）＝ドニ」と称されるようになった。

この地に歴代フランス王家が詣でるようになり、サン＝ドニにちなむ修道院が造られ、「サン＝ドニ司教座大聖堂」に発展して今日に至っている。サン＝ドニ市は、パリ郊外ド・ゴール空港とパリ市街地を結ぶ中間に在る。

二〇一五年一一月、フランス・パリ及びサン＝ドニで起きた同時多発テロ事件、別けても、「サン＝ドニ」の事件には、宗教という文脈を捨てきれない印象がある。

サン＝ドニ聖堂には、フランス革命で処刑、斬首されたルイ一六世（一七五四－一七九三）とその皇后マリー・アントワネットが祀られている。最も崇敬されているのは、「第七回・第八回十字軍の指揮官」の功績で列聖されたフランス国王ルイⅨ（一二一四－一二七〇）、サン＝ルイ（聖王ルイ）である。

テロ事件はサン＝ドニのサッカー場近辺で起き、イスラム過激派ジハード集団が犯行を声明した。サン＝ドニは、イスラム移民が多いことでも知られている。テロの首謀者たちに「サン＝ルイ」が意識に有ったかどうかは分からない。ヨーロッパの歴史に、「十字軍」、「レコンキスタ」という「カトリック対イスラム戦争」が記されている。今日では、イスラム教徒であるシリア難民が「民族の大移動」の如くヨーロッパに流入している。この現実を見て、イスラム教とキリスト教の対立構図を描くのは穿《うが》ち過ぎとの批判も頂くが、パリ、サン＝ドニのテロは、あまりにも因縁と関心を深くした事件であった。

4、9・11と戦争

第二が「戦争」についてである。

「宗教が行う戦争」は、国境を越え、主権国家が制御不能な「超国家」戦争である。もう一方の戦争は、国家の暴力装置である「軍隊」が行う、国・国民の「生存と覇権」を賭した戦いであって、ナポレオン戦争に至るまで、「神（代理である教皇）」が戦争の正当性である「錦の御旗」を与えた。しかし、ナポレオンが「戦争と神の関係」を裁《た》ってから、近代戦争へのＲＭＡが加速した。

「ナポレオン戦争」に、プロシアの将校として参戦、一時はナポレオンの捕虜となったカール・フォン・クラウゼヴィッツ（一七八〇―一八三一）は、ナポレオンの戦争を体験し『戦争論』（一八三二）を遺した。至言は、「戦争は他の手段をもってする政治の継続である」と説いたことだ。キリスト教に替わって、この言葉は、戦争するいずれの側にも正当性を与え、普遍化した『戦争論』は『戦争のバイブル』と呼ばれるようになった。「主権国家」、「国民国家」が誕生後、殺戮・破壊兵器の発達に伴い、一度に数万人が殺されても、『戦争のバイブル』は、勝者の殺戮・破壊を許容した。

クラウゼヴィッツの『戦争論』は、戦う「双方の正当性」を認めているのだが、他方で、戦争の「正当性」は、戦争の決着がつくと、負けた側の正義が「勝者の意思」によって否定される。そこには、「力が正義」とされる時代精神が存在した。即ち、勝者は、勝者の意思の表れである「戦後秩序」を敗者に押し付け、敗者はそれを受け入れて「終戦」としたのである。この時代の戦争を「伝統的戦争」と呼び、第二次世界大戦までの時代を「戦争の世紀」と言う。

しかし、第二次世界大戦後の「冷戦」、および、「ポスト・冷戦」期において、戦争の様相が変化した。ＲＭＡは「伝統的戦争」では説明できない「新たな戦争の時代」をもたらしたのである。冷戦期に現れた顕著な現象は、「宣戦布告／降伏／勝敗／戦後秩序」が見えない戦争、所謂「伝統的戦争の作法」が失われた戦争である。ポスト冷戦期においては、これらに加えて、「戦場／敵味方識別／兵器／戦闘員or非戦闘員／戦争法規」を特定できない戦争が発生した。

その上、「国家が行う戦争」が先進化した。リアルタイムのC4ISR（指揮"Command"／統率"Control"／通信"Communication"／電子計算機システム"Computer"／情報"Intelligence"／捜索探知"Surveillance"／偵察"Reconnaissance"）、即ち、電子化された作戦運用システムを備え、陸・海・空・海中・電子空間において敵に勝る兵器システムを保有していなければ勝てる見込みが無くなった。

キリスト教とイスラム教の争いは、対立が始まった時点から、ボーダレス（国境が存在しない）かつグローバル（地球規模）に展開する「超国家的」現象であった。ポスト冷戦の「新たな戦争」では、非国家主体であるISIL（Islamic State in Iraq & Levant）が、戦場・戦闘・戦闘員を地球規模にネットワーク化していた。その戦争は、「概念・本質」、そして「軍事力の定義・役割」が「従来の戦争」と大きく変革し、イスラム教の非国家主体であるISILが「超国家」現象を起こしたのである。

9・11まで、テロは、英国首相M・サッチャー（一九二五―二〇一三）が主張するように、「犯罪であり警察が対処する対象」であった。ところが、米国大統領J・ブッシュJr.（一九四六―）は、9・11において、一つの重大なRMAと一つの重大な過誤を遺した。

第一が、「対テロ戦争宣言」によって、テロリストを「クラウゼヴィッツの戦争『戦争は他の手段をもってする政治の継続である』の世界」に招じ入れた。これによって、国際社会は、テロは犯罪ではなくなり、『戦争論』の文脈で「テロリストの戦争の正当性」を認めざるを得なくなったのである。

第二は、9・11の前年三月一二日、ローマ教皇ヨハネ・パウロⅡが、「中世十字軍が犯した蛮行」を謝罪したにもかかわらず「米国の対テロ軍事行動」を“This is CRUSADE”（十字軍）と世界に発信し、自軍をエンカレッジした錯誤である。

冷戦期以降、「米国が行った戦争の正当性」において問題となるのは、ウオルト・ロストウの「テイクオフ理論[1]」の実験台にされた「ベトナム戦争」、“Illegal, but Legitimate”（開戦直前の“Stas & Stripes”論説）で開戦した「イラク戦争」、“This is CRUSADE”の「アフガン侵攻」などである。付言するが、これらの戦争で、米国は勝利していない。

1、ロストウ（W.W.Rostow）の経済発展五段階テイクオフ理論。

第一段階：伝統的社会―産業構造が在来産業のモノカルチュアで、労働生産性も低く、経済活動の大部分が食料確保のための農業生産に指向／第二段階：離陸先行期―経済の成長・好循環局面に移る離陸のための必要条件が徐々に満たされ、一人当たりgんpが持続的に上昇／第三段階：離陸（テイクオフ）―貯蓄率／投資率が急速に上昇、一人当りGNPは持続的上昇を開始①投資率が五％以下から一〇％以上に増加②主導産業が出現、産業部門の成長を誘発③経済成長持続のため政治的・社会的・制度的な枠組みが成立／第四段階：成熟化―離陸期の後の長い進歩の時期で、近代的産業技術が全分野に拡大、主導産業が重化学工業に、産業構造は第二次産業に特化／第五段階：高度大量消費―成熟時代を経て国民一般の所得水準が更に上昇し、消費需要の構造が変化、耐久消費財やサービスに対する需要が爆発的に増大米国が行った「対テロ戦争宣言」、「イスラム圏への派兵」は、「スタンド・オフ」の対テロ防衛・抑止作戦でもあった。しかし、北米本土、および西欧におけるイスラム・テロを阻止できなかった。ブッシュJr.の「宣言」は、「米国が建国以来、初めて外国から『本土攻撃』を受けた屈辱に対する」叫びでもあった。そこには「真珠湾奇襲攻撃」に擬せられた国民感情さえ生まれ、米国の「世界の警察官としての威信・自負」を失墜させたショックが窺える。

このため、米国では、「ホームランド・ディフェンス」を重視することになった。その一つは、平時、大統領のみに在った「北米本土における武器使用の命令権」が委任され、多数に「武器使用権限」を付与したことだ。これにより、ニューヨーク貿易センタービルに突入させられた米国民航機といえども、米軍が即応、撃墜できる余地が与えられたのである。

おわりに

キリスト教対イスラム教という構図の中で、日本の立ち位置を考える。

二〇一四年の「日米同盟を念頭に置いた集団的自衛権行使の容認」は、「日米は『一連托生』の同盟関係」であることを諸外国に示した。

日本の日露戦争勝利、第二次世界大戦のキリスト教国に対する挑戦は、イスラム教国の対日感情をプラスにしたと言われる。しかし、中国に言わせた「日本は米国の属国」は、対米警戒感旺盛なイスラム教国に、

「日本は米国べったり」の印象を強めた。9・11は、「仏教国日本が、キリスト教に『宗旨替えした』と見られないよう振舞うことを示唆している」は言い過ぎだろうか。

自衛隊のインド洋派遣、イラク派遣を検証する

半田《はんだ》 滋《しげる》

防衛ジャーナリスト。元東京新聞論説兼編集委員。獨協大学非常勤講師。法政大学兼任講師。二〇〇七年、東京新聞・中日新聞連載の「新防人考」で平和・協同ジャーナリスト基金賞（大賞）を受賞。

政治家に覚悟はあるだろうか。

日本防衛の役割に限定されていた自衛隊にとって当時、未経験だった海外活動は、一九九一年のペルシャ湾掃海艇派遣から始まった。翌年には国連平和維持活動（ＰＫＯ）協力法が制定され、海外活動は常態化した。幸いなことに以後三〇年間、海外派遣中の自衛隊から一人の死者も出ていない。

海外派遣に関する法律により「非戦闘地域」での活動に限定され、「武力行使」や「武力行使との一体化」を禁止されているのだから当たり前だと考えるならば、実情が伝わっていない。

最初のＰＫＯ参加となった一九九二年のカンボジアＰＫＯでは、現地の国政選挙を前に日本人選挙監視

員四一人が武装集団のポル・ポト派に襲撃される事態が想定され、国内からは「自衛隊が守るべきだ」との声が噴出した。だが、武器を使用する「駆け付け警護」は認められていない。

対応に苦慮した東京の陸上幕僚監部は、撃ち合いの中に隊員が飛び込み、自らが標的となることで正当防衛・緊急避難を理由に日本人選挙監視員を守る手法を考案した。隊員に「人間の盾になれ」というのだ。

その実施をめぐり、反発した現地部隊は組織への不信を高めながらも、補修した道路や橋の「視察」を名目に実弾入りの小銃を持って邦人警護に踏み切った。結局、選挙は撃ち合いもなく無事、終了した。

帰国した部隊には自衛隊で最も名誉のある一級賞詞が与えられ、PKO協力法から逸脱した命がけの任務は闇に葬られた。この事実を報道したのは筆者が記事を書いた東京新聞だけなので、一般に知られていなくても無理はない。

似た事案はこの後もあり、一九九四年のルワンダ難民救援では、隣国ザイールに派遣された陸上自衛隊が「輸送」の名目でトラックを強奪された日本人医師を難民キャンプから救出した。

二〇〇二年、東ティモールPKOに派遣された陸上自衛隊は暴動を逃れようとした現地日本人会から救援要請を受けた。現場の判断で国連事務所の職員や料理店のスタッフら日本人一七人に加え、七か国二四人の外国人をやはり「輸送」の名目で救出した。

実際には任務として与えられていない「駆け付け警護」だったにもかかわらず、憲法違反との批判を避けるため、苦し紛れに「視察」や「輸送」と説明する。PKOにおける自衛隊の役割とは何か、人道面で役割拡大の必要があるのか、原点に帰って議論すべき場面は何度もあった。

しかし、積極的に自衛隊を海外へ送り出したい与党の政治家をはじめ、ＰＫＯ協力法に反対した野党でさえ、自衛隊がひとたび海外へ送り込まれてしまうと急速に関心を失い、「自衛隊にお任せ」となって、なし崩しのうちに任務が拡大していった。

ＰＫＯでの「成功体験」が踏み台となり、二〇〇〇年代に入ると与党政治家は自衛隊にさらに困難な任務を求めるようになる。そのきっかけが二〇〇一年九月一一日に発生した米国における同時多発テロである。

当時、筆者は東京新聞社会部の防衛担当記者だった。発生当日の夜、帰宅してテレビのスイッチを入れた途端、旅客機が高層ビルに激突する様子が映し出され、絶叫のような実況の言葉が耳に飛び込んできた。何度も繰り返される衝突の場面。そのうち別の旅客機が無傷だった隣接する高層ビルに突っ込んだ。

翌朝、いつもより早く防衛庁（現防衛省）に行き、記者クラブに鞄を置くのももどかしく、背広組の内部部局の広報課に飛び込み、課長が不在なのを確認して、次に制服組の陸海空各幕僚監部ごとにある広報室に向かった。

事件発生を受けて、防衛庁の幹部たちは何を考え、組織として何をしようとしていたのか、記事にする必要があるのはもちろんだが、記録として残さなければならない。そんな思いでまとめた原稿が古いパソコンに残っている。

今となっては何かに掲載されたのかさえ、覚えていない。当時の生々しい防衛官僚や自衛隊幹部、そして在日米軍の様子を再録することで当時を振り返りたい。

1、9・11当日の取材原稿から

「まるで映画じゃないか」。東京都千代田区の自宅。佐藤謙事務次官は呆然としてテレビ画面を見つめた。最初、世界貿易センタービルが炎上する様子は「火事」を思わせた。次の瞬間、残る一棟に旅客機が突入した。

「これはいかん」。防衛庁の中枢である防衛局防衛政策課に電話をかけ、幹部の非常呼集を命じた。同じ時刻、沖縄と奄美大島の部隊視察から戻り、官舎で一息ついていた遠竹郁夫航空幕僚長は同じ画面をみつめ、「航法システムのミスだろうか、それとも操縦機器の故障か」と考えていた。

続いて二機目が激突したところで「テロ」を確信する。だが、ビルに突入したのは明らかに旅客機だった。ハイジャクなら亡命や政治犯の釈放を求めるのではないか。乗客を道連れに自爆するなんてことがあるのか。

「日本で起きたら防げるのか」。身震いする思いで防衛庁に向かった。

午後一一時過ぎ、幹部の中で一番自宅が近い守屋武昌官房長が防衛庁に到着すると記者団がとり囲んだ。「自衛隊施設の警備を強化する。自衛隊と共同使用の米軍基地は自衛隊が警戒に当たる」。そう話すと執務室のあるA棟一一階に向かった。

短いコメントだが、実は重要な意味があった。自衛隊は警察と違って、駐屯地や基地の柵の外側で警戒監視をすることはできない。米軍が自衛隊と同居している日米共同使用の基地に限って、自衛隊は自分を守るついでに柵の内側に限って米軍も警備できるのだ。

背景にあるのは太平洋戦争の経験から生まれた「軍隊＝悪」との考えから「自衛隊性悪説」が生まれ、自衛隊には抑制された権限しか与えられていなかったことだ。後に、この警備問題は表面化する。

一二日午前一時、A棟の地下にある中央指揮所で庁議が始まった。中央指揮所は戦争や災害派遣の際、防衛庁幹部らが集まり、部隊からの情報を元に自衛隊の行動全般を指揮する。地下一階から三階までに陸海空各自衛隊や背広組の部屋がある。

庁議は地下三階の防衛会議室で開かれた。正面の長官席には萩山教巌副長官。この時、中谷元長官は東ティモールのPKOに自衛隊を派遣する準備のため、インドネシアにいた。夕食会の最中に一報が入り、東ティモール行きをキャンセルして帰国の途についた。

海外にいたのは中谷長官だけではなかった。中谷正寛陸上幕僚長はマレーシアで開催されていた太平洋陸軍参謀総長会議に出席中だった。

一七か国の陸軍トップが集まった会議で、即座に帰国を決めたのは中谷陸幕長、それに日系人で初めて米陸軍の参謀総長になったエリック・K・シンセキ大将の二人だけ。陸上自衛隊の将官は「他国の出席者は重大事とは思わなかったのだろうか」と首をひねった。

海上自衛隊の頭脳ともいえる海上幕僚監部の香田洋二防衛部長は半年に一回の米海軍幹部との意見交換ため、米太平洋艦隊司令部のあるハワイにいた。事件発生時、ハワイは午前五時。宿舎の部屋にテレビを二台持ち込み、チャンネルをＣＮＮとＡＢＣに固定して海上自衛隊に何ができるか、同行した幹部ともに検討を始めた。

昨年（一九九〇年）一〇月、ペルシャ湾のアデン港に停泊中の米海軍のイージス艦コールに爆薬を積んだボートが体当たりし、乗員一七人が死亡したテロ事件があった。海からの攻撃だってあり得るのだ。「（米軍基地のある）横須賀と佐世保が危ない」。海上幕僚監部は一二日未明、横須賀基地のある東京湾と佐世保湾の警備を決定。非常呼集された乗員を乗せた護衛艦や掃海艇は一二日早朝、港湾の入り口を目指し、次々に出港して行った。

在日米軍基地の緊張はピークに達していた。事件発生と同時に警戒レベルを示す「スレット・コンディション」をゼロから一番高い「Ｄ」に上げ、ヘルメットと防弾チョッキ、それに実弾入りの小銃で完全武装した兵士が各基地のゲートに立った。

一二日午前七時には政府専用機であるジャンボ機2機が羽田空港から米国へ向けて出発可能な態勢になった。だが、翌一三日には「米国の要請がない」として早々と千歳基地に引き揚げる。航空自衛隊幹部は「米国が国内問題の解決に他国に手助けを求めるはずがない。読みが甘すぎた」という。

午前八時半、中谷長官が成田空港に到着。その足で国会に駆けつけ、政府・与党連絡会議で「現行法では時が国内の米軍基地を守ることができない。法改正を急いで欲しい」と発言した。

与党三党（自民党、公明党、保守党）は中谷発言に同意し、自衛隊法の改正案が月末からの臨時国会提出が決定。法案の概要は警備対象を米軍基地だけでなく、首相官邸や国会といった政府中枢や原発、水源地などの施設も加えた。

ゲリラやコマンドウ（正規軍の特殊部隊）から、こうした施設を守る「領域警備」は陸上自衛隊が以前から法整備を求めており、米国の同時多発テロ事件が追い風になった感がある。だが、実際には陸上自衛隊の現場から不満の声が上がる。

自衛隊には駐屯地警備や基地警備の十分な権限が与えられていない。武器を守る場合に限定して実弾を持った警備が認められているだけだ。国会に提出される予定の改正案にしても武器使用を警察官と同じく正当防衛、緊急避難に限定しており、武器使用が自由な米軍を守るのは弱者が強者を守るに等しい。

実は制服組に多大な権限を与えないよう一番注意しているのは当の防衛庁なのだ。制服組を統制する背広組の内局幹部は「いざとなれば治安出動を発動すればいい。武装した自衛官が簡単に出動する事態を国民が受け入れるのか」と制服組の自主的な活動を疑問視する。

事件の経過とともに米軍の報復攻撃に焦点が移り、小泉純一郎首相は一九日、自衛隊による米軍への医療、輸送・補給など七項目の対米支援策を発表した。幹部は「自己完結している米軍は戦闘部隊の派遣は求めない。物資輸送や補給といった後方支援を通じて日本の貢献ぶりをアピールしたい」と話す。

だが、自衛隊派遣を可能にする新規立法の成立には時間がかかる。報復攻撃はアフガニスカンに雪が降り始める一一月より前、つまり一〇月半ばにも開始されるとみられているのだ。

そこで防衛庁は防衛庁設置法の「調査・研究」に基づく情報収集名目で、とりあえずイージス護衛艦、補給艦などをインド洋に派遣する考えでいる。

「インド洋に浮かぶ護衛艦を、ぜひＣＮＮに取材してほしい」と幹部はいう。一三〇億ドルを拠出しながら、貢献ぶりが評価されなかった湾岸戦争の悪夢を払拭する好機、との声が庁内に広がっている。

2、インド洋派遣からイラク派遣へ

引用はここまでである。

米同時多発テロの発生と同時に防衛庁や自衛隊の幹部たちが一斉に国内のテロ発生に備えるべく、警備強化に乗り出したことがわかる。そして次の段階では小泉首相が指示した対米支援について、何ができるのか検討を開始する流れとなっている。

(1) 日本の独自判断での初派兵としてのインド洋派遣

発生から二か月後、自衛隊に首相官邸や国会などの政府中枢や原発の警備させる「領域警備」は、警察庁や警察ＯＢの国会議員らの反対により、自衛隊施設と米軍施設を警備するための「警護出動」に縮小され、自衛隊法改正によって可能となった。

だが、自衛隊の活用について、国内向けの動きは傍流にすぎない。政府部内における最大の関心事は、建国以来、本土が初めて本格的なテロ攻撃を受けた米国の出方だった。

一九九〇年代は、自衛隊の恒久的な海外派遣を可能にしたＰＫＯ協力法が成立する一方で、日米連携を強化する日米安保共同宣言（一九九六年）を皮切りに、周辺事態で自衛隊が米軍の後方支援することを米国に約束した日米ガイドラインの改定（九七年）、前記の対米支援を法律で裏付ける周辺事態法の制定（九九年）と段階を経て日米連携が強化された。

「自衛隊の海外派遣」と「自衛隊の対米支援」が並立したところで、米同時多発テロが起きて、この二つは融合する。それは対米支援のための自衛隊インド洋派遣であり、米国が始めたイラク戦争を支持する証としての自衛隊イラク派遣である。当時の記事や取材メモから政府部内の動きを振り返る。

「無駄な時間を使わないように」。小泉首相の指示で対米支援の検討は始まった。九月一五日午後、内閣法制局次長に加え官房副長官補、外務省、防衛庁の幹部らがひそかに官邸の古川貞二郎内閣官房副長官室に集まった。「周辺事態法を適用すればいい」との声も出たが、派遣先に想定されるアフガニスタンやパキスタンを「日本周辺」とするには無理がある。会議は新法づくりに傾いた。

官房長官だった福田康夫氏は「一七日に新法をつくる案が出てきた。公明党にも話を始めた」と振り返る。テロ発生からわずか七日目のことだ。

外務省も動いていた。野上義二外務事務次官は一二日、省幹部に新法の原案づくりを指示。数日後、米国では柳井俊二駐米大使が米国務省でアーミテージ国務副長官と会談して、自衛隊派遣を求める公電を日本に送った。

「米国による対テロ作戦を支援する」という国内外の世論を追い風に動き始めた政治家や官僚たち。その裏で自衛隊は独自の動きを見せていた。

陸上幕僚監部の佐官たちは、制服を背広に着替え、ひそかに政治家詣でを繰り返していた。部隊のアフガニスタン派遣を求める自民党内の声に対し、派遣を思いとどまるよう説くことが目的だった。「武器使用基準が厳しすぎて、自衛隊は自分の身さえ守れない」。そんな話が永田町で広まるのに、時間はかからなかった。

制服組が防衛庁（省）官僚の背広組を飛び越えて、直接政治家に接触することはシビリアンコントロール（文民統制）の原則からタブーとされる。だが、制服組の行動は、海外活動に必要な条件整備を棚上げして「日本の独自判断による海外派遣」を加速しようとする流れに無理があることを説くための、いわば直訴だった。

制服組が文民を誘導する「逆シビリアンコントロール」。軍事常識を欠いているとの自覚からか、政治家たちは不思議なほど耳を傾けた。

米国が同時多発テロの報復として踏み切ったアフガニスタンに対する武力攻撃を受けて、日本はテロ対策特別措置法を制定した。陸上自衛隊の派遣は見送られ、海上自衛隊の護衛艦と補給艦がインド洋へ派遣された。

海上自衛隊の活動は、搭載した燃料や食糧を攻撃に向かう米艦艇に供給すること。当初は二年間の時限立法だったが、延長を繰り返し、中断を挟んで、結局、テロ特措法にもとづく活動はテロ特措法に反対していた民主党が政権を取るまで中断を挟んで九年間に及んだ。

米国によるアフガニスタン攻撃は、米国が米同時多発テロの犯人をアフガニスタンのタリバン政権の支持を受けたテロリスト集団「アルカイダ」による犯行と断定し、自衛権を行使してアフガン空爆を開始したことにある。英国は集団的自衛権を行使してこの戦争に参戦した。

洋上補給は二〇〇一年一二月、米艦艇を対象に始まり、次に翌〇二年一月英艦艇への補給が行われて以降、対象国は次々に増え、最終的に一一か国にまで拡大された。

この過程で洋上補給の名目は

①「米国による自衛戦争を支援するため」

②「各国艦艇による海上阻止活動のため」（海上阻止活動＝Maritime Interdiction Operation ＝ＭＩＯ）

③「海洋の安全と安定を図る海上安全活動のため」（海上安全活動＝Maritime Security Operation ＝ＭＳＯ）

と三段階で変化した。

つまり、洋上補給の目的は「対米支援」から「テロリストによる密輸などを防ぐ海上阻止活動」、そして「海の安全確保活動」へと大きく変わったにもかかわらず、日本政府は「国際社会から感謝されている」として派遣を見直さず、テロ特措法は延長を繰り返した。

米国や英国の補給艦から燃料を受ければ有償である。しかし、日本からもらえば無償、つまりタダなのだから感謝されるのは当たり前の話だろう。

攻撃に向かう米艦艇に対する燃料補給は「武力行使との一体化」にあたらないだろうか。海上自衛隊の補給艦は非戦闘地域の洋上で、米艦艇に燃料を補給する。補給を受けた米艦艇は戦闘地域に戻って、戦闘を再開する。

政府は燃料を受けた地点と戦闘に参加する地点は離れているから地理的また時間的に米軍の武力行使とは一体化しないとの見解を示した。しかし、米艦艇は燃料がなければ動くことができず、戦闘を継続することができない。海上自衛隊からの燃料は米軍の武力行使に不可欠と言うことができる。

各地の裁判所ではテロ特措法違憲訴訟が提起されたが、原告となった人々に「原告適格がない」（＝自衛隊の洋上補給に関して利害関係がない）との理由から、裁判所に却下された。

米同時多発テロをきっかけに始まった自衛隊のインド洋派遣は、わが国の独自判断による初の自衛隊海外派遣だったが、米国はじめ多くの参加国から感謝された。これを受けて、政治家や官僚の間で「国際貢献の実を上げるには自衛隊を使えばよい」との意識がいっそう広がった。

その証拠に、米国が始めたイラク戦争に際し、電光石火でイラク特別措置法が制定された。今度は陸上自衛隊がイラクへ、また航空自衛隊がクウェートへ派遣されることになった。

（2）米軍が戦争中のイラクへの陸上自衛隊、航空自衛隊の派遣

イラク特措法は、日本が対米支援することを目的として制定された時限立法である。米国は二〇〇三年三月二〇日、「イラクのフセイン政権が大量破壊兵器（核兵器、化学兵器など）を隠し持っている」と今では米政府も「誤り」と認めている理由でイラク戦争に踏み切った。

当時の小泉首相が世界に先駆けて、この戦争への支持を表明したところ、米政府から「Boot on the

Ground」（ブーツ・オン・ザ・グラウンド＝陸上自衛隊を派遣せよ）」と求められ、米国の要求通りにイラク特措法を制定した。

当初、日本政府は自衛隊を派遣するにはイラク戦争には大義が必要と考え、米政府に国連決議を取るよう求めた。しかし、国連機関がイラクの核兵器査察中だったにもかかわらず、一方的に戦争に踏み切った米国が加盟国の支持を得られるはずもなく、結局、国連決議を取ることはできなかった。

しかし、イラク特措法には派遣の根拠として国連安全保障理事会の決議が三本、書かれている。第六七八号⑴、第六八七号⑵及び第一四四一号⑶とあり、あたかもイラク戦争に国際社会が賛同しているかのような立て付けになっている。

だが、いずれもイラクへの武力行使を認めた決議ではない。第六七八号⑴、第六八七号⑵は一〇年以上前にあった湾岸戦争に関する国連決議である。古証文までひっぱり出して自衛隊派遣の根拠としているのだからイラク戦争を支援するイラク特措法に正当性があるのか疑わしい。何として米国を支援しなければならないという政府の思惑ばかりが透けて見える。

イラク派遣はＰＫＯと違って、自衛隊が参加するのに不可欠な「停戦の合意」を派遣の条件とはしていない。

とはいえ、現に米軍が武装勢力との戦闘を続けている最中に自衛隊を派遣せざるを得ない。そこで政府は戦闘が続くイラクの中でも「非戦闘地域」はあるとし、そこへ自衛隊を派遣するのだから比較的安全であり、自衛隊が武力行使に踏み切るおそれはないと決めつけた。

二〇〇三年一二月、イラク特措法に基づき、航空自衛隊のC130輸送機がクウェートに派遣され、翌〇四年一月以降、陸上自衛隊約六〇〇人がイラク南部のサマワに派遣された。

陸上自衛隊の活動はイラク特措法の人道復興支援にあたる施設復旧、給水、医療指導の三項目。「非戦闘地域」に派遣されたにもかかわらず、派遣期間の二年半の間に一三回二二発のロケット弾が宿営地へ向けて発射され、うち二発が宿営地内に落下。一発はコンテナを突き破ったが、幸い不発弾で死傷者は出なかった。

一方、クウェートに派遣された航空自衛隊はC130輸送機でイラクのサマワ近くの空港まで陸上自衛隊の人員や物資を空輸した。

しかし、二〇〇六年七月に陸上自衛隊が撤収すると武装した米兵をイラクの首都バグダッドまで定期便として週三回ほど空輸することになった。

この空輸活動の開始前、日本政府は「これからは国連物資や人員を運ぶ」と発表した。筆者は裏を取ろうと情報公開請求しても開示された空輸日誌は黒塗りばかり。イラク派遣に反対した民主党が政権をとる直前になって、防衛省はイラクでの活動の全貌を初めて明らかにした。

五年間におよんだ空輸で運んだ人員は、国連職員が二七九九人、陸上自衛隊が一万八八九五人、そして米軍が二万三七二七人。陸上自衛隊が撤収して以降は、米軍のための空輸活動だったということができる。

C130輸送機がバクダッド上空まで来ると、地上から携帯ミサイルにロック・オンされたことを示す警報が機内に鳴り響き、自動的にミサイルの眼をごまかすフレアーという火の玉が発射される。それだけでは不安なので操縦士は機体を左右に大きく切り返し、ぐるぐると螺旋状に降下しながら着陸することを余儀なくされた。

この機に乗ったという筆者の友人は「機内で米兵は激しく嘔吐し、地獄絵図のようだった」と話した。

航空自衛隊の空輸活動は二〇〇八年四月、名古屋高裁から「航空自衛隊の空輸活動は米軍の武力行使と一体化し、憲法に違反している」との判決を受け、確定した。政府は「違憲部分は判決文の傍論にすぎない」（福田康夫官房長官）として派遣を継続したが、結局、同年一二月に撤収し、自衛隊のイラク派遣は幕引きとなった。

3、自衛隊イラク派遣を検証する

イラク特措法による自衛隊派遣は、日本のシビリアンコントロールに禍根を残したのではないだろうか。次にその事実を検証してみたい。

（1）ブレーキをかけつつ、アクセルを踏む

イラク特措法が成立した二〇〇三年七月二六日を境に首相官邸は沈黙した。九月に自民党総裁選があり、一〇月に衆院の解散と一一月の総選挙が予定されたからである。

イラク派遣を争点にしたくない官邸は、すべての派遣準備にストップをかけた。派遣要員の選定や訓練

はもとより、砂漠地帯に初めて派遣される自衛隊にとって必用な物資購入など一切の準備をすることができなかった。

準備指示を出すよう求めた石破茂防衛庁長官に対し、福田官房長官は「防衛庁でやれることをやればいい」と突き放した。その一方で小泉首相は一一月一四日に来日したラムズフェルド米国防長官に「できるだけのことをやる」と伝えている。ブレーキをかけているのにアクセルを踏んでいると言うのだ。

衆院選挙が終わり、空白の五か月間を経て一二月九日、首相官邸はイラク派遣の基本計画を閣議決定し、準備開始のゴーサインを出した。翌二〇〇四年一月、イラク南部のサマワに到着した陸上自衛隊先遣隊のうち二人は正味一日の滞在で帰国、「派遣命令」につながる調査報告書を首相官邸に提出した。

筆者の取材に元陸上幕僚長の一人は、怒りを隠さずこう言った。「たった一日で書けるはずがない。日本で作成しておいた文書を持って出発したのだろう。命令される自衛隊に命令書をつくらせる。これでシビリアンコントロールと言えるのか」

政治が関わったのはイラク特措法を制定するまでで、その後、急速に関心を失ったと考えるほかない。「隊員の命は軽視されている」。そう考えた制服組は独自の歩みを進めていく。

二〇〇三年一二月、イラクへの自衛隊派遣を決めた閣議に前後して、陸上幕僚監部は戦闘死した隊員の処遇を極秘裏に検討した。政府を代表して官房長官がクウェートまで遺体を迎えに行き、政府専用機で帰国。葬儀は防衛庁を開放し、一般国民が弔意を表せるよう記帳所をつくるとの案が固まった。事実上の国葬である。

当時、陸幕長だった先崎《まっさき》一氏は退官後、筆者の取材に「死者が出たら組織が動揺して収拾がつかなくなる。万一に備えて検討を始めたら、覚悟ができた。国が決めたイラク派遣。隊員の死には当然、国が責任を持つべきだと考えた」と話した。

どうなればイラク派遣は成功といえるのか、明確な指針を示さない官邸の意思をくみ取る作業を、先崎氏は「軍事による政治意思の実現」と表現した。今風にいえば、政治家の考えを「忖度」して自分たちの果たすべき役割を決めたということだろう。

首相官邸や防衛省には、現地からの情報がひんぱんに入る。部隊が危険な状況に置かれていることや活動が法律や任務から逸脱していることを知らないはずがない。だが、時の政権が部隊の撤収や活動の中止を命じたことは一度もない。

イラク派遣では陸上自衛隊が活動していた二年半の間に現地を訪問した政治家は基本計画延長のため半日だけ現地入りした二人の防衛相を除けば、ゼロである。

米国や韓国の大統領や英国の首相が現地を訪れ、派遣部隊を激励したのと比べると小泉首相らの冷淡ぶりはどうだろう。派遣を命じておきながら、隊員に戦闘死が出たならば一転して「自衛隊は何をやっているのだ」と追及する側に回ったのではないだろうか。

（2）制服組トップの二人へのインタビューから

日の丸を背負わせ、日本という国の国際的な知名度アップや対米追従の道具として自衛隊を使ってきた日本の政治家たち。彼らに対する現場の冷やかな目は筆者が行った陸上幕僚長、航空幕僚長という二人の制服組トップの言葉からもわかる（ともに二〇〇七年八月東京新聞連載『新防人考 第四部 文民統制の真相』より抜粋）。

前出の先崎氏は筆者のインタビューに次のように答えている。

――陸上自衛隊としてはイラクでどんな活動を想定したのか。

「ＰＫＯの経験から施設復旧や医療に限定されると思った。だが、ローレス米国防副次官からはヘリコプターによる航空輸送を求められた。陸上自衛隊には砂漠でヘリを運用した実績がない。先に人道復興支援を行う部隊を送り込む一方で、ヘリの派遣を真剣に検討した」

――米軍ヘリが何機も撃墜されている。陸上自衛隊がヘリを派遣していれば、相当厳しい活動になったのでは。

「私がイラクへ激励に行った時のことだ。バグダッドから米軍ヘリで陸自のサマワ宿営地に向かったところ、ヤシの木立から銃の発砲を示す白煙が上がった。すると米兵二人がドアを開け、地上に向かって機関銃を構えた。応射はしなかったが交戦寸前。見えない敵を撃つのだから、自衛隊の武器使用基準では対応が困難だと思った」

――陸上自衛隊の撤収後、自衛隊法が改正され、海外活動が本来任務に格上げされた。

「サマワで一緒になったオランダ軍は、隊長レベルの判断で工事を発注できるカネを持っていた。海外活動を本格化させるなら、部隊長の権限の範囲で自由に使えるカネを持たせる必要がある。部隊に裁量権がないと危険な事態を回避する選択肢が狭くなる」

――イラク派遣で得た教訓や感想は何か。

「①他国の軍隊と対等に活動できることが分かり自信がついた、②半世紀に及ぶ教育・訓練、人材育成が間違っていなかった、③地域と一体化するという陸自の伝統が生きた、④五つある方面隊から多くの隊員を派遣したことで意識改革に成功した、の四点。自衛隊の海外派遣は国家意思の表明そのものだ。国にとって『自衛隊の力』が『外交の力』であると広く理解されたのではないか」

また、名古屋高裁から憲法違反とされたイラク空輸を実施していた当時の航空幕僚長、吉田正氏は以下のようにインタビューに答えている。

――陸上自衛隊の撤収後、バグダッドへの空輸を始めた。

「クウェートの米軍や近隣国にある米軍調整所は『無理しなくていい』と言ってくれるのに、米国防総省など中央は『もっとイラクの奥に行ってくれ』と求めてきた。現地を無視していて、教条的な感じがした」

――でも断らなかった。

「米軍はバグダッド便を数多く飛ばしている。民航機が自由に飛べるまで、軍の輸送機はいくらあっても足りない」

――国連空輸ではバグダッド経由で先のアルビルまで行っている。

「私は国連を運ぶことには反対だった。米軍も国連空輸を無視している。アルビルには民航機が飛んでおり、軍用機で運ぶ必要がないからだ。国連空輸を目玉にすると、米軍が撤収しても空自が撤収できなくなる恐れがある。政治の決定だから、仕方ないが…」

――実際の空輸は国連職員より米兵が圧倒的に多い。「人道復興支援が中心」と明記している基本計画と合わない。政府は情報開示もしない。

「尺度は量ではない。人道復興支援の人やモノを優先して運んでいる。空輸の実態を隠す必要はない。説明すべきだ」（※インタビューは二〇〇七年七月二四日に実施。防衛省が空輸の中身を公表するのは二年後の〇九年七月）

――空自のC130輸送機は、戦闘地域を飛ぶこともあるのでは？

「地図で示せるならともかく、どこが戦闘地域か否かの判断は飛行機乗りの世界になじまない。下から弾を撃たれるかどうか脅威の度合いを判断して、飛ぶかやめるか決めるだけだ」

――バグダッド近くで、C130がミサイルに狙われていることを示す警報が出ることがある。

「実際にミサイルが飛んできているのかどうか分からない。警報機の誤作動もある。危険度と任務をはかりにかけて活動を続けている。私は首相官邸で『万一撃たれても騒がないでほしい』『はしごを外さないでほしい』と求めた。テロと同じで、どこで攻撃を受けるか分からない活動だからだ」

二人の元幕僚長の言葉からは任務の困難さが伝わってくる。それと同時に政治家の能力不足や怠慢ぶりを制服組が補っていたことがわかる。

（3）恒久法である安全保障関連法が成立して

政府は、テロとイラクという二つの特措法による自衛隊派遣を「成功」と位置づけている。さらに難易度を上げたのが二〇〇五年、安倍晋三政権下で成立した安全保障関連法である。

同法の施行から五年の間に南スーダンPKOでは過去のPKOでひそかに部隊が実施してきた「駆け付け警護」が命じられ、部隊は緊急事態に備えた。

自衛隊による米艦艇や米航空機の防護は五七回を数えているが、政府はただの一回も中身を公表していない。前年分をまとめて国家安全保障会議に報告した後、回数だけが公表されるが、国家安全保障会議で得た結論は特定秘密なので、中身を公表できない仕掛けとなっているからだ。

米軍をはじめとする外国軍への後方支援は限りなく拡大され、海上自衛隊は遠くインド洋や南シナ海まで出向き、米軍や他国軍との武力行使を前提にした訓練を繰り返している。狙いは中国に圧力をかけ続けることだ。

期限や区切った特別措置法と異なり、安全保障関連法は恒久法である。再び、米国が戦争を始めたときに日本はこの戦争を支援するため、間違いなく自衛隊を派遣する。そして必要となれば、米軍を守るための集団的自衛権の行使に踏み切るだろう。

もちろん日本には、米国の戦争を支持しないという選択肢もある。しかし、安倍前首相は「日本は米国の武力行使に国際法上違法な武力行使として反対したことはありません」（二〇一五年五月二六日、衆院本会議）と述べている。

過去に反対したことがないのだから、おそらく将来とも米国の戦争に反対することはないだろう。

日本にとっての米同時多発テロは、海外における自衛隊の対米支援を全面解禁し、日米を一体化させる号砲となった。

同盟強化をひた走った日本――米中対立で転換点に

小村田《こむらた》 義之《よしゆき》

朝日新聞記者。一九九二年に入社。政治部、米スティムソンセンター訪問研究員、ワシントン特派員などを経て、二〇一二年から論説委員。二一年、オピニオン編集部。

ブッシュ米大統領は「これは戦争だ」と呼びかけた。あのとき「これは戦争ではない」と訴えていたら、二〇年後の未来は違う世界だったかもしれない。

摩天楼が砂のように崩れ落ちる映像が流れてから、二〇年がたった今、戦争という手段でこの問題の解決を図ろうとしたことの過ちを思う。

ブッシュ氏の支持率は九割に達した。米政権にとって、自らの政治基盤の強化のためにこれを利用しない手はなかったろう。国際法もテロの定義も二の次とされ、戦争の名のもとに、超法規的な措置が次々と正当化されていった。

これに追随したのが、当時の小泉政権であり、なりふり構わぬ日米同盟強化の流れは、安倍政権での安保法へと向かっていく。

だが今、米中対立のはざまで、同じ流れの延長線上に国の姿を描くことができるのか。軍事的な抑止だけでなく、政治、経済、外交など非軍事的な手段を組み合わせた柔軟な抑止のあり方を構想しなければ、台頭する中国に対応することは難しい。

9・11以来の同盟強化路線を見直す時期に来ている。そんな視点から、外交・安全保障を担当してきた記者として、この二〇年を振り返ってみたい。

1、懐に飛び込んだ小泉首相

詰まるところ政治家は人気商売であり、手練手管で人を取り込むのは一つの才覚なのかもしれない。政治主導の外交も、そうした傾向と無縁ではない。

歴史のあやと言うべきか、9・11が起きた二〇〇一年、日本側にはアメリカの要求を受け入れる素地ができていた。

〇一年四月、小泉純一郎首相が誕生したのだ。

六月末、小泉氏は安倍晋三官房副長官をともなって訪米し、ブッシュ氏との首脳会談に臨んだ。大統領山荘・キャンプデービッドで小泉氏は、対面したブッシュ氏の心をわしづかみにし、同盟強化への道を走り始める。

まだ9・11は起きていない。だが、小泉氏と安倍氏という二人の政治家がその後の同盟の姿を大きく変えていったことは疑いない。いったい、キャンプデービッドで何が語られたのか。当時の取材資料をひもとくと、こんな会話がよみがえる。

会談の冒頭、小泉氏はこう切り出した。

「一九六〇年に日米安保条約が改定された際、国民の強い反対を押し切って、日本の安全保障のためには安保改定が必要だとしてそれを実現したのが、ここに同席している安倍副長官の祖父、岸元総理だ。その時の衆院外務委員長が自分の父だった」

「横須賀の基地まで自宅から車で一〇分だが、東京に近い基地でもあり、多くのデモ隊が横須賀基地に押しかけていた。デモ隊の前で安保条約の必要性を堂々と説いた父を見て、父に対する尊敬を新たにした。その岸総理の孫の安倍副長官が、総理となった自分を支えてくれている」

政治家が人を取り込む技術とは、こういうものなのだろう。国内の政局も、外交も、それに関わる人たちの生き様や、人間同士の愛憎が影響する。小泉氏が、世界の権力者であるブッシュ氏の懐に飛び込んだ瞬間である。

これに対し、ブッシュ氏は「総理はお父上と安倍副長官の祖父の話を熱心にお話された。彼らは正しいと考えたことを実行した人々であり、尊敬されるべき人たちである」と感銘を受けた様子だった。

小泉氏はこんなことも口にした。

「国内には、米国に追従するのではなく、もっと自主性を有するべきであるとか、日米関係が多少悪化しても他の国との関係で補えばよいということを言う人がいるが、それはあり得ない。日本は米国に追従しているのでなく、日米が協力しあっているのだ」と熱弁を振るい、ブッシュ氏は「その通り」と即答している。

この「協力」の中身が、同盟管理の文脈で問われ続けることになる。まさに、安保法につながる考え方の基本線となる。

小泉氏はこんな外交観も披露している。

「日米の関係がまず基本であり、日米関係がよければよいほど、中国、韓国、ロシア等、他の国との関係もよくなる。日米関係の悪化を他の国との関係で補うことはできない」

四年後、ほとんど同じフレーズが記者団の目の前で使われたことがある。〇五年一一月に京都で開かれた日米首脳会談後の共同記者会見で、小泉氏は「日米関係がよければよいほど、中国、韓国、アジア諸国をはじめ世界各国と良好な関係を築ける。これが基本的な私の考え方だ」と述べた。まったく同じ言い回しであり、小泉外交の基調をなす考え方と言える。

小泉氏自身は、それ以外の国を軽んずる意図はなかったろう。だがこうした姿勢が、結果として近隣外交を軽視する傾向につながり、今に至る日本外交の限界を生んだことには留意しなければならない。

両首脳の会話からは、ブッシュ氏が小泉氏に強い親近感を抱いたことがうかがえる。たとえば小泉氏が、最初の選挙で落選したエピソードを自ら明かしたのに対し、ブッシュ氏は「あなたと私の間では共通点が多い。第一に、自分も最初の下院議員選挙に落選した。お互いに最初の選挙に落選した時には大統領や総理になるとは思っていなかったと思う。第二に、お互いにすばらしい父がいた。これは我々に自信を与えてくれた。我々は歴史を目にするという幸運にも恵まれた」と答えた。

ブッシュ氏は、日本を重視する考えも伝えていた。「最良の外交政策は同盟国との関係からはじまる。今回の首脳会談は、日米という強力な二つの国の指導者が協力していくことを、日米だけでなく、世界全体に示す好機である。政策の判断を実際に下すのは制度ではなくて個々の人間であり、首脳間の個人的信頼関係を構築することが極めて重要である」と述べている。

2、安全保障は善悪ではない？

「小泉—ブッシュ」の蜜月は9・11をへて、日米同盟強化の基盤となっていく。その後、安倍氏がトランプ氏と新たな蜜月を築いたのも記憶に新しい。

一方、こうした流れは、国際社会で日本が米国とともに立つ姿を示すことに力点が置かれ、本来のテロ対策とは違う方向性を持っていた。それは、より政治的で、ルールを軽視する傾向もあったように見える。

外務省幹部が時折、漏らすのは「安全保障は善悪ではない」という言葉だ。良い、悪いなどと言っていたら、安全保障などできない、と。国際法に適合する、しないといった議論よりも、誰が権力者で、誰についていくか、といったリアリズムが求められるのが、安全保障の世界なのだと。「これは戦争だ」と世界の権力者が口にした以上、日本が賛同しないわけがない。それが日本の多くの外交関係者の本音だったろう。

〇一年九月二〇日の大統領演説で、ブッシュ氏はこう宣言した。

「あらゆる国が、あらゆる場所で決意すべきだ。われわれの側につくか、テロリストの側につくかを」

この発言に、同盟国がろうばいしたことは想像にかたくない。国際法上は疑義がある。それでもブッシュ氏についていくのか、どうか。

日本は「ついていく」ことを選択した。それは、北朝鮮の核危機や中国の台頭を踏まえたリアルな判断だったのだろう。

だが、それはテロという脅威に対して、適切な処方箋を示したとは言いがたい。「われわれの側」にも、テロリストは潜むのであって、問題はより複雑だ。「われわれの側か、テロリストの側か」という二分法で実態をとらえることはできない。実態から離れれば、問題の解決から遠ざかるのは当然である。

西部劇の保安官のようなこの言葉は、その後のアフガン戦争の「ショー・ザ・フラッグ（旗をみせろ）」、イラク戦争の「ブーツ・オン・ザ・グラウンド（地上部隊を出せ）」といった対日要求へとつながっていく。

だが、「小泉―ブッシュ」の蜜月のもとで、日本の外交官からは高揚感が感じられた。従来の法的な枠を乗り越え、海上自衛隊をインド洋に、陸上自衛隊をイラクに派遣した。それは、日本経済が停滞するなか、自衛隊という新たな「外交の道具」を得たという意味で、成功体験とも言えるものだった。

〇六年の取材メモによると、ある外交官はこんな言葉を口にしている。
「二一世紀に入って、9・11の同時多発テロがあって、この5年間に日米同盟の本質は激変した。初めて地域を超えて地球規模に拡大し、まさに世界の中の日米同盟になった。これは小泉―ブッシュの二人の業績だ」

自衛隊が「能動的に」動くべきだ、という言葉が出始めたのもこの頃だった。「能動的にいかないと、日本はずっと米軍の靴を置く下駄箱だ。米国は、俺一人ではやってられない、と言っている。誰か付き合ってくれ、と」「これが犯されたら死んでも戦うという価値観が戦後なくなった。自由と民主主義のために戦うと言ったことがない」と、戦後日本の安全保障政策からの脱却をめざす姿勢もうかがえる。

「日米同盟のために何か新しい旗がいる」。そんな考え方は、安保法の国会論議を前に「積極的平和主義」という言葉に収斂していく。自由、民主主義といった価値観に基づいて、自衛隊が地域を超えて能動的に貢献する日米同盟、という方向性が、徐々に強まっていった。

3、同盟強化の行き詰まりと迷走

同盟強化は、政治主導の外交という日本政治の新潮流ともあいまって急速に進んだ。「小泉―ブッシュ」の蜜月は、自衛隊をインド洋やイラクに派遣することで一層強まり、小泉政権の長期政権化とも無縁ではなかっただろう。

冷戦期が終わり、国際情勢が複雑化すると、自衛隊をどう活用するかが安全保障上の課題として浮上した。九四年の北朝鮮のミサイル危機や九五年の阪神大震災、地下鉄サリン事件、九八年の北朝鮮によるテポドン発射や九九年の能登半島沖の不審船事案などが起こり、日本を取り巻く安全保障環境が危ぶまれていた。

加えて9・11後、日本では拉致問題などで北朝鮮の脅威が多くの国民に共有されるようになった。小泉訪朝は野心的な試みだったが、結果的には頓挫し、独自のアジア外交は次第に後退していく。

それでも、小泉氏はまだ、国連外交への意欲は示していた。国連安全保障理事会の常任理事国入りをめざす運動が展開されたのが好例だ。日本、ドイツ、インド、ブラジルの「G4」四か国が形成され、国際的なキャンペーンとなった。

ただ、どこまで本気で常任理事国入りを狙っていたかは疑わしい。日本メディアは連日この動きを大きく取り上げたが、米国や中国から支持をとりつける見通しは全くなく、あたかも実現するかのような報道ぶりには私も違和感を持っていた。

外務省の中枢は冷めていた。「日本の常任理事国入りが実現する可能性は何%だと思う? ゼロだよ、ゼロ」と吐き捨てた幹部もいた。毎日のように、テレビで「○○国が日本の常任理事国入りを支持しました」というニュースが流れていたのに、旗を振る幹部自身が実現すると思っていなかったのだ。

「北朝鮮政策が動かなくなったので、動いているように見えるテーマとして提案し、総理もそれに乗った」。そんな説明を聞いたこともある。結局、小泉政権の支持率に貢献する外交的演出が重視されていたようにも見える。

かねて日本外交が掲げてきた近隣外交や国連重視というスタンスは、北朝鮮政策の頓挫と、常任理事国入りのキャンペーンの後退とともに失速し、同盟強化だけが残る形となっていた。そしてその同盟強化も、次第に後ずさりし始める。

小泉氏の退陣後、〇六年以降のアメリカではイラク戦争への厭戦気分が強まり、ブッシュ氏への支持は低迷した。若い米兵の訃報が連日、地方紙に掲載され、保守系のキリスト教福音派の支持者も「ブッシュはもうダメだ」と声をひそめるようになった。

そこに彗星のように現れたのが、〇八年の米大統領選で当選するオバマ氏だ。一貫してイラク戦争に反対し、撤退を呼びかけたことが支持につながった。もうひとつ、オバマ氏を大統領に押し上げたのが〇八年のリーマン・ショックだった。米国の衰退を現出するような経済危機に、人々は「チェンジ」の必要性を痛感していた。

「小泉―ブッシュ」の両首脳が政治の表舞台から姿を消し、〇九年には、日米ともに政権交代が起きた。このとき、同盟強化路線の後退は明らかとなり、日本の民主党政権は方向感覚を失って迷走し始める。

その間に、着々と力を伸ばしていたのが中国である。一二年九月一〇日、民主党の野田佳彦政権が尖閣諸島の国有化を決定した。今も続く沖縄・尖閣諸島をめぐる対立は、これを起点として激化していく。

外務省は尖閣国有化を決定する前に、想定される中国の反応を一〇段階で検討していたと聞く。「決して最悪のレベルではなかったのだが……」との釈明を後に受けたが、そうとう高いレベルの反発だったことは間違いない。

4、息を吹き返した同盟強化路線

一二年末、日本では再び政権交代が起こり、自民党の安倍晋三首相がかえり咲いた。翌一三年一一月には、中国国防部が、尖閣諸島上空を含む空域に防空識別圏（ＡＤＩＺ）を設定したと発表した。

このとき、取材した外務省幹部はこんな認識を示している。

「今後もますます中国とはきっちり対峙していかなければいけないし、しばらく続くんじゃないか、という印象を米国側も強めた」

「外へ出てきて既成事実化して、また一歩出ていくという既存の秩序に挑戦してくるという大きな方向性は一貫している。本当に腰を据えて対応しなければいけないな、と今回のことで米国は再認識したし、そこは確信している」

こうした中国の台頭が安保法の議論につながっていく。安保法をめぐっては、安保論、憲法論、民主主義論など様々な角度から議論が交わされたが、日本の対中姿勢を方向付ける大きな節目だったことは間違いない。

外務省が、憲法解釈の変更を仕掛け始めたのは、このころだ。

「米国は同盟国ときっちりやっていかざるをえないと思い知った。うまいタイミングで集団的自衛権の憲法解釈の変更が実現すると非常にいいと思っている」

「いまの憲法解釈の基本的な枠組み、尺度は維持をして、ただ世の中が変わったから出来ることも増えました、と説明したい。昔、砂川事件の判決で使ったような言葉や、砂川判決自体というよりは、あそこで使われた考え方や、砂川判決とも軌を一にしている政府見解に出てきている物差しをピックアップする」

だが、こうした考え方が憲法論として成り立つかは怪しいものだった。「内閣法制局は通るのか」とただしたが、それでも「法制局も、大きな流れとしては認める方向だ。総理が内閣の長として明確に指示を出したものは従わざるをえない」と強気だった。

解釈変更については、米国にも水面下で説明していたようだ。米国は、①これは日本が考えるべきことだ、②日本がやるなら歓迎する、③対外的な説明は大事なので気をつけてほしい――というスタンスだったという。中国や韓国との関係悪化への懸念については、米国側は「相手に拒否権を与えてはならない。日本は自信を持つべきだ」と背中を押していた。

こうして、同盟強化の路線が復活する。一二年末に第二次安倍政権が発足し、中国の海洋進出が活発化していたタイミングだ。政権発足直後の外務省幹部への取材メモには、こう記されている。

「第一に議論すべきは、日本という国家が存立のために、どういうことまで出来るべきか、という議論だ。それは憲法との関係でどう整理されるのか、国内法にどう落としていくのか、ということが順番に問われてくる」

「日本の存立のために憲法も何もかもあるわけで、そこがすべての前提になっている。憲法を守ったら日本がなくなりました、というのは、そもそも国のあり方としてあり得ない。国なくして憲法なし。そこは基本だと思う」

こうした考え方を敷衍していけば、国の存立のためには何でも出来る、ということになる。国の存立のために必要な集団的自衛権の行使も当然できてしかるべきだ、という理屈である。

ただ、外務省も自らが組み立てた憲法論に、必ずしも自信があったわけではなかったと思う。「我々は憲法論上の整理は素人だから、内閣法制局にたたいてもらう必要がある。そこはもう少し精緻にやらないといけない」とも漏らしている。

安倍氏が、その内閣法制局に外務省出身者をあてたこともあり、その後は外務省の望む方向に進んでいった。「一強」のもとでの国会論議は深まらず、多くの反対をよそに、数の力で押し通された。同盟強化、安全保障という言葉が錦の御旗となり、憲法や民主主義といった議論は後まわしとされた。

5、裏打ちを欠いた「コペルニクス的転回」

安倍政権のもとで、戦後日本の安保政策は一気に変貌を遂げた。国家安全保障戦略が策定され、国家安全保障局（NSC）が誕生し、特定秘密保護法も成立した。憲法解釈の変更によって集団的自衛権の行使が容認され、安保法も成立した。安保目的のODAや宇宙利用、武器輸出三原則に代わる防衛装備品移転三原則も作られた。

いずれも、日本政治ではタブー視されてきた内容ばかりで、ある政府関係者は「コペルニクス的な安全保障政策の進展」と自賛した。湾岸戦争以来の鬱憤を晴らしたような感覚もあったのだろう。

視線の先にあったのが、中国だ。中国に対抗するためには、日米関係を基礎としながら国際社会に安保上の連携を広げる必要がある、との認識が政府内で広がっていた。

安保法の成立前から政府内で検討されていたのは、日米同盟強化だけでなく、豪州、インド、日米韓、東南アジア諸国との連携強化、英国・フランスなど欧州もアジアに引き込む、という議論だ。その手段として自衛隊との共同訓練や、二プラス二、安保共同宣言、情報保護協定や物品役務相互提供協定（ＡＣＳＡ）、防衛装備品の移転枠組み、能力構築支援など様々な協定の締結を使う。

だがこうした同盟強化路線の急展開は、資金の裏打ちを欠いていた。

一五年四月、訪米した安倍首相がワシントンの研究機関の会合で「私の外交安保政策はアベノミクスと表裏一体だ」と述べたことがある。日本の厳しい財政状況を念頭に「日本は防衛費を劇的に増やすことはできない。それでも日米同盟をもっと機能させることはできる」と説明し、アベノミクスによって経済が好転すれば「当然、防衛費をしっかりと増やしていくことになる」と語った。

そこから読み取れるのは、①防衛費の急拡大は難しいので、安保法などによって機能する自衛隊を作る、②アベノミクスがうまくいけば防衛費を拡大する、という二段構えの発想だ。

しかし、アベノミクスはいつまでも「道半ば」と繰り返すしかなかった。毎年のように「防衛費が過去最大」の見出しが躍ったが、それでも拡大の幅は限定的であり、二倍、三倍に拡大していくことが世論の理解を得られるとは到底思えない。

政府関係者から、以下のような訴えが私のもとに届いたのを覚えている。

「せっかく広がった安全保障政策の選択肢も、予算がなければ、いかすことができない。中国の国防費は二〇三〇年までに米国と同じレベルになり、その時点で日本の八倍になるという試算がある。中国と米国の軍事力が同等になるわけではないが、質だけではいずれ量に対応できなくなる。日本は防衛費の拡大に向けて真剣な検討を進めるべき時だ」

NSC幹部も「日本人は、生活レベルを落としてでも、防衛費を二倍、三倍に増やすべきだ」と言っていた。しかし、実際に世論を説得することは困難と言わざるをえない。このころから、華々しい安保論と苦しい実態との乖離が目に見えて広がっていく。

一八年に安保法後の「防衛計画の大綱」「中期防衛力整備計画」が閣議決定され、陸海空にとどまらず、宇宙やサイバー空間などを含む「多次元統合防衛力」をめざすとともに自衛隊の打撃力を拡大する内容が閣議決定された。空母の導入や長距離巡航ミサイルの保有も記された。

だがその後、別のNSC幹部が私に打ち明けた言葉が忘れられない。

「我々はこれまで予算や人員などのフィージビリティー（実現可能性）を踏まえて防衛大綱や中期防をまとめてきたが、今回はそれを度外視した。こうした方がいい、と思い描く内容をすべて並べた」

つまり、予算がつくかどうかはわからない。少子高齢化で人が足りるかもわからない。とにかく、いまの安保環境を見たときに自衛隊がこういうことをした方がいい、という将来像を描いてみせたのが、一八年の防衛大綱だと言うのである。

実際、宇宙やサイバーといった新分野に日本がどれだけ予算を投じ、有能な人材をあてることができるのか、はなはだ心もとない。政策上の選択肢ばかり広げても、実態がついていかないのだ。

それなのに、今に至るも威勢のいい安保論が止まらない。まだ高度成長期の日本の幻想をひきずっているのか、と思うこともある。ナショナリスティックな感情をあおるような議論には、大きな陥穽があると言わざるをえない。

南スーダンの国連平和維持活動（ＰＫＯ）をめぐる経緯も興味深かった。安保法で「駆けつけ警護」の選択肢が付与され、自衛隊の選択肢は広がった。

これで陸上自衛隊のＰＫＯが拡大するかと思っていると、一七年三月、安倍政権は撤収を決めた。ＰＫＯ活動はむしろ縮小の方向に向かい、能力構築支援を中心に最小限の活動にとどまっている。

撤収決定の半年前、陸自幹部とＰＫＯについて話し合ったことがある。そのとき言われたのは、「南スーダンから部隊を撤収したい。政権は現地の実情を見ようとせず、出口戦略も不明確で、無責任きわまりない」という言葉だった。

南スーダンの「戦闘」をめぐる国会論議やイラクの日報問題もあって、うんざりした気分があったのかもしれない。災害派遣や南西諸島防衛で手いっぱいという事情もあるのだろう。政権へのいらだちが、自衛隊の内部から聞こえてくるようになった。

6、同盟強化の流れを見直す時

記者をしていると、表の話と裏の話がかけ離れて感じられることがある。一七年春に緊張が高まった北朝鮮のミサイル危機も、そんな事例の一つだった。連日、メディアで危機が伝えられ、地方ではミサイル避難訓練も行われていた。

だが、自衛隊のトップを務めたあるOBは、私にこういった。

「いま米国と北朝鮮が何をしているかわかりますか。チキンゲームですよ」

これは軍事衝突の兆しではなく、緊張を高め、相手が折れるのを待つ外交ゲームなのだと。たしかに、米軍が戦端を開くなら、在韓米軍の家族を退避させる作戦が始まっていただろう。米海軍横須賀基地を母港とする原子力空母ロナルド・レーガンも定期整備中だったが、レーガンが整備中に、米軍が大規模な侵攻に踏み切るとも考えにくい。

米軍が北朝鮮を攻撃する可能性を「一%」と見積もっていたNSC幹部もいた。ゼロとは言いきれないが、まあ、ないだろう、という意味だ。

北朝鮮のミサイル技術が向上していることは確かで、その脅威を低く見積もるつもりはない。日米が軍事的な備えを進めることも重要だ。ただ、その脅威は、日米の同盟強化に世論の理解を得るため、利用されてきた側面がないとは言えまい。

中国に対しては、日本独自で軍拡を進めても、将来的にはおそらく対抗しきれない。日米を基盤とし、国際連携を広げることで軍拡の代替とし、勢力の均衡を保つのが妥当だろう。台湾有事が日本に飛び火する事態は想定し、備えなければならないが、実際に侵攻してもその後の統治ができるのか。国際的な影響も考えれば、そう簡単な話ではない。

日本の国力を考えれば、むしろ脅威を低減するために何が出来るかを考えるべきではないか。米中間の緊張を一定レベルに抑え、中国との協力も模索しなければ、断絶を深め、将来の自らの手を縛ることになりかねない。

日本の政治家が米中対立にのめり込み、米国に追従して軍事への傾斜を強めるのは危うい。日米同盟は重要だが、近隣諸国や東南アジア諸国連合（ＡＳＥＡＮ）などの動向を踏まえつつ、日本がアジアの一員として主体的に針路を考え抜くことが肝要だ。米国と日本の国益は、重なる部分はあっても、決して同一ではない。

９・11以来の同盟強化路線を見直す時期が来ている。

日米安保は冷戦期の三〇年、ポスト冷戦期の三〇年をへて、これから米中対立の時代の三〇年を迎えようとしている。９・11はポスト冷戦期の三〇年のなかで、同盟強化の流れを決定づける出来事だった。それは中国の台頭で加速した。

これからの三〇年をどう乗り切るかは、経済や技術の行方も絡んで多角的な検討を要する。日本の主権について毅然とした姿勢を示し、「力の空白」を生まぬよう適切な防衛力整備を進めることは重要だが、軍事力の行使はあくまで最後の手段であり、少しずつ既成事実化を進めようとする相手に対しては有効性を欠くきらいがある。

むしろ平時からの対処を念頭に、政治、経済、外交など、多様な手段のなかに軍事を組み込み、柔軟な抑止のあり方を再検討する必要があるのではないか。

もちろん、当面の対立は避けられまい。それでも敵味方を鮮明にせず、長期目標を設定し、対立が深まらぬよう制御するしかない。日米同盟を基軸としつつ、国際社会でのルール形成と近隣諸国との信頼醸成に注力すべきだ。中国との軍事的対立を深めれば、予算も人員も、世論対策も早晩、行き詰まることは目に見えている。

中国への向き合い方は複雑で、繊細な作業となる。二〇年前のように「これは戦争だ」と言い切る大統領に付き従い、ひたすら同盟強化を進める単線的なありようが、これからの課題解決に資するとは思えない。

イラク戦争がもたらしたもの――小泉元首相の無責任発言を批判する

志葉《しば》 玲《れい》

ジャーナリスト。米軍空爆下のバグダッドなどイラク現地を幾度も取材。イラク戦争の検証を求めるネットワーク事務局長。共著に『イラク戦争を検証するための20の論点』(合同ブックレット)等。

米国同時多発テロから二〇年を迎えるにあたり、この間、イラクに関わり続けた筆者としては、やはりイラク戦争について語らない訳にはいかないだろう。9・11の衝撃から、米国は明らかに冷静さを欠き、集団ヒステリーとも言える状況にあった。米国はブッシュ政権の下、「対テロ戦争」を開始したが、そもそもイラクは米国同時多発テロとは何の関係もなかった。言わば「とばっちり」で米国を中心とする有志連合の先制攻撃を受け、イラクのサダム・フセイン体制は崩壊した。さらに米国のイラク占領政策の失敗と在イラク米軍の蛮行により、イラクの社会は回復困難なまでに崩壊し、その余波は現在も続いており、イラクのみならずシリア、アフガニスタン等の中近東の国々にも影響を及ぼしている。サダム・フセイン政権の崩壊と、新生イラク政府の「イラン化」は、中東のパワーバランスを乱し、新たな緊張と対立、戦禍を生むことになった。

日本への影響を見ても、自衛隊がイラクへと派遣されたことは大きい。しかも後に航空自衛隊が米軍の兵員や物資を輸送していたこと、陸上自衛隊が現地で諜報活動に関わっていた形跡があることなどが判明し、憲法上や人々の知る権利において、重大な問題があった。

イラク戦争の開戦の経緯については、米国やイギリス、オランダ等で検証が行われている。これに対し、日本では外務省内で検証は行われたものの、公開されたものは、A四用紙たった四枚の概要だけであり、当時の政府の判断に迫るものでもなかった。そして、イラク戦争を支持・支援した当事者である小泉純一郎元首相は、あからさまに事実と異なる主張を、現在も繰り返している。

米国同時多発テロから始まったイラク戦争は、様々な意味から、まだ終わっていないと言える。本稿では、イラク戦争と日本の関わり、この間にイラクで何が起きてきたのか、さらには中東情勢や米国政治への影響について、述べていきたい。

福島第一原発事故後、脱原発派に転じた小泉純一郎元首相であるが、少なくとも約二九万人の命を奪い、今もなお中近東に混乱をもたらし続けているイラク戦争を支持・支援したことについては、全く反省がないようだ。つい最近も小泉元首相は明らかに事実と異なるフェイクを主張してまで、自身の判断を正当化したのだ。

1、「イラクが査察を受け入れなかった」とフェイク発言

二〇二一年四月一日、福島第一原発事故から一〇年を迎える直前に、菅直人元首相と共に会見を行った小泉元首相。脱原発の必要性や再生可能エネルギーの可能性について、熱弁を振るった。小泉元首相の脱原発論には、筆者も多くの点で賛同できる。

だが、捨てておけないのは、会場からのイラク戦争についての質問に対する小泉元首相の詭弁ぶりだ。二〇〇三年三月二〇日、当時の米国ブッシュ政権は、国際世論が反対する中、対イラク攻撃を強行。小泉政権もこれを支持した。しかし、開戦の最大の口実であった、「イラクの大量破壊兵器」は見つからず、ブッシュ政権も、それを支持した小泉政権も国内外から批判を浴びたのだった。当時の判断の是非について、一日の会見で中東メディアの記者に質問された小泉元首相は「イラクが査察認めていれば戦争は起きなかった」等と、開き直ったのだ。

「これも一般的に言うと、アメリカはなんでイラク戦争を始めたんだと批難が、批判があったのはわかる。しかし、イラクが査察認めてれば戦争起こんなかったんです。なんで査察を認めなかったのかと。隠してると思ったんだよな、アメリカは。結果、大量破壊兵器はなかったんだけども」

この発言には非常に大きな問題がある。当時、イラクのフセイン政権が生物兵器や核兵器等の大量破壊兵器を秘密裏に開発しているのではないかとの疑惑について、UNMOVIC（国連監視検証査察委員会）がイラク現地に入り、査察を行っていた。その当時UNMOVICの委員長であったハンス・ブリクス氏

の講演を、筆者も関わる「イラク戦争の検証を求めるネットワーク」が二〇一〇年に都内で企画したが、その場でブリクス氏は以下のようにふり返っていた。

「イラク戦争の開戦当時、米国などの国々が訴えていた『イラクが大量破壊兵器の査察に協力しなかった』との主張には異論があります。イラクは査察を喜んで受け入れた訳ではないですが、全く妨害しなかった。私達は二〇〇二年から二〇〇三年まで七〇〇回、五〇〇箇所を査察できました。そして大量破壊兵器はありませんでした。米国がイラクで大量破壊兵器を持っていると主張し続けましたが、その『証拠』は、全くお粗末なものでした。私達は米国とイギリスにこう言いました。『あなた方は大量破壊兵器があると確信しているようだが、それはどこにあるのか。もし教えてくれれば、そこに査察に行きましょう』と。彼らは一〇〇箇所くらいを教えてくれ、私達は三〇箇所を査察しましたが、通常兵器や書類は発見したものの、大量破壊兵器はなかった。この時点で自分達の持っている情報ソースがいかに酷い、信頼できないものであることに、米英両国は気づくべきだったでしょう。結局、一〇〇箇所全部を査察する前に戦争が始まってしまいました」

ブリクス氏が語るように、イラクは渋々ではあったものの、UNMOVICによる大量破壊兵器の査察に協力していたし、その査察が終了する前に戦争を仕掛けたのは、米国だ。ブリクス氏が「もっと査察を続けられていたなら…」と非常に悔しそうに言っていたのを、筆者もよく覚えている。つまり、小泉元首相の一日での会見での発言は、控えめに言っても重大な間違いであるし、確信犯で言ったのなら極めて悪質なフェイクである。

2、国連決議、世界平和への欺瞞

また、小泉元首相は、同日の会見でイラク戦争についてもう一つ大きな問題発言をしている。「イラクが査察を認めてれば、国連でも決議してるんだから、受け入れれば戦争起こんなかったんです」

小泉元首相の言う「国連の決議」とは、国連安保理決議一四四一号のことを指しているのだろう。これは端的に言えば、イラクへ大量破壊兵器の査察への全面的な協力を求めるものだ。同決議では「安保理はイラクに対し、その義務違反を継続した場合、深刻な結果に直面するであろうことを繰り返し警告したことを想起する」との文言があるものの、これのみでは、対イラク武力行使容認決議とはみなされないというのが、通説である。つまり、イラク側が査察を受け入れようと受け入れまいと、一四四一号だけではイラク戦争を国際法上、「合法」とすることはできなかったし、だからこそ、開戦直前まで米国や英国、そして日本は新たに対イラク武力行使容認決議を国連安保理で採択させようと外交工作をしていたのである。

当時の米国のブッシュ政権や英国のブレア政権は「査察へのイラク側の妨害」を口実に、イラク戦争を正当化し、小泉政権もこれを支持した。だが、国連安保理一四四一号のみでの対イラク武力行使は、安保理決議なしの武力行使を禁じた国連憲章に違反すると、当時の国連加盟国の約四割の国々が指摘。イラク攻撃の有志連合に加わっていたイギリスやオランダでは、イラク戦争が国連決議の違法な戦争であったことが、検証の中で明らかにされている。

イギリスでの検証委員会では、二〇一〇年一月、イラク開戦当時の外務省・首席法律顧問だったマイケル・ウッド氏と元副主席法律顧問だったエリザベス・ウイルムスハースト氏が証言が証言。ウッド氏は二〇〇三年一月、ジャック・ストロー外相（当時）に「国連決議一四四一号は、フセインに対し核兵器施設の査察に応じるよう最後の機会を与えたが、これを考慮しても、既存の安保理決議だけでは、合法にイラクに武力行使を行えない」「国連安保理決議に基づかない武力の行使は侵略罪になる」等と報告したが、ストロー外相は同氏の報告を拒絶したという。

やはりイラク攻撃の有志連合の一員だったオランダで二〇〇九年に公表された検証結果においても、米英軍のイラク侵攻は「国際法上の合法性を欠く」とし、イラク侵攻を支持したオランダ政府の決定は「正当化できない」と結論づけられた。そのため、当初、イラク戦争を支持していたオランダ政府も、その支持を撤回させられることとなったのである。

右掲の小泉元首相の発言は、イラク戦争の国際法上の違法性を誤魔化し、戦争責任をイラク側のみに押し付ける、世界平和と国際法秩序に反した発言だ。

3、イラク戦争とは何だったのか、どう認識しているのか？

イラク戦争はその始まりにおいて最悪であっただけではなく、それによる結果も酷いものだった。この戦争による正確な犠牲者数は未だわかっていないが、英NGO「イラクボディーカウント」が、報道された爆撃や銃撃戦、テロ等の死者数を集計しており、それによれば、現在までに約二八万八〇〇〇人が犠牲となっている。また、米サイト「iCasualties」の集計によれば、米軍その他の有志連合側も昨年末までに四九〇二人が戦死している（PTSDによる元兵士の自殺等は含まない）。イラク戦争では、米軍は家々がまるごと吹き飛び、地面がクレーター状にえぐれるような強力な爆撃を住宅地に行い、無差別に広範囲を攻撃する非人道兵器クラスター爆弾を多用した。放射能や重金属として現地住民の健康への悪影響が疑われる劣化ウラン弾も膨大な量を使用したし、イラク西部のファルージャやラマディなどの都市では、病院や学校、一般住宅を破壊し、救急車や病院へ向かう人々、市民の被害を伝えようとするジャーナリスト達も攻撃の対象とした。米軍は「テロリスト捜索」と称して、ろくな証拠も無いままに一般住宅を強襲。無抵抗の子どもや女性までも殺害したり、住民を収容施設や刑務所等に拘束し、尋問のためと称して殴る蹴るの暴行、電気ショックや水責めなどの拷問、性的なものも含む虐待を繰り返した。

米国のイラク占領政策では、イスラム教スンニ派を「旧政権支持層」として敵視し、イスラム教シーア派を味方として、同派の民兵組織を新生イラク軍に編入、米軍と共にスンニ派を攻撃させた。こうした占領政策は、かつては互いの宗派を意識せず隣人や家族として暮らしていたイラクの人々に深刻な分断をもたらした。宗派間対立と米軍による虐待とも相まって、極度に先鋭化したのが、ISいわゆる「イスラム国」である。対テロ戦争の一環であったはずのイラク戦争は、最凶のテロリスト集団を生んでしまったのだ。ヤジディ教徒等のマイノリティーを虐殺し、女性達を性奴隷にしたISの残虐非道な行為は強く批難され、責任追及されるべきであるが、同時に、そもそもＩＳを生み出したのはイラク戦争なのだ。大規模な掃討作戦により、ＩＳはイラクやシリアでの拠点の多くを失ったものの、その残党の脅威にイラクの人々は今も怯え続け、ＩＳに洗脳された子ども達を地域社会がどう受け入れるかも大きな課題だ。また、ＩＳやその支持者達はアフガニスタンでもテロを行うなど、中近東やアジアまでも地域を不安定化させている。

イラクでも新たな政権はいずれも汚職や統治能力の無さが酷く、旧政権の崩壊から一八年経つのに、電力などのインフラは復旧せず、失業等の社会問題も放置されたままだ。汚職や差別に反対し、イラクの民主化を求めるデモに対し、この間のイラク当局は実弾射撃や活動家の逮捕・拷問を行うなど、独裁政権であった旧政権と同じようなことを繰り返してきた。

列挙すればキリがないが、ざっとあげただけでも上記のような災厄をイラク戦争はもたらした。これに対し、小泉政権は開戦時に支持しただけでなく、自衛隊をイラクに派遣し、航空自衛隊は米軍の兵士や物資を運搬し、陸上自衛隊は諜報活動や米英軍への情報提供等を行い、戦争行為に加担させた。また、日米安保条約では本来、いわゆる「極東条項」で禁じられている、在日米軍基地からのイラク戦争の出撃も黙認していた。小泉元首相は使い古されたフェイクを繰り返すのではなく、当時の判断について真摯に向き合うべきだろう。

4、航空自衛隊の違憲な活動

小泉政権の下で開始されたイラク自衛隊派遣も、憲法上や人々の知る権利において、重大な問題があった。二〇〇四年三月から二〇〇八年一二月まで、隣国クウェートを拠点にイラク国内へと「国連の人員と物資を輸送」していたとされてきた航空自衛隊の活動。あたかも「人道復興支援」が中心のようにアピールされてきたその実態は「米軍の空のタクシー」だった。名古屋の市民運動家らの情報開示の求めに応じ、民主党政権交代後の二〇〇九年九月に防衛省が開示したイラクでの活動実績によれば、航空自衛隊が輸送した人員の割合で「国連関係者」はわずか六％にすぎず、全体の六割以上が、米軍を中心とする多国籍軍関係者であった。当然、米兵達は銃火器で武装しており、そうした事実は記録にも残っている。

このような航空自衛隊の活動の全容は、小泉政権から麻生政権にいたるまで、ひた隠しにされ、野党議員やメディア関係者すら把握していなかった。それどころか、国会では、航空自衛隊の活動についての虚偽答弁も行われた。例えば、二〇〇七年四月二四日の衆議院本会議で安倍晋三首相（当時）は、以下のように国会答弁している。

「自衛隊がイラクにおいて行う人道復興支援活動等は、多国籍軍の司令部との間で連絡調整を行いつつも、その指揮下に入ることはなく、我が国の主体的な判断のもとに、我が国の指揮に従い、イラク特措法に基づき行われるものであるため、武力行使と一体化することはありません」「航空自衛隊は、人道復興支援活動として国連の人員、物資等を、また人道復興支援活動及び安全確保支援活動として多国籍軍の人員、物資を輸送しています」

国際的な戦争の常識で言えば、戦闘人員及び武器弾薬の運搬、つまりロジスティクス（兵站）は戦闘行為の一環と観られる。二〇〇八年四月に名古屋高裁が下した航空自衛隊のイラクでの活動を「違憲」とする判決も、戦闘人員や武器弾薬の運搬が、憲法で禁じられる集団的自衛権の行使にあたる、つまり「自衛隊の活動が米軍と一体化している」と判断したことによるものだ。国民を欺いて航空自衛隊を派遣し、憲法違反の活動に従事させていたことについて、小泉元首相はじめ、安倍、福田、麻生氏らは謝罪し、説明責任を果たすべきだろう。

自衛隊のイラクへの派遣では、イラク南部サマワへの陸上自衛隊の派遣（二〇〇四年一月〜二〇〇六年七月）も、当初語られていたものとは別の「裏の任務」があった。防衛省が二〇一八年四月一六日と二四日に公開した、陸上自衛隊イラク派遣の約一万五〇〇〇ページ以上の日報は、「非戦闘地域」とされたイラク南部サマワ周辺の極めて厳しい治安情勢など、自衛隊イラク派遣の知られざる実態が伝わってくるものだった。中でも、筆者が注目したのは、日報における、サドル派についての記述の多さだ。

サドル派とは、イラクのイスラム教シーア派の有力グループの一つで、後にイラク政府に閣僚も輩出している。そのサドル派の動向を陸自は事細かく情報収集していたのである。陸自イラク日報を読むと、毎週金曜の礼拝でのガジ・ザルガニ師らサマワのサドル派指導者の説法の内容や、参加者人数を事細かく調べており、ザルガニ師らの写真まである。これは、礼拝の場に陸自から依頼された、いわばスパイ的役割を担うイラク人がいなければ、入手しえない情報だ。こうした陸自側の情報収集こそ、実はサドル派が陸自に対して強く憤っていた大きな要因だったのである。

筆者は、二〇〇四年七月、ザルガニ師への単独インタビューを行った。その中で、ザルガニ師は「宿営地近くのマハディ地区で住民に『サドル派武装勢力に協力しているか』と自衛隊関係者が聞いてまわっている」と憤りをあらわにしていた。その場に同席していたマハディ地区の住民も、「自衛隊は我々の村に何度も来ている。道路を封鎖したり、夜中に軍用車両で来て聞き込みをしたりするが、非常に不愉快だ」という。

サドル派側は、こうした陸自の情報収集が、やはりサドル派と対立していた米軍やイギリス軍などにわたることを懸念していたのだろう。防衛省は、当時、筆者の問い合わせに対し、ザルガニ師らの主張を否定したものの、陸自イラク日報を読んでいても、陸自が米軍等と盛んに情報交換していたことは、随所に見て取れる。開示された日報の中でスミ塗りにされている「JAM情報」とは、サドル派が擁する民兵組織マハディ軍の動向についての情報だ。かなりの頻度で日報に記載されていたJAM情報も、米軍等と共有されていたものと思われる。当時、ザルガニ師らサドル派のイラク南部の各支部の幹部らは、米軍等に逮捕拘束されたり、殺害されたりすることを警戒しており、いつどこにいるかなどの情報が自衛隊から米軍等にわたることも懸念していたのだろう。

陸自としては、サドル派の動向を知ることは、安全確保のために必要不可欠であったのだろうが、結果的に自衛隊とサドル派との相互不信を高めてしまったことは、皮肉なことだ。なお、日報によれば、自衛隊側だけではなく、サドル派側も二〇〇五年末頃から、自衛隊の活動を監視するようになったという。結局、陸自は、終始、サドル派を準テロ組織的な見方でマークし続け、両者が対話し、停戦協定を結ぶということはなかった。

自衛隊は「イラク占領VS反占領」という対立構造にはまってしまい、イラク現地の有力な勢力であったサドル派を終始、テロ組織扱いして対話できなかった。それは、自衛隊のイラク派遣そのものが、日本国憲法の理念からすれば間違いであったことを示している。

5、米国での検証は？

イラク戦争を開始した当の米国ではイラク戦争の検証や責任追及は行われているのだろうか。米上院情報特別委員会にて、二〇〇四年七月、二〇〇六年九月に調査報告書が提出された。いずれも、イラクの大量破壊兵器開発計画に関する情報や、サダム・フセインとアルカイダとの関係を否定。二〇〇八年六月、米国の下院にて、デニス・クシニッチ議員を中心に、ジョージ・W・ブッシュ大統領（当時）の弾劾決議案が賛成多数で委員会付託。最終的には弾劾には至らなかったものの、米NBC放送の世論調査で八九％が弾劾を支持した。

そして、二〇二一年一月二〇日、第四六代米国大統領に、ジョー・バイデン氏が就任した。現地メディアは「民主主義の勝利」と祝賀ムードであるし、筆者としても、分断を深め、混乱や虚偽を広げ、気候変動やコロナ禍に背を向けたトランプ氏が再選されるよりは、ずっと良かったとは思う。だが、バイデン氏もイラク戦争の開戦に加担していた。米国の大統領となったことを契機に当時の自らの振る舞いを反省し、未だその責任が問われていない、ブッシュ元大統領を追及すべきだろう。

6、トランプ政権の誕生に加担

ドナルド・トランプ氏が台頭し、大統領にまでなった一つの理由として「イラク戦争を支持しなかった」というものがある。二〇一一年のイラクでの大規模作戦の終了までに四四八六人の米兵が戦死し、生きて帰った米兵もPTSDに苦しみ続けているイラク戦争は、米国の人々にとってもトラウマだ。実際には、トランプ氏のイラク戦争へのスタンスは揺れ動き、支持したりしなかったりだったのだが、重要なことは、二〇〇三年三月の開戦時点で、トランプ氏は連邦議会の議員ではなかったことだった。二〇一六年の大統領選では、米国の人々には、政治的な思想の左右を問わず、エスタブリッシュメント（支配層）への不信感が蔓延していた。リアリティ・ショーの道化のようなトランプ氏は、政治家としてのバックグラウンドがなかったからこそ、人々の支持を集めた。トランプ氏自身もイラク戦争に自分は反対してきたということをアピールしてきた。「世界を牛耳る闇の勢力ディープステートに対し、トランプ氏は命がけで戦っている」という荒唐無稽な陰謀論が広まった背景にも、ブッシュ政権や共和党の議員達のみならず、バイデン氏など民主党の議員達もイラク戦争に加担したことがあるのだろう。

実際、バイデン氏のイラク戦争への加担の責任は決して軽いものではない。イラク戦争開戦へと当時のブッシュ政権が動き始めていた二〇〇二年の秋、バイデン氏は米国上院議会の外交委員会委員長であった。バイデン氏自身が委員長として大きな影響力を持ち、当時のジョージ・W・ブッシュ大統領にイラク侵攻の権限を与えた張本人なのだ。

二〇〇二年一〇月一六日、当時イラクを支配していたフセイン政権が「大量破壊兵器を所有している」と批難し、「イラクの脅威からを米国を守るため」にブッシュ政権に対イラク軍事行動の権限を与えるという決議が米国議会で可決した。単にバイデン氏はこの決議に賛成しただけではなく、それにいたるまでのプロセスに大きく関わった。バイデン氏は、イラクに関する上院の主要な公聴会で一八人の証人全員を選ぶことができたが、彼は戦争を支持する証人ばかりを選んだのだった。「イラクのフセイン政権が核兵器を開発している」「国際テロ組織アルカイダとフセイン政権が米国への攻撃を共謀している」という、当時ブッシュ政権が主張していた誤った情報を否定するような専門家を、公聴会の証人として選ぶことを、バイデン氏はしなかったのである。

バイデン氏の就任式にブッシュ元大統領も参加して、暗にトランプ氏を批判するようなコメントをしていたことも、筆者は強い違和感を感じた。右記したようにブッシュ元大統領こそ「トランプ政権の生みの親」なのである。イラク戦争当時のブッシュ政権こそが石油利権や軍需産業の利権と結びついた「ディープステート」そのものだった。

・ブッシュ元大統領：石油企業ハーケン・エネルギー顧問
・ディック・チェイニー元副大統領：イラク駐留米軍への物資・サービス等を一手に引き受けたＫＢＲ社の親会社ハリバートン社の元ＣＥＯ
・リン・チェイニー元副大統領夫人：米軍需大手ロッキード・マーチン社元取締役

・ドナルド・ラムズフェルド元国防長官：軍事シンクタンク ランド研究所元会長
・コンドリーザ・ライス元国務長官：石油大手シェブロン元取締役

狂信的とも言えるトランプ支持層を抱え、いかに米国を分断から融和へと導くかは、バイデン大統領の大きな課題であろう。かつて、バイデン氏自身もブッシュ政権にイラク攻撃の権限を与えることに、大いに協力した。だからこそ、ブッシュ元大統領が、何の責任も追及されず、公の場で善人を装うようなことを許してはいけないのではないか。ブッシュ元大統領を追及し、自らの過ちも認め謝罪する。それがなされて、初めて「民主主義の勝利」だと言えるのではないだろうか。

7、イラン革命防衛隊司令官の背景にあるイラクの「イラン化」

イラク戦争がもたらした中東情勢及び米国の外交防衛政策に大きな変化として、イラクの「イラン化」についても触れたい。現在の入り組んだ中東情勢を理解するには、イラクの「イラン化」について理解する必要があるからだ。

サダム・フセイン政権が米軍を中心とする有志連合に崩壊させられた後、イラクの政界を牛耳ってきたのは、イラク人口の約6割を占めるイスラム教シーア派を支持層とする政治家達だ。米国が旧政権後のイラク暫定政権に隣国イランに亡命していたシーア派至上主義者の政治家達を組み込んだことにより、イラクに対するイランの影響力が増大。彼らは、サダム政権時代はシーア派の総本山であるイランに亡命、その保護を受けていたため、「イランの傀儡」となった。これにより中東のパワーバランスが崩れ、中東の盟主を自任するサウジアラビアとシーア派の総本山であるイランとの対立が激しくなり、シリアやイエメンの内戦などでそれぞれが自国の息のかかった勢力を支援し、戦禍をより深刻化させるという問題も生じている。こうした親イラン勢力を指揮していたのが、イラン革命防衛隊の指揮官ガセム・ソレイマニ氏だ。中東カタールの衛星テレビ局「アルジャジーラ」は、ソレイマニ氏が、イブラヒム・ジャファリ氏やヌーリ・マリキ氏といったイラクの首相達をもその影響下においていたと評している。

イランの力の増大に神経を尖らすサウジアラビアやイスラエル、そして、これらの国々の意向を受けたトランプ前政権は、イランを敵視し一時は新たな戦争に発展しかけた。オバマ政権時（二〇一五年）にイランとの間で成立した核合意――イランはあくまでエネルギー利用として核開発を行い、核兵器には使用しないかわりに米国やEU等は対イラン経済制裁を解除するという合意から、トランプ政権は二〇一八年、一方的に離脱。対イラン制裁を再開した。さらに、トランプ政権は、二〇二〇年一月にはソレイマニ氏を空爆で殺害。これに対し、イラン側は、同国の隣国イラクにある米軍基地でミサイルを発射するなどの報復を行った。幸い、このミサイル攻撃は事前通告されていたため、米軍関係者が多数死傷する事態とはならず、戦争は回避された。また、不幸中の幸い、バイデン政権は核合意に復帰する意向だ。ただ、崩壊寸前となった核合意を元のかたちに戻すには、米国とイラン双方の外交努力が必要だろう。今なお、米国とイランの緊張は続いているからだ。

米国にとっては多大な犠牲と戦費を払ったイラク戦争の結果、イラクが「イラン化」してしまったことは大失態そのものだ。米軍がまとめた二〇一九年一月に公表した検証報告書も、「イラク戦争の勝者はイラン」と評している。それは米国の自業自得であり、特にイラク占領初期から中期にかけ、米国はイスラム教スンニ派の人々を「サダム支持層」と決めつけ、その排除のため、シーア派至上主義の政治家や民兵を利用してきた。その残忍さで悪名を轟かした「ウルフ旅団」も、米軍がシーア派民兵を訓練し、組織したものだ。親イランのシーア派至上主義者による民兵組織や治安部隊は残虐性を極めた。スンニ派というだけで人々をドリルで体に穴を開け強酸を流し込むという残虐行為の後に殺害し、遺体を路上などに捨てるということが相次いだ。その恐怖と暴力で、シーア派至上主義者達は、イラク社会を支配していったのである。

ちなみに、かつて筆者の取材に協力していたイラク人男性も、彼自身がイラク政府に批判的であったため、民兵組織に殺されかけ、国外に亡命せざるを得なくなってしまった。その後、ＩＳ掃討戦でソレイマニ氏率いる親イラン民兵組織の連合体「人民動員隊（ＰＭＦ）」が活躍することで、イラクにおけるイランの影響力はますます強いものとなった。

8、イラク民主化を求める若者達、親イラン民兵による弾圧

イラクの政治や経済がイランに牛耳られていく中で、イラクの庶民の生活は困窮、戦争で破壊された電気や水道などのインフラ復興も放置されたままであった。また様々な食品や日用品が国産からイラン産に

とって替わられ、産業も失われ、失業も深刻だ。そうした中、昨年一〇月一日以降、汚職の蔓延や復興の遅れ等に憤る様々な人々、特に若い世代が、性別や宗派、民族を超えて、自然発生的に立ち上がり、首都バグダッドなどを中心に、イラク各地で大規模なデモを行うようになった。こうした人々が求めるのは、イランのためではなく、真にイラクのための政治であり、選挙制度・政治体制の改革である。

だが、イランにとって、彼らの傀儡であるイラクの政治家達へ不満を露わにするデモは、極めて不都合だ。非暴力かつ平和的なデモであるにもかかわらず、親イラン民兵組織や治安部隊がデモ参加者を銃撃したり、誘拐し拷問の挙げ句、殺害するということが多発した。こうしたデモ弾圧を指示していた張本人が、ソレイマニ氏だったとされている。諸説あるが、二〇一九年一二月の国連イラク支援ミッション（UNAMI）の発表によれば、少なくとも四〇〇人以上のデモ参加者が殺され、一万九〇〇〇人以上が負傷していたのだという。それ故に、民主化を求めるイラクの若者達はイランに強い反感を覚えるようになっているのだ。

9、日本を橋渡しに、米国とイランの和解、イラクの真の復興を

イラン側もイラクの市民社会の反発を招いていることは自覚しているだろうし、自国内でも「国外の武装勢力を支援するより、まず国民の生活をなんとかしろ」との声があがっている。だからこそ、イランはイラクへの内政干渉をやめ、同国の民主化を求める若者達への弾圧から手を引くことを宣言すべきだ。そのかわり、米国側に核合意の枠組みに戻ることを求めればいい。米国が核合意に復帰し、制裁解除となれ

ば、イランは経済を立て直すことが出来るだろうし、自国の政情安定化にもつながる。

米国もまた、イラクに現在二五〇〇人規模で駐留する米軍関係者など、対イラン包囲網を縮小していくことを約束し、核合意の枠組みに戻るべきだ。筆者はイラクにおける人権侵害へのイランの関与に批判的であるが、イラン側からすれば、常に米国やその同盟国に脅かされてきたという言い分があるだろう。イランでソレイマニ氏が「英雄」とされるのには、そうした背景がある。イランがイラクから手を引くならば、米国も「イランがイラク戦争の勝者となった」という大失態を挽回できる。また、米軍基地への攻撃を行ってきたイラクの親イラン民兵組織への支援をイランがやめるということは、米国とイランの火種を消す上で重要である。何より、イラクの人々には、「米国とイランの代理戦争の舞台にされたくない」との思いがある。イランや米国からの解放は、二〇〇三年三月のイラク戦争開戦から現在にいたるまで、戦乱や社会の分断に苦しみ続けてきたイラクの人々にとって、真の復興のチャンスとなりうる。国際社会もイラクの人々を支えていくことが必要だ。

そこで重要となるのが、米国とイランの双方にパイプのある国々の仲介だ。例えば、日本もそうした立ち位置にある。米国とイランの戦争を回避し、かつ民主化を求めるイラクの人々に助力すべく、双方に歩みよりを求める。そうした働きかけは、中東の平和と安定のため役立つし、それは原油の8割をホルムズ海峡を経由して輸入する日本にとっても経済的リスクを回避できる。それがイラク戦争を支持・支援してしまった国としての、せめてもの落とし前であろう。

安全保障政策の三〇年

添谷《そえや》 芳秀《よしひで》
慶應義塾大学名誉教授。同大学法学部専任講師、助教授、教授を経て二〇二〇年退職。米国東西センター訪問研究員、ソウル大学国際大学院客員教授、ウィルソンセンター・ジャパンスカラー等を歴任。

はじめに

一九九〇年代以降日本の安全保障政策は、日米同盟と国際平和協力を軸に展開してきた。二〇〇一年九月一一日の米国に対する同時多発テロ（以下、9・11）への対応は、何よりも国際平和協力の領域に属する問題であった。

北大西洋条約機構（NATO）諸国は、戦後はじめて集団防衛を定める第五条を発動し集団的自衛の名目で米国のイラク戦争を支援した。しかし、主権国家として集団的自衛権を有してはいるものの憲法上行使できないとする解釈に立ってきた日本は、国連決議や日米安保条約に基づく武力行使はもちろん、他国の武力行使と一体化することもできなかった。そこで日本は、基本的には一九九二年六月に成立した「国際連合平和維持活動等に対する協力に関する法律」(国際平和協力法)の延長線上で、9・11への対応を模索することになった。

そこで本稿は、9・11から二〇年の安全保障政策を振り返るにあたって、その前史となる一九九〇年代の考察から始めたい。一九九一年一月に勃発した湾岸戦争への対応に失敗した日本は、カンボジア和平に間に合わせる形で国際平和協力法を策定し、憲法九条を変えることなく戦後初の自衛隊による国際平和協力への参画を実現した。さらに日本は、「日米防衛協力のための指針(ガイドライン)」および周辺事態法の策定等、憲法九条の枠内での日米同盟の「再確認」を進めた。続く二〇〇一年の9・11への対応も、憲法九条を前提にした上で国際平和協力の枠を拡大する試みであった。こうして冷戦終焉後9・11を挟んだ三〇年間の日本の安全保障政策は、日米同盟および国際平和協力の進展と憲法九条の折り合いをつける作業でもあった。

しかし、二〇一二年末以降の第二次安倍晋三政権の下で、改憲論議は安全保障政策から遊離した。その結果、日米同盟と国際平和協力を二大領域とする日本の安全保障政策は、依然として憲法九条の制約の下で拡大を続けるという経路をたどっている。

1、一九九〇年代――国際主義の萌芽

冷戦終焉終焉直後、一九九〇年代の日本の安全保障政策の変化は、主に二つの領域で起きた。ひとつは、一九九一年一月の湾岸戦争への対応に失敗したトラウマを背景に、国際平和協力への自衛隊参加の途が開けたこと、二つ目には、一九九四年の朝鮮半島危機に直面し日米同盟の「再確認」が進んだことである。前者は基本的に国際主義に基づく多国間安全保障への参画であり、後者は主に東アジアの伝統的な軍事安全保障問題への対応であった。

(1) 国際平和協力への参画

一九九〇年八月にサッダーム・フセイン大統領の独裁下にあったイラクが突如クウェートに軍事侵攻し併合を宣言すると、一一月に武力行使を事実上容認する国連安保理決議六七八号が採択され、翌年一月に米国を中心とする多国籍軍がイラク攻撃を開始した。この第一次湾岸戦争には、北米、南米、ヨーロッパ、オセアニア、アジア、中東、アフリカから二九か国が多国籍軍の軍事行動に、一二か国が海上阻止行動に参加した。しかし日本政府は、自衛隊の参加はもちろんその他の人的貢献にも失敗し、最終的に総額一三〇億ドルの貢献で当座をしのいだ。それは、米国等から「小切手外交」と揶揄され、日本政府には湾岸トラウマが残った。

そうした最中、東南アジアではカンボジア和平の流れが生まれていた。一九九一年一〇月にパリで「カ

ンボジア紛争の包括的政治解決に関する合意」が採択され、一九九二年二月の国連安保理決議七四五号により、国連カンボジア暫定統治機構（UNTAC）の設立が決まった。UNTACの国連事務総長特別代表には、国連事務次長の明石康が任命された。

そこで海部俊樹内閣は、UNTACの下での国連PKO活動に自衛隊を派遣すべく、一九九一年九月一九日に「国際平和協力法案」を閣議決定し、その国会での審議は宮沢喜一内閣に引き継がれた。日本の軍事的貢献にアレルギーのある少なからぬ世論や野党の抵抗は大きかったが、翌一九九二年六月に衆議院本会議で「国際連合平和維持活動等に対する協力に関する法律」（国際平和協力法）が成立した。同年九月、活動を開始していたUNTACの下に、半年ごとに自衛隊施設部隊六〇〇名が派遣され、一九九三年九月までの一年間で計一二〇〇名の自衛隊員が任務を遂行した。

以上の変化が基本的に国際主義に動機づけられていたことは、憲法九条の改正に関する世論の変化にも表れていた。たとえば、一九九五年の読売新聞社による世論調査は、憲法九条の改正に賛成する世論が一九八六年の二二・六％から一九九五年には五〇・四％へと倍増したことを示した。そして、憲法九条の改正に賛成する世論のうち約六割が、憲法九条が日本の「国際貢献」への参画を妨げていることをその最大の理由としていたのである。

(2) 日米同盟の「再確認」

冷戦の終焉は、当初日米同盟に揺らぎをもたらした。ソ連の脅威が消滅し、一時期日本は多国間安全保障を重視する気配をみせた。たとえば、一九九四年二月に細川護熙首相の私的諮問機関として「防衛問題懇談会」が設置され、細川退陣後、一九九四年八月に村山富市首相に対して「日本の安全保障と防衛力のあり方―21世紀へ向けての展望」（通称「樋口レポート」）が提出された。報告書は、大国間対立が後退した冷戦後の機運のなかで、「米国はかつてのような圧倒的優位はもはやもっていない」と述べ、日本の「能動的・建設的な安全保障政策」として、①世界的ならびに地域的な規模での多角的安全保障協力の促進、②日米安全保障関係の機能充実、③一段と強化された情報能力、機敏な危機対処能力を基礎とする信頼性の高い効率的な防衛力の保持、を指摘したのである。

すると、その最中に北朝鮮による核開発疑惑が浮上した。北朝鮮は、一九九二年一月に国際原子力機関（IAEA）との保障措置協定に調印し、北朝鮮の核関連施設が査察を受けた。しかし、限定的な査察でかえって核開発疑惑が深まると、北朝鮮は一九九三年二月にIAEAの特別査察を拒否し、三月に核不拡散条約（NPT）からの脱退を通告した。また北朝鮮は、一九九三年五月末に、中距離ミサイルノドン一号をはじめて日本海の能登半島沖に向けて発射した。

そうしたなか、米国のクリントン政権が制裁措置の検討に入った。すると北朝鮮は、経済制裁は宣戦布告を意味するとし、一九九四年三月には「戦争が勃発すればソウルは火の海になる」と威嚇した。事態が一気に緊張するなかで、米国は最悪の場合に備えた臨戦態勢を整え、朝鮮半島危機はピークに達した。結局、六月中旬、北朝鮮はカーター元米国大統領の訪朝を受け入れ、危機の回避に動いた。その結果七月に米朝協議が始まり、一〇月に米朝合意枠組みが成立して、朝鮮半島危機はいったん収束した。

危機の最中、一九九四年二月の日米首脳会談から帰国した細川は、「米情報機関筋によれば、……今後6–18か月のタイム・スパンで考えると、北が武力侵攻する可能性50％以上」と日記に記した。そうした極度の切迫感を覚えながら、各省庁の担当者は首相官邸で日本の対応について点検を進めた。そして、経済制裁、海上臨検や海上阻止行動、朝鮮半島での武力衝突という三つのシナリオについて日本の対応や法的問題を検討したところ、「国の欠陥がぼろぼろ出てきた」（田中均）。

こうして始まったのが、日米同盟「再確認」のプロセスであった。当時台湾情勢をめぐっても中国の好戦的な姿勢がみえ始めていたが、近々に軍事紛争が発生するかもしれないという緊迫感は必ずしも大きくなく、問題の核心は朝鮮半島有事であった。一九九四年後半に朝鮮半島危機は収束したものの、まさにその最中に防衛計画の大綱の改定をにらんで日米間の極秘協議が始まった。そして、一九九五年一一月に、一九七六年の制定以来ほぼ二〇年ぶりの改定となる「新・防衛計画の大綱」が閣議決定された。一九九七年九月には、一九七八年に策定された「日米防衛協力のための指針（ガイドライン）」が改定された。さらに、それに基づき一九九九年五月に成立したいわゆる周辺事態法は、「そのまま放置すれば我が国に対する直接の武力攻撃に至るおそれのある事態等我が国周辺の地域における我が国の平和及び安全に重要な影響を与える事態」における具体的な対米支援策を定めた。

一九七八年制定のガイドラインには、①平素から行う協力、②日本に対する武力攻撃への対処行動等、③日本周辺地域において発生しうる事態で日本の平和と安全に重大な影響を与える場合の協力、という三つの枠組みが設定されていた。しかし、長い間三番目の周辺事態に関する協議は進まなかった。その空白を埋めたのが新・ガイドラインであった。日本政府は、一連の日米協力の深化はその意味で日米同盟の「再確認」であり、必ずしも（中国に向けられた）「再定義」ではないと主張した。

2、イラクへの自衛隊派遣決定——国際主義と日米同盟の交錯

以上のとおり、冷戦終焉後の一九九〇年代には、自衛隊による国際平和協力への参加と、日米同盟の「再確認」が並行して進展した。前者は国際主義的な多国間協力の論理に基づく政策であり、後者は東アジアにおける軍事安全保障を念頭においた対応であった。

二〇〇一年の9・11への対応は、それら二つの枠組みのいずれにも嵌り切らず、そこに日本政府が対応に苦慮するひとつの原因があった。日米同盟に双務的な集団的自衛の取り決めがあれば、NATOのように、集団的自衛権の発動による対応も選択肢のひとつであった。しかし、日本にその準備はなかった。するると、日本に残された可能性は、国連安保理の決議に基づく、すなわち国際主義の脈絡における対応であった。しかし、日本は国連憲章の定める集団安全保障の領域には踏み出せない憲法上の制約を抱えていた。

（1）9・11と日本の対応

二〇〇一年四月に組閣した小泉純一郎首相は、就任二か月後六月の訪米で、その一流のパーフォーマンスでブッシュ大統領の心をつかんだ。米国を同時多発テロが襲ったのはその二か月後であった。早くもそ

の翌日九月一二日に採択された国連安保理決議一三六八は、テロ攻撃を「国際の平和及び安全に対する脅威」と認定し、国連加盟国が「あらゆる必要な手順をとる」ことを認めた。通常国連決議による実力行使には後ろ向きの中国も、拒否権を行使しなかった。こうして、一〇月七日、アルカーイダが潜伏するアフガニスタンのターリバーン政権に対する有志連合による攻撃が始まった。

小泉政権の対応は、法的には国連決議に根拠をおくものとなった。一〇月五日に閣議決定されたテロ対策特措法案は、一〇月二九日に参議院本会議で可決、成立した。そして一二月に海上自衛隊艦艇による米艦艇への燃料補給活動がアラビア海で開始された。その後インド洋上での燃料補給の対象は、パキスタン、フランス、カナダ、イタリア、イギリス、ドイツの駆逐艦等、一一か国におよんだ。米国だけではなく有志連合への支援が可能になったのは、テロ特措法の根拠が、一連の国連安保理決議であったからであった。

一九九〇年代、日本は日米同盟における集団的自衛権の行使は認められないとする憲法解釈のまま、対米後方支援を可能とする周辺事態法を成立させた。それは、集団的自衛権の行使には当たらない施策によって事実上集団的自衛の領域へと足を踏み入れた対応であった。他方、9・11への対応であるテロ対策特措法は、憲法九条が禁ずる武力行使には至らない自衛隊の活動によって、事実上国連による集団安全保障の領域に踏み込んだものであった。

(2) イラク戦争と日本の対応

二〇〇三年三月一九日、アフガニスタンでの戦闘を続けながら、米軍はイラク攻撃を開始した。ブッシュ政権を支えていたのは、ネオコンとよばれるディック・チェイニー副大統領やドナルド・ラムズフェルド国防長官等であった。彼らは、一九九一年にフセイン体制を温存したまま湾岸戦争を終結させたブッシュ(父)政権の対応に批判的で、フセイン政権の転覆を主張していた。そして、当初からフセイン政権打倒を狙っていたネオコンにとって、9・11は、再びイラクに対する軍事行動をとるための絶好の口実として受け止められた。

米国の一国主義的なイラク攻撃の意図が明確になるなかで、国連はもちろん、欧州の友好国の間でも不安が広がった。事実、後に米国がイラク攻撃に踏み切っても、フランスやドイツは軍事協力を拒んだ。日本の外交当局も米国による一方的なイラク侵攻の正当性については懐疑的であった。イギリス政府と日本政府は、米国のイラク攻撃は止められないとの判断を共有しながらも緊密に連携し、一連の国連決議を法的根拠とする手続きを踏むよう米国に働きかけた。

そこでブッシュ政権は、安保理決議案をイギリスのトニー・ブレア政権と共同提出した。二〇〇二年一一月八日に成立した安保理決議一四四一号は、核兵器関連施設の査察受け入れ義務に対してイラクが「重大な違反」を続けているとし、イラクに対して大量破壊兵器開発に関する報告書の提出、および国連査察団の即時無条件受け入れの義務を定めた。そして、これらの義務の不履行には「重大な結果」がともなうとされ、そこに事実上の武力行使が容認されたという解釈が可能となったのである。

その後、有志連合による武力攻撃によりフセイン政権は打倒されたが、疑われた核兵器開発は行われていなかったことが判明し、ブッシュ政権への批判が国際的に沸き起こる。しかし、ブッシュ政権にとってそれは口実が崩れたに過ぎず、フセイン政権打倒というネオコンの本来の目的は達成されたことになった。

米軍を軸とする有志連合によるイラク攻撃が始まる前日の三月一八日、小泉首相は米軍の軍事行動に対して「理解」を超えた「支持」を表明した。しかし、軍事行動への支援はさすがに日本の対応能力を超えていた。そこで小泉内閣は、新たに設置したイラク問題対策本部で、戦争終結後のイラク復興・人道支援のための新法の策定に取り掛かった。五月に米国により戦闘終結宣言がなされると、七月二六日に「イラクにおける人道復興支援活動及び安全確保支援活動の実施に関する特別措置法」（イラク特措法）が参議院本会議を通過し、成立した。そして、自衛隊のイラク派遣に関する基本計画の策定が進んだ。

日本国内の緊張と反対の声が高まるなか、小泉内閣は一二月九日に、自衛隊のサマーワ派遣を骨子とするイラク支援の基本計画を閣議決定した。二〇〇四年一月、陸上自衛隊の先遣隊約三〇名がイラクに派遣され、二月以降本隊が順次出国した。その後、数か月ごとに部隊と要員交代を行いながら、約二年半にわたり六〇〇名弱の自衛隊員が、医療、給油、公共施設の復旧整備等の人道復興支援活動に取り組んだ。自衛隊の活動地域の治安維持任務には、オランダ、イギリス、オーストラリアの軍隊があたった。

小泉首相は、基本計画の閣議決定を発表する記者会見で、以上の自身の決断について、「日米同盟と国際協調をいかに両立させるか、このことが日本の外交政策の基本でなくてはならない」と語った。さらに小泉は、同じ記者会見で「日本の平和と安全を確保するのは日本一国だけではできません。だからこそ、日米安保条約を提携《ママ》し、日米同盟を、これを大事にしていかなければならない」とも述べた。

しかし、本来イラク戦争への対応は、国連安保理決議に基づく国際平和協力への参画問題であった。だからこそ、フランスやドイツは、9・11への対応とは異なって一国主義の色彩が強いイラク戦争には批判的であったのである。小泉政権がそれを日米同盟の論理で正当化したことは、図らずも日本の安全保障政策において、日米同盟の領域と国際平和協力の領域が混同されがちであることを露呈するものであった。

3、ひとり歩きを始めた憲法改正問題

以上のとおり、冷戦後日本の安全保障政策は、日米同盟および国際平和協力の分野において、憲法九条に由来する制約の下で新たな安全保障政策を文字通りひねり出してきた。そこには、政治的には「右」からも「左」からも攻撃されるという苦しさがあった。本来そのことは、憲法九条の改正は、日本の安全保障政策を整合的に進化させるための、優れて戦略的な問題であることを示していたはずである。

しかし、二〇一二年末から二〇二〇年八月の辞任表明まで、安倍晋三首相による第二次政権が続く間、憲法改正問題は「戦後レジームからの脱却」のための核心的課題に姿を変えた。他方、一九九〇年代から着実に拡大してきた安全保障政策の二つの領域、すなわち日米同盟下での対米協力と国際平和協力における自衛隊の役割に関しては、基本的に憲法九条に基づく従来の枠組みを維持しつつ、拡充が図られた。すなわち、憲法九条の改正問題が、一九九〇年代以来の安全保障政策の二つの領域から切り離され、安倍首相固有の保守的な政治課題として再設定され、ひとり歩きを始めたのである。

（1）集団的自衛権行使の合法化

第一次政権時に「日本国憲法の改正手続に関する法律」を成立させた安倍首相は、二〇一二年一二月の衆議院選挙で勝利すると、はやくも政権発足前の記者会見で、憲法九六条の改正に取り組みたいという意欲を示した。それは、三分の二の賛成が必要とされる国会での両院による改正発議を半数の賛成で可能にしようとするものであった。しかしこの提案は、そもそも改憲論者であった専門家から「裏口入学」と揶揄され、国民の世論調査においても不評であった。その結果、安倍首相は憲法九条を維持したまま、集団的自衛権の行使問題に当面のエネルギーを注ぐこととなった。

従来日本政府は、日本は国連に加盟する主権国家として集団的自衛権は保有しているが、憲法九条の規定によりその行使は禁じられるという解釈に立ってきた。その解釈を部分的に変えたのが、二〇一四年七月一日の閣議決定、「国の存立を全うし、国民を守るための切れ目のない安全保障法制の整備について」であった。同閣議決定は、「憲法第9条の下で許容される自衛の措置」という項目で、以下のような判断を示した。

我が国に対する武力攻撃が発生した場合のみならず、我が国と密接な関係にある他国に対する武力攻撃が発生し、これにより我が国の存立が脅かされ、国民の生命、自由及び幸福追求の権利が根底から覆される明白な危険がある場合において、これを排除し、我が国の存立を全うし、国民を守るために他に適当な手段がないときに、必要最小限度の実力を行使することは、従来の政府見解の基本的な論理に基づく自衛のための措置として、憲法上許容されると考えるべきであると判断するに至った。

この閣議決定で「集団的自衛権」という用語が登場するのは、「憲法上許容される上記の『武力の行使』は、国際法上は、集団的自衛権が根拠となる場合がある」という一か所のみである。「従来の政府見解の基本的な論理に基づく自衛のための措置として、憲法上許容される」という上記の解釈の趣旨からすれば、この一文の必要性ははっきりしない。集団的自衛権の行使が可能になったという論理を引き出すための、政治的な記述と解釈すべきだろう。

二〇一五年九月に成立した「平和安全法制」関連二法（「平和安全法制整備法」および「国際平和支援法」）の前者は、その種の事態を日本の「存立危機事態」と表現した。「平和安全法制整備法」のうち集団的自衛権の行使に関連した法律改正は二件であった。まず、二〇〇三年に制定された有事法制の基本法ともいえる「武力攻撃事態等における我が国の平和と独立並びに国及び国民の安全の確保に関する法律」に「存立危機事態」への対応を加え、法律の呼称も「武力攻撃事態等及び存立危機事態における我が国の平和と独立並びに国及び国民の安全の確保に関する法律」とした。第二に、防衛出動を定めた自衛隊法第七六条で、以下のとおり従来の防衛出動要件を第一項とし、新たに第二項が追加された。その第二項に基づく内閣総理大臣による自衛隊の出動命令が、集団的自衛権に行使にあたるものである。

自衛隊法第七六条（防衛出動）

内閣総理大臣は、次に掲げる事態に際して、我が国を防衛するため必要があると認める場合には、自衛隊の全部又は一部の出動を命ずることができる。この場合においては、武力攻撃事態等及び存立危機事態における我が国の平和と独立並びに国及び国民の安全の確保に関する法律（平成十五年法律第七十九号）第九条の定めるところにより、国会の承認を得なければならない。
一　我が国に対する外部からの武力攻撃が発生した事態又は我が国に対する外部からの武力攻撃が発生する明白な危険が切迫していると認められるに至った事態
二　我が国と密接な関係にある他国に対する武力攻撃が発生し、これにより我が国の存立が脅かされ、国民の生命、自由及び幸福追求の権利が根底から覆される明白な危険がある事態

（2）安倍アジェンダとして集団的自衛権

上述のとおり、国会で憲法改正の発議に必要な三分の二の多数を獲得できない見込みのなかで、安倍首相が次善の策として取り組んだのが集団的自衛権の行使問題であった。しかしそれを安全保障政策として評価すると、様々な欠陥や矛盾が浮き彫りになる。そのことは、この問題が、安全保障政策からは切り離され、本質的には「戦後レジームからの脱却」というイデオロギー色の強い衝動に由来する安倍アジェンダとでもいうべきものであることを示しているといえそうである。

まず、想定される最も重要な存立危機事態は、朝鮮半島有事である。その場合の武力攻撃の対象となる「我が国と密接な関係にある他国」とは、米国と韓国であることも明白である。しかし、日本による集団的自衛権行使を想定した日米韓の間の軍事協力を進めようとする意志や条件は、日本にも韓国にもないし、その事態を想定した自衛隊の訓練等が行われている様子も全くない。

また、日本による集団的自衛権の行使は「存立危機事態」に限定され、日本の「存立危機事態」と無関

係な「我が国と密接な関係にある他国に対する武力攻撃」が起きても、日本は動けない。日本の自衛を超えて「国際の平和及び安全の維持」にまで踏み込めば、それはまさに「フルスペック」の集団的自衛権行使である。本来はそのためにこそ憲法九条の改正が必要なはずであるが、憲法改正を唱えてきた多くの保守派も、日本の安全とは直接関係のない「国際の平和及び安全の維持」のために自衛隊を出動させることには後ろ向きである。たとえば、二〇一三年九月一九日の自民党安全保障調査会・外交部会・国防部会合同会議で、高見沢将林官房副長官補が「自衛隊が絶対に地球の裏側に行けないという性格のものではない」という主旨の発言をして、批判の対象となった。本来集団的自衛権が持つ意味からすれば当然の理解のはずであるが、自民党政治家のなかの多くの改憲論者もそれに否定的であったのである。

また、集団的自衛権の行使を支持する理由として、政治家のみならず一部の専門家が論じたのは、「厳しさを増す安全保障環境」であった。その種の議論が意識していたのは、尖閣諸島周辺における中国の挑発行為であったが、尖閣防衛は自衛、国土防衛の問題であり、日本による集団的自衛権の行使は基本的に無関係である。日本が実効支配する尖閣諸島の防衛は、米国が日米安全保障条約第五条に基づいて日本に対する集団的自衛権の行使を約束している。

安倍首相は、伝統的に集団的自衛権の行使には否定的な解釈をとってきた内閣法制局長官をより積極的な官僚にすげ替えるという、政治力を使った手法によって、新解釈を成立させた。安倍首相の強引な手法は、日本の政治と世論を分断させ、一九六〇年の日米安全保障条約改定の際の安保騒動を彷彿とさせる国民の反対運動と国会の混乱を引き起こした。

（3）重要影響事態と国際平和支援

他方、「平和安全法制」関連二法が対象とした重要影響事態と国際平和支援の領域では、日本の安全保障政策はさらに進展した。前者が日米同盟、後者が国際平和協力にかかわるものであり、一九九〇年代以来の安全保障政策の主要な二分野である。

重要影響事態に関しては、「重要影響事態安全確保法」が、「我が国の平和及び安全に重要な影響を与える事態における米軍等への支援」を定めた。そして、二〇一五年四月に、新たな「日米防衛協力のための指針」が日米安全保障協議委員会（二＋二）で了承された。「重要影響事態安全確保法」は、一九九九年に成立した周辺事態法を拡充したものであり、自衛隊の活動は後方支援活動、捜索救助活動、船舶検査活動に限られ、憲法九条を前提に自衛隊による戦闘行為や他国軍との一体化は引き続き禁じられた。しかし同法は、支援対象を米国以外の友好国にも拡大するとともに地理的制約をなくす等、自衛隊による後方支援の範囲は拡大した。

また、「国際平和支援法」は、新たな恒久法として策定され、国連決議に基づき活動する諸外国の軍隊等に対する物品と役務の提供、捜索救助活動、船舶検査活動等について定めた。同法によって、事態が生じる度に特別措置法を作成する必要がなくなった。政府は、基本計画を閣議決定し国会の承認を得ればよく、対応は格段に柔軟になった。

さらに、危険性を伴っても「現に戦闘行為が行われている現場」以外での自衛隊の活動が可能になり（戦闘行為が発生すれば活動休止）、「いわゆる安全確保業務及びいわゆる駆け付け警護の実施に当たり、自己保存型及び武器等防護を超える武器使用」が可能となった。そして、二〇一六年一一月に南スーダンに派遣中の自衛隊に「駆けつけ警護」と「共同防衛」の任務が新たに付与された。

おわりに

以上みたとおり、日米同盟下での日本の対米支援策と、国際平和協力における自衛隊の役割は、一九九〇年代以降着実に拡大してきた。しかしそのプロセスは、一貫して憲法九条の制約の下で進展したものであり、その意味では日米安保条約と戦後憲法を二本柱とする戦後の枠組み、すなわち「戦後レジーム」は依然として保持されているといえる。湾岸トラウマに悩まされた一九九〇年代に、国際主義が世論の改憲論の大勢を形成したように、日本の安全保障政策における制約を乗り越えるための改憲に必要なのは、未来を向いた国際主義的な感性のはずである。

二〇〇一年の9・11への対応は、そのことを一層明示的に浮き彫りにした。しかし、安倍首相の改憲論は、自らの著書『美しい国へ』で吐露したように、占領時代に作られた戦後日本の骨格は「日本国民自らの手で、白地からつくりださなければならない。そうしてこそはじめて、真の独立が回復できる」という思いに根差している。そしてそれは、改憲論を安全保障論から遊離させた。きわめて皮肉にも、憲法九条を変えずに限定的な集団的自衛権の行使が可能になった結果、そしてそれを国連主導の国際安全保障の領域にまでは発展させるつもりはないことから、もはや安全保障政策上憲法九条改正の必要性はなくなった。

しかしそれでも、安倍首相にとって憲法改正は重要な課題であり続けた。そこで安倍首相は、二〇一七年五月三日の憲法記念日に、憲法改正をめざす集会に寄せたビデオ・メッセージで、九条の一項と二項を残したままで、新たに自衛隊の存在を明記する第三項を加えるという新たな提案を行った。その目的は、自衛隊違憲論に終止符を打つこととされた。安倍首相の主張は、その結果従来の日本の防衛安全保障政策には何ら変化はない、というところまで後退した。それは、憲法九条の改正は安全保障政策とは関係がなく、改憲自体が自己目的化していることを告白したようなものだった。

安倍首相の安全保障政策が、「積極的平和主義」等の言説とは裏腹に本質的には国際主義と無縁であることは、図らずも、南スーダンでの国連ミッションに派遣されていた自衛隊の日報隠蔽が国内政治問題になると、二〇一七年五月に突如として自衛隊の撤収を決めたことでも示された。南スーダンの自衛隊施設部隊は、民主党の野田佳彦内閣が二〇一二年一月に派遣したものであり、この撤収で自衛隊の国際平和協力への参加はゼロとなった。

二〇〇一年九月に安倍政権を継いだ菅義偉首相は、安倍外交を継承すると公言する。それが、冷戦終焉から三〇年後、9・11から二〇年後の日本の現実である。

＊事実関係の記述は、添谷芳秀『入門講義 戦後日本外交史』（慶應義塾大学出版会、二〇一九年）による。

9・11が変えた世界

酒井《さかい》 啓子《けいこ》
千葉大学グローバル関係融合研究センター長。アジア経済研究所、駐イラク日本大使館、東京外国語大学を経て現職。主著に『イラクとアメリカ』『9・11後の現代史』など多数。

はじめに

二〇〇一年九月一一日に起きたニューヨーク、ワシントンでの同時多発テロ事件は、その後の世界をどう変えたのだろうか。今や「それ以前の世界」がどうだったのかを思い起こすことすら難しいほど、世界は一変している。

9・11が変えた最大の点は、「テロ」という言葉と現象が、これほどまでに世界に蔓延、浸透したことだろう。特に注意すべきは、事実としての「テロ」というよりも言説としての「テロ」が急増したことだ。二〇〇二年から四年の間、日本の主要四紙の中東・イスラームに関する記事のうち四分の三が「テロ」に言及したが、この比率は二〇〇〇年以前は四割を少し超える程度だった。東南アジアや中央アジアについては、前世紀にはそれを「テロ」と結び付ける記事はほとんどなかったが、二〇〇一−四年の間には七−八割が「テロ」に関連した記事となった。特にそれまで「闘争」とか「ゲリラ活動」と名付けられていたさまざまな戦いが、十把ひとからげに「テロ」と名付けられ、反植民地闘争や多数派支配に対する抵抗運動などに由来する暴力が、「テロ」と位置付けられたのである。言葉に慎重であるべきジャーナリズムもほとんどが右に倣えするほどに、世界の共通悪としての「テロ」という概念が、固定化された。

そして、そのことに密接に関連するのだが、9・11事件後定着したことに、反政府抗議行動に対する鎮圧行動を「テロに対する戦い」と名付け、軍や民兵が市民やマイノリティに対する弾圧を正当化するという行為がある。「テロに対する戦い」は、暴力行使の権力をこれまで以上に国家に与えたが、同時に国家に抗する人々の側にも、国家暴力への対抗のために武力依存を容認する風潮を生んだ。「安全保障化」と「軍事化」である。

この「9・11後の世界」は、どのように進行したのだろうか。9・11を生んだ原因となる背景は、克服され改善されたのだろうか。それを乗り越えようとするポスト「9・11後」の世界はあるのだろうか。

本稿では「9・11後の世界」を特に中東に焦点を絞って総括したい。

1、「テロ」の増加

今や当たり前のように語られる「テロ」は、いつから常態化したのだろうか。誤解すべきではないことは、9・11が中東で「テロ」事件が増えていたことの帰結として米国で起きたのではなく、その逆で、9・11以降、より正確にいえば、米軍が主導して「テロに対する戦い」を展開するようになって以降、世界中に「テロ」事件が蔓延した、ということである。

図1は米のテロ研究コンソーシアム（National Consortium for the Study of Terrorism and Responses to Terrorism（START））が作成した世界テロ・データベース（Global Terrorism Database（https://www.start.umd.edu/gtd/））に基づき、一九七五年から二〇一七年までのテロ事件での死亡者の推移を現したグラフである。

ここから明らかなように、「テロ」の被害は冷戦終結後、9・11事件発生までの間、むしろ減少傾向にあった。だが、それが急速に増加するのは、二〇〇三年のイラク戦争とそれに続くイラクでの内戦（二〇〇六―七年）、そしてシリア内戦（二〇一一年）を契機としてのことである。

次に、地域的な割合を見てみよう（図2）。確かに9・11は、欧米諸国、特に米国に多大なテロの被害者を出した。だが、イラク戦争後増加を続けるテロ被害の多くは、イラク、シリア、アフガニスタン、パキスタンなどの中東・南アジア諸国で起きている。二〇一一年以降ナイジェリアで増加している原因がボコハラムであることを除けば、いずれもが9・11後の「テロに対する戦い」の対象となった国であることがはっきりするだろう。米国に被害を出した一回のテロ事件である9・11は、その後欧米にではなく、中

図1 「テロ」事件による死者数の推移（人）

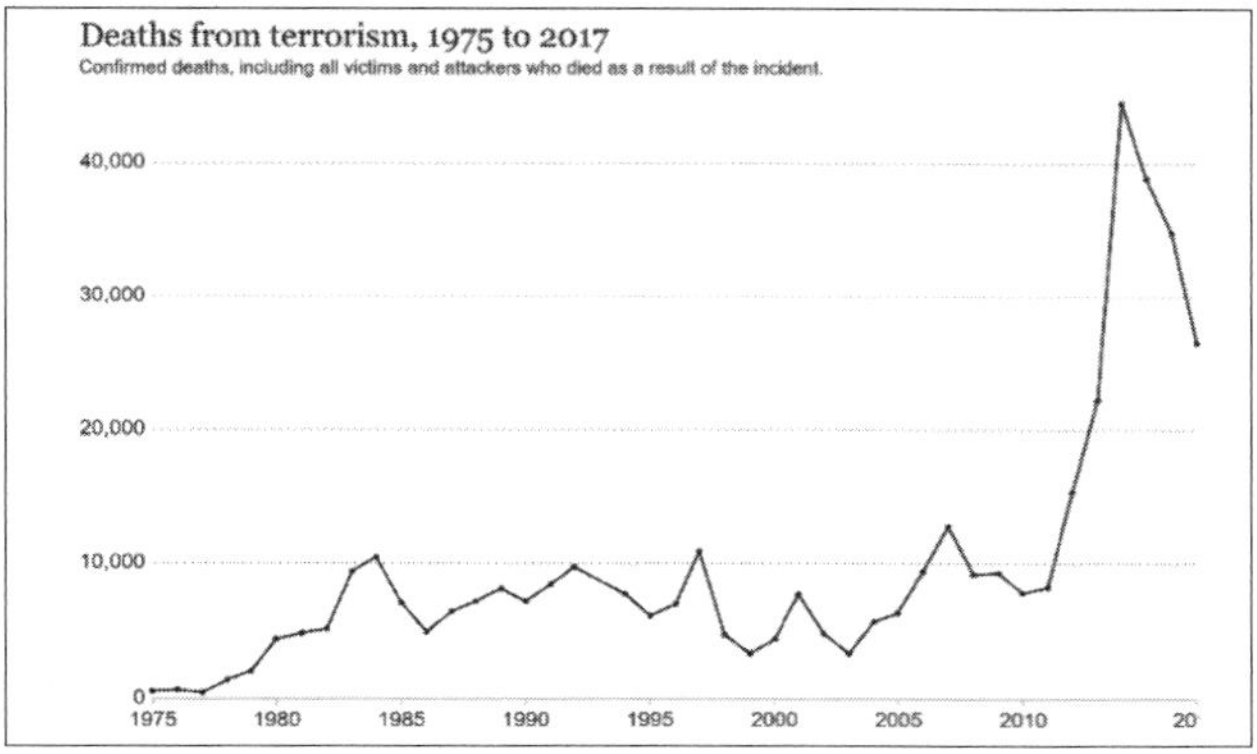

（出典）Hannah Ritchie, Joe Hasell, Cameron Appel and Max Roser (2019) "Terrorism" https://ourworldindata.org/terrorism

図2 「テロ」事件による国別死者数（1000人）

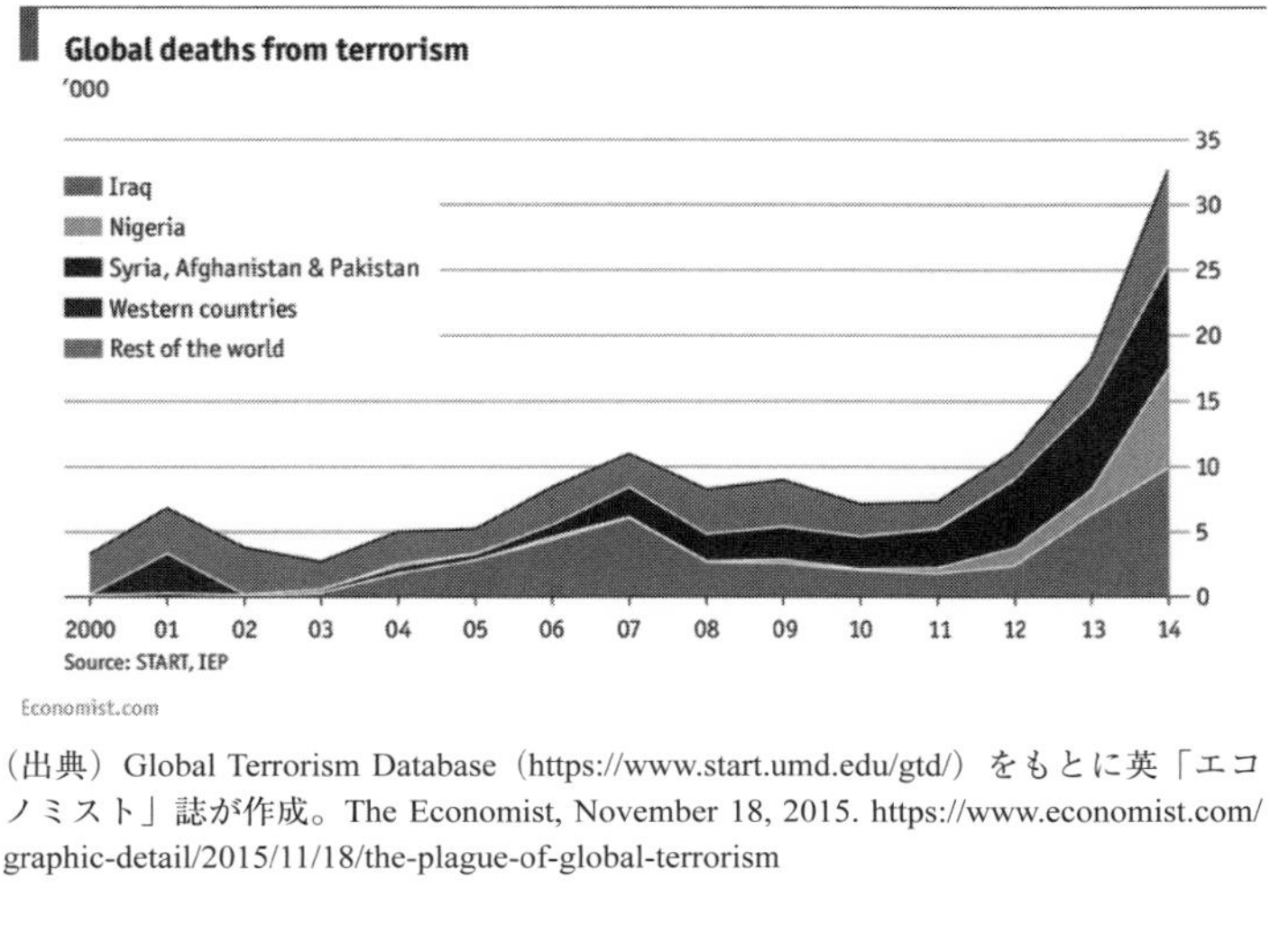

（出典）Global Terrorism Database（https://www.start.umd.edu/gtd/）をもとに英「エコノミスト」誌が作成。The Economist, November 18, 2015. https://www.economist.com/graphic-detail/2015/11/18/the-plague-of-global-terrorism

東・南アジア地域にテロのまん延を引き起こし、その原因がブッシュ政権が9・11直後に導入した「テロに対する戦い」であったということができる。

なぜ9・11が「テロに対する戦い」という新たな戦争の在り方を生んだのかについては、紛争学や安全保障論など、他の専門家の議論に委ねたい。ここでは、具体的に「テロに対する戦い」がどのように中東で「テロ」を誘発したのかを振り返ろう。

その因果関係が最も明白なのは、イラク戦争後のイラクである。イラク戦争自体は、9・11と直接の関係はない。湾岸戦争以降、アメリカが発生したテロ事件をすべてイラクのサッダーム・フセイン政権のせいにしようというような風潮が、一部の米ジャーナリズムの間にあったことは確かだが（ローリー・ミルロイ「サダム・フセインとアメリカの戦争」二〇〇二）、米政府はアルカーイダやウサーマ・ビンラーディンといったスンナ派イスラーム主義武装勢力と世俗主義のフセイン政権の間には接点はないと見ていた。そのため、アルカーイダが拠点化していたという理由で軍事攻撃を受けたアフガニスタンのターリバーン政権と異なり、9・11が直接、イラク戦争の必要性に結びつけられたわけではなかった。

だが、9・11は、アメリカの対イラク攻撃のハードルを大きく下げた。そもそも、湾岸戦争がフセイン政権を打倒するに至らなかったことに対して満足していない米政治家の間には、引き続きイラクに直接の軍事攻撃を成すべしと考える強硬派が、ネオコンを始めとして、存在していた。だが彼らは、二〇〇一年より前には、それがもたらす国内外の人道面からの批判と、軍事攻撃で政権を倒すことのコストの大きさが理由で、対イラク攻撃を躊躇していた。政権打倒まで実現するには地上戦は必須で、そのためには三〇〇〇人もの戦死者を覚悟しなければならない、と目算されていたのである。

そこに、9・11で世界は対米同情の嵐に包まれた。米世論は、祖国に仇なすものすべてを武力攻撃すべしとの方向に傾斜していた。9・11の被害規模を考えれば、テロ予防のために米兵の命を多少なりとも失っても致し方ない、という空気が出来上がっていた。さらには、アフガニスタンでの軍事攻撃がわずかひと月強で決着がついたことから、想定されていた被害やコストもさほどかからないだろうと、米国内の認識が変わったのである。

同じく一か月強で、「主要な戦闘の終了」が宣言されたイラク戦争だったが、この付け焼刃的な、9・11後の雰囲気に乗じて行われた戦争こそが、その後の「テロ」のまん延を引き起こした。米国が大義なく「テロ」に無関係なイラクに攻撃を仕掛けるような国だという認識はイラク国内外に広がり、その理不尽を通した米軍に天誅を下すことこそに理があると考えるものたちが、イスラーム教徒であろうとなかろうと、米軍の駐留するイラクに結集したのである。それまでイラク国内に存在しなかった反米イスラーム武闘派は、二〇〇三年以降ヨルダンやシリア、サウディアラビアから多くの反米活動家が流入することで、「メソポタミアのアルカーイダ」として新設された。彼らは、アフガニスタンの本家アルカーイダのお墨付きを得たばかりか、米軍占領に反発する地元住民やイラクでの政権交代で職を奪われた旧体制派の人々の素朴な支持を獲得した。

その極め付きが、「イスラーム国」(IS)である。メソポタミアのアルカーイダは、イラク国内の激しい内戦を経て二〇一一年には国外に追放されたが、それはシリアに拠を移してISとしてさらに勢力を拡大した。彼らはイラクとシリアの領土の三分の一を制圧して、非イスラーム教徒はむろんのこと、シーア派イスラーム教徒に対しても残虐な形で殺害する、稀代の武装集団として、世界を震撼させた。イラク戦争当時開戦を推進したブレア元英首相が二〇一五年に認めたように、イラク戦争はＩＳの台頭と密接な因果関係にあるのである。

なお、右記のグラフでは、９・11以降の世界のテロは中東・南アジアに集中しており、欧米に多大な被害を与えたのは９・11が例外的な事例だったことが示されている。だが、被害人数ではなく事件のインパクトという意味では、９・11以降も欧米、さらにはアジア地域で発生した「テロ」事件が持つ重要性は低くはない。アルカーイダ系とされる犯人による事件として、二〇〇四年のマドリード鉄道爆破事件、二〇〇五年のロンドン地下鉄・バス同時多発爆破事件があるが、いずれもスペイン、英国がイラク戦争に積極的に関与したことに対する反発がその背景にあった。さらにＩＳが関与・影響した事件として、二〇一四年シドニーでのカフェ立てこもり事件（実際には直接の関与はなし）、二〇一五年のパリでのカフェや劇場などを対象とした爆破・襲撃事件、二〇一六年ブリュッセルでの空港・駅爆破事件およびダッカでのレストラン襲撃事件などがある。こうした事件の背景には、仏、英などにおける移民二世の社会的差別や疎外があると言われている。

欧米での一連の事件は、９・11が原因で開始された「テロに対する戦い」によって、中東および中東・イスラームに由来する人々の間に強い反欧米感情を呼び覚まされたことによるものである。だがそれは、９・11によって欧米社会のなかで急激に顕在化した中東・イスラームに対する脅威認識が彼らへの蔑視を促し、中東・イスラームに対するヘイトクライムが広がったことに対する反応だった。つまり、9・11とその後の「テロに対する戦い」は、それまで目指されてきた多文化・多文明間の協調、共生という理念が、建前にしかすぎないことを露呈し、その結果、これまで目を覆ってきた欧米社会のイスラームおよびイスラーム教徒（ムスリム）に対する差別や偏見を表面化させるとともに、それへの反抗をもまた具体化させたのである。その意味で9・11は、これまで表面的な共存の題目のもとにパンドラの箱のなかに押し込んできた国際社会の矛盾を、いっぺんに光のもとに晒した出発点だったといえよう。

2、対テロ戦争での国家暴力の増大

ムスリムの欧米に対する不信感と欧米のムスリムに対する偏見が表面化したことは、欧米諸国でムスリム移民に対する取り締まり、排除の傾向が強まることを意味した。そのなかで、シリア内戦から発生したシリア難民の欧州への流入（二〇一五年）は、EU諸国と難民や移民に対する人道的支援姿勢と排外感情のないまぜになった対応を生むことになった。トランプ政権下の米国で、中東・イスラーム諸国に対して露骨な入国禁止措置が取られるに至ったのは、排外感情の高まりの典型的な例である。そして、この移民・難民政策においても、「テロ」に対する警戒が前面に打ち出されるようになった。9・11は、「他者」すべてを「テロ」に結びつける、安全保障化の契機となったのだ。

外国人のみならず、対立する「他者」を「テロリスト」とみなして安全保障化し、これを武力で殲滅・

排除する、という「テロに対する戦い」の発想は、欧米のみで進められたわけではない。ブッシュ政権の「テロリストを匿う者もまたテロリスト」という論法を見事に自国の安全保障政策に適用したのが、イスラエルだった。和平交渉が停滞する中、アルアクサー・インティファーダの発生に対して、イスラエルはこうしたパレスチナ人の抵抗運動を「テロ」と断罪し、それを抑えられないパレスチナ自治政府もまたテロの加担者としてアラファート議長（当時）を軍事的に包囲・監禁するといった暴力的措置に出た。

一方、アラブ諸国でも反政府勢力を「テロリスト」と名指しし、「テロに対する戦い」との名目で弾圧する手法が一般化した。なかでも、二〇一〇–一一年にいわゆる「アラブの春」と呼ばれる権威主義長期政権に対する路上抗議運動に対して、それを好ましくないとする政権側はそれを「テロリスト」と名付けて、鎮圧を正当化した。シリア内戦において、アサド政権がまさにこの論法をとったのだが、実際反アサド勢力のなかにはヌスラ戦線などアルカーイダ系の組織が含まれていたことから、こうした論法は一定の説得力を持った。

エジプトでも、二〇一一年二月にいったん民衆の抗議によってムバーラク政権が倒れたものの、その後成立したムスリム同胞団政権を嫌ってエジプト軍がクーデタを起こし、同政権を打倒して軍事政権を再構築した。その際同胞団の組織や支持者の抗議デモに対して、軍は容赦ない弾圧を行い、現在、ムバーラク政権期以上の思想・情報統制を敷いて反政府活動を徹底的に取り締まっている。そして、その際掲げられる名目は、「安全保障上の理由」であり、「テロに対する戦い」の遂行である。

このように、「アラブの春」でいったん民主化方向に進むかと思われた中東の権威主義体制諸国だが、それを生き延びた体制側は「テロに対する戦い」という口実を得て、むしろより一層激しい暴力の行使を堂々と行うことができた。おりしも、ISという国際社会が一致して脅威視する存在があった。これを殲滅するためには、欧米諸国は現地の軍、治安部隊に全面的に依存するしかなかった。その目的が本当に「テロ対策」のためであるかどうかはさておいて、IS対策のためには現地諸国の治安分野支援を行うしかなかった。

このことが、欧米から中東諸国へと大量の武器を流れ込ませることになった。「アラブの春」で成功例と言われたチュニジアでは、軍が政治介入しなかったことで民主化が成功したとされているが、一方でISへと合流する若者が多いことから、治安分野改革の必要性が指摘されている。その治安分野の強化を支援するために、米国の対チュニジア支援は二〇一五年以来増大しており、そのチュニジア軍に対する投資は二〇一一年以来一〇年間で一〇兆ドルにも上っている。二〇二一年には一〇年間の二国間軍事協力協定が締結された。

このようなチュニジアの「軍事化」の傾向は、GDPに占める軍事支出の割合の推移を見てもわかる。図3のグラフは世界銀行の統計データをもとに筆者が作成したものだが、チュニジアの比率は五%から八%前後へと、「アラブの春」以降増加傾向にある。

こうした中東諸国の軍事化は、チュニジアに限ったことではない。「アラブの春」を生き延びた親米王政国のうち、サウディアラビアでは二〇一一年以降、ヨルダンではISの脅威が本格化した二〇一四年以降、それぞれ軍事支出比率が伸びている。エジプトではその比率は低下傾向が続いているが、一方で武器

図 3　GDP における軍事支出の比率：チュニジア、
エジプト、サウディアラビア、ヨルダン（2000-2018 年）

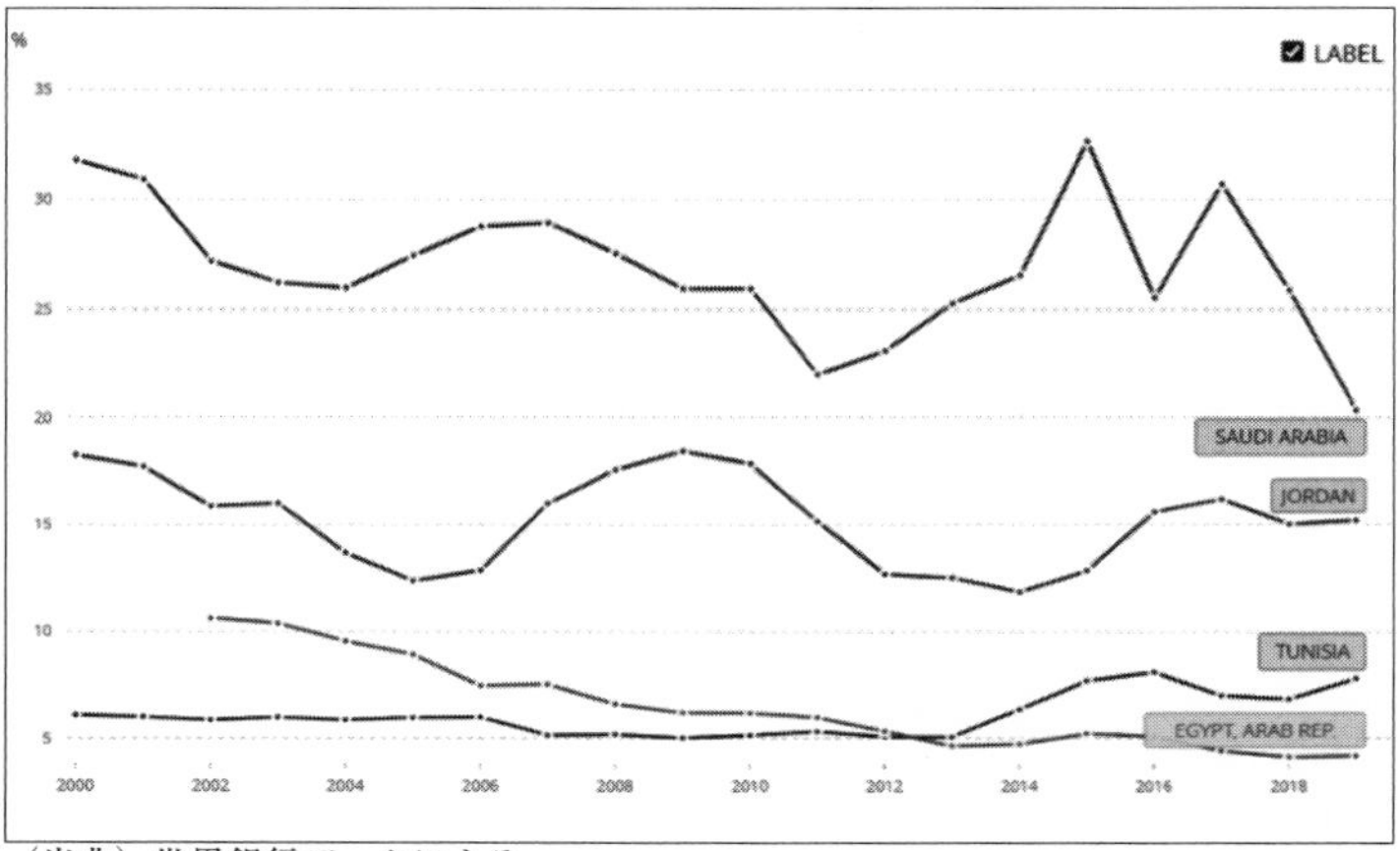

（出典）世界銀行データによる。
https://data.worldbank.org/indicator/MS.MIL.XPND.ZS?end=2019&locations=TN-EG-SA-JO&start=2000

図 4 サウディアラビア、エジプト、チュニジア、ヨルダンの武器輸入額推移
（2000-2018 年 , 単位はストックホルム国際平和研究所が定めるインディケーター（SIPRI））

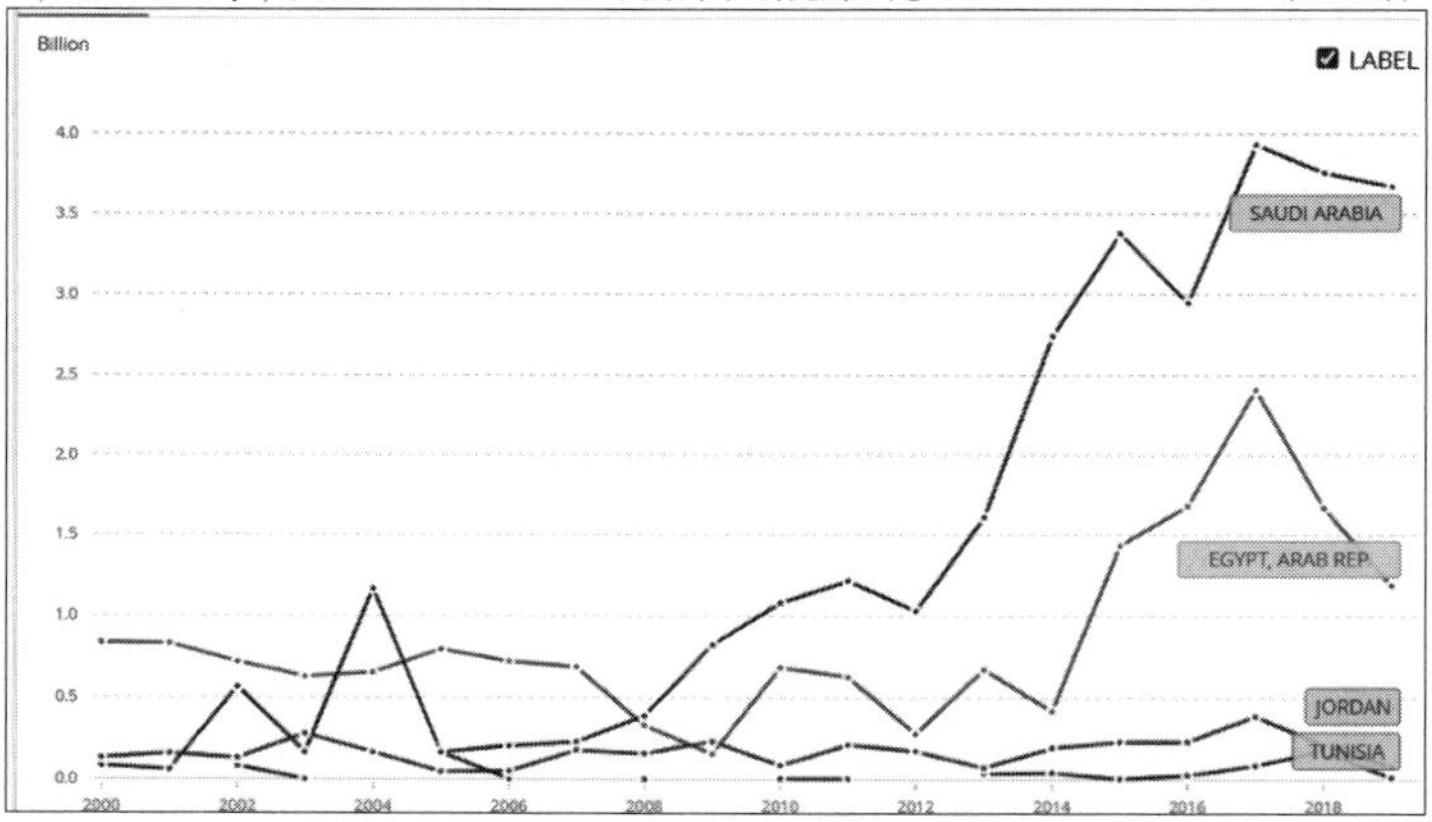

（出典）世界銀行データによる。
https://data.worldbank.org/indicator/MS.MIL.MPRT.KD?end=2019&locations=TN-EG-SA-JO&start=2000

輸入額の推移をみると、サウディアラビア同様「アラブの春」以前と以降で大きく増加していることが見て取れる（図4）。

また、図5は中東諸国全体の武器輸入額の推移を輸出国別に示したものだが、過半数が米国からの輸出であるものの、ロシアや西欧諸国の輸出も増えていることが着目できる。

こうした武器輸出の増加が中東地域での内戦の深刻化と無関係ではないことは、特にISの興隆期である二〇一四―二〇一七年に顕著に増加していることからもよくわかる。同時に、輸出元の国がそれぞれ内戦中の紛争国の対立する側を支援していること（ロシアはシリア政府軍に、欧米諸国はシリア反体制派に）にも注意すべきだろう。その意味では、これらの武器輸出の増加こそが紛争の長期化の原因となっているといっても過言ではない。

さらにいえば、対アルカーイダ、対ISのために調達された武器は、アルカーイダ、ISの脅威が沈静化しても、廃棄されたり減少するわけではない。その後は国内の反政府活動の抑圧のために用いられるが、それはまさに二〇一九年秋からイラクやレバノンなど、「アラブの春」ver. 2ともいうべき民衆の路上抗議運動が治安機関に弾圧されていく過程に、明確にみられる。イラクでは、対IS掃討作戦で武功を成した民兵系治安部隊が、こうした鎮圧行動の主軸となったが、そのことによって、抗議活動発生から三か月で、イラク国内で合計六六九人の市民の命が奪われたと報じられている。

図5　中東諸国の武器輸入（輸入元国別）（単位：100万ドル）

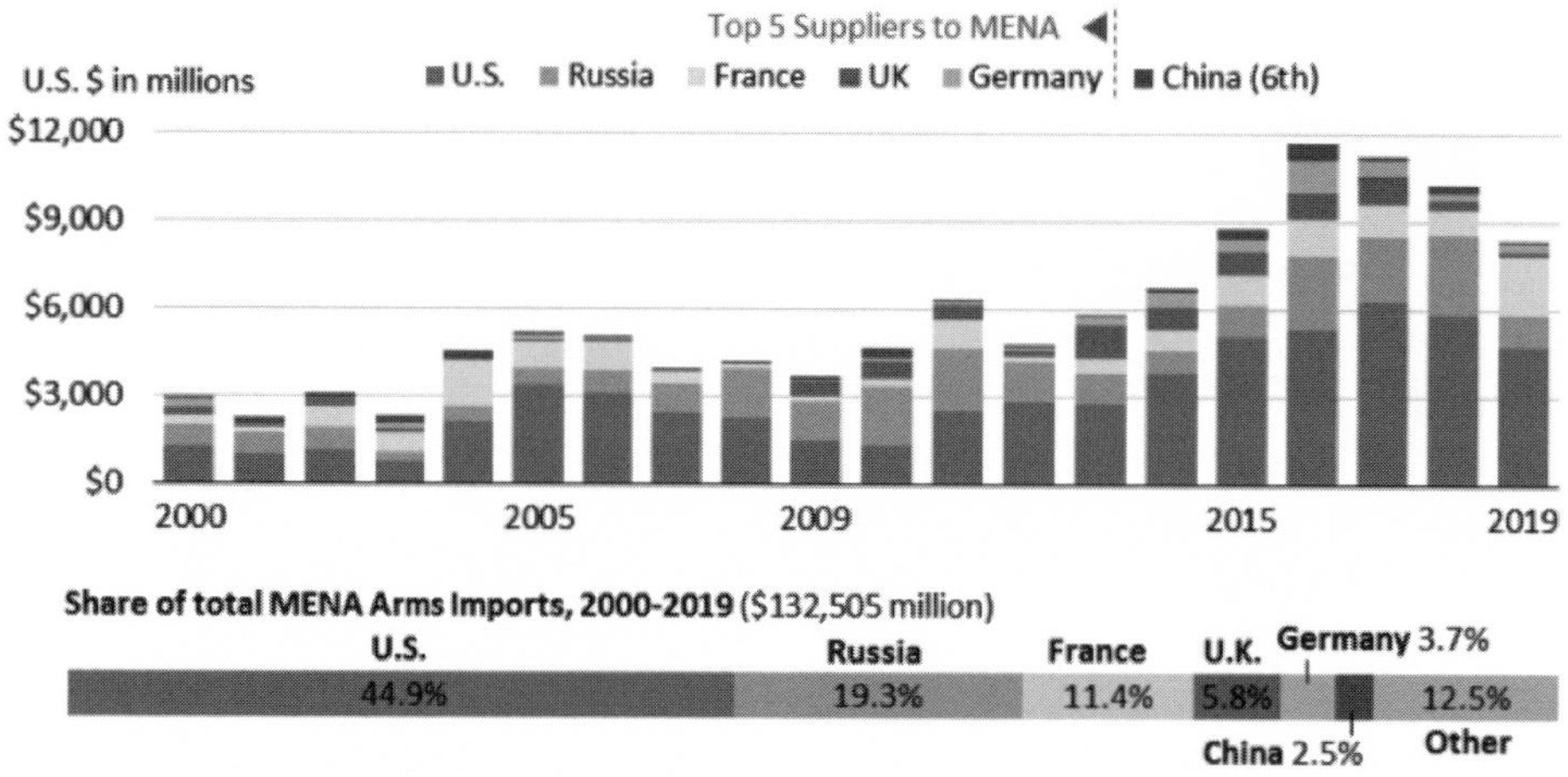

（出典）　US Congressional Research Service (2020) “Arms Sales in the Middle East: Trends and Analytical Perspectives for U.S. Policy”. https://fas.org/sgp/crs/mideast/R44984.pdf

3、9・11の原因は何だったか、克服されたのか

9・11後の「テロの対する戦い」は、その後の二〇年の間に「テロ」を増加、拡散させ、それを抑えるとの名目で膨大な量の武器が中東に流入し、政治的自由化や民主化への歩みが、「テロ対策」の名のもとで圧倒的な軍事力によって弾圧された。

とはいえ、アルカーイダの組織的な活動はほとんど見られなくなったし、ISもシリア、イラクの拠点はほぼ破壊された。大量破壊兵器を開発する可能性のあるイラクのフセイン政権は、強制的に政権交代させられたし、NATOが支援する「アラブの春」の過程でリビアのカダフィは殺害された。その意味では、9・11を再現する可能性のあった集団は、国家主体であれ非国家主体であれ、過去二〇年間に「テロに対する戦い」で壊滅させられたことは確かだ。

だが、それは表面化した脅威を取り除いただけのことで、9・11が発生した根本的な原因を排除、改善したことではない。では、9・11の根本原因とは何か。

中東を中心とした国際政治学者の故フレッド・ハリディーは、9・11発生直後に、以下のように指摘した。「冷戦は二つのゴミを生んだ。それは核兵器開発に関わる技術と独裁者である。前者はソ連解体後国家の管理を離れて民間に流れ出し、後者は独裁者・テロリストと知りながらも冷戦期の国際関係のなかで利用してきた同盟相手が、冷戦後に用無しになったのに、そのまま軍事化した独裁者として存続したことである」(筆者要約)

アルカーイダは、ソ連のアフガニスタン侵攻に抵抗するために結集させられたアフガン・アラブが発祥であり、イラクのサダム・フセインが軍事増強したのは反米化したイランに対抗するためだった。つまり、米国は、米国の都合で、その場しのぎで現地勢力を利用してきたが、それが状況や政策が変わるたびに、その後十分に処理せずに放置してきた。結果、アルカーイダやサダム・フセインのような反米モンスターを作り上げたのである。

では9・11を契機に、米国は冷戦期など前世紀の対中東政策の矛盾や遺恨を取り払うことに成功したのだろうか。その場しのぎの政策で現地勢力を利用することを、反省したのだろうか。否、この点については全くといっていいほど、変化がない。同じことを繰り返しているといっても過言ではない。

その好例が、やはりイラクだろう。イラク戦争によって親米政権が成立し、米軍や米企業の活動拠点を確立することができると安易に考えていた米政権の思惑に反し、民主化されたイラクで選挙によって導入された政権は、主として、かつてイランに亡命していた政治指導者やそこで軍事訓練を受けた元民兵を担う者たちによって構成された。イラン亡命経験のない国内の勢力であっても、想像以上の反米感情を抱き、米国の描く新生イラク復興にことごとく反発した。味方だと妄信していたシーア派社会が必ずしもそうではないことを、米政権が公式に認めるのは、戦争から三年の年月を経てからだが、このときにはすでにイラクは一か月に三〇〇〇人以上の死者を出す内戦状態に突入していた。

だが、与党が親イラン勢力になっても、それは米国の追求してきた「イラクの民主化」の一環であるから、米政権が否定できるものではなかった。核開発疑惑を巡る制裁で角突き合わせていても、イラクの首相選びとなれば、米政権とイランとの間での協議は不可欠だった。米軍がイラクを撤退した二〇一一年以降、イラクのマーリキー政権が権力集中を強め、親イラン系元民兵勢力を活用して反体制派を弾圧しても、米政権がそれを批判することはなかった。むしろ、親イラン系イラク政府が振りかざす「新生イラクにたてつく者はアルカーイダ系のテロリスト」的ロジックに、同意するしかなかった。

「親イラン系民兵」のもつ問題点に気が付くのはトランプ政権になってからで、二〇二〇年一月、米軍は唐突にイラクを訪問していたイラン革命防衛隊のソライマーニ司令官を殺害した。同行していた親イラン民兵勢力のイラク人指導者もまた、一緒に殺害された。イラク治安分野構築の中心人物であり、イラク、シリアでのIS掃討作戦の立役者の二人である。IS興隆期には黙認し、ISが勢力を失った今となっては用無しの二人を抹消する。ビンラーディンやサダム・フセインに対してやってきたことを繰り返しているとしか言いようがない。

おわりに：シルミーヤ、シルミーヤ

暴力のまん延を生んだ9・11とその後の二〇年間だが、それに終止符を打つことはできないのだろうか。一〇年前――まさに9・11から一〇年という節目の年に起きた「アラブの春」は、そうした暴力のまん延に終わりを告げるのではと期待される出来事だった。素手の民衆が老若男女、世代や階層を問わず、公共の広場に結集し、長期政権の腐敗、不正にNO!を突き付けたのである。そしてそれは、一時的であれ、成功した。若者の不満の声を届け、権力に圧力をかけ、民衆がいつも黙っているわけではないことを、過去半世紀のアラブ諸国の歴史のなかで初めて声高らかに表現した。前述のように、その多くが政府の圧倒的な暴力によって押しつぶされ、9・11以降この地域に大量に流入した武器によって封殺された。だが、いったん解放された民衆の政府批判は、暴力によって完全についえたわけではない。

それを示したのが、二〇一八–一九年に新たに発生した「アラブの春」ver. 2ともいうべき動きである。前述のイラクの例に加えて、レバノンでも社会経済的不満から大規模な反政府抗議運動が発生した。それに先立ちスーダンやアルジェリアでも抗議行動が活発化し、二〇一九年四月には前者ではバシール大統領が、後者ではブーテフリカ大統領が辞任に追い込まれた。いずれのケースも、大統領辞任後も軍と民主化勢力の間での緊張関係が続いているし、イラクの例のように治安部隊による弾圧も激しい。しかし、一〇年前にあれだけ失敗し、挫折を目撃しながら、それでも市民が再び立ち上がったことは、注目に値する。「テロリスト」呼ばわりされながらも、「シルミーヤ」(平和裏に)とのスローガンを掲げ続けて、素手の行動にこだわる。そのことで、政府による「安全保障化」と「軍事化」のロジックをひっくり返し、国家権力こそがNO!が突き付けられるべき存在なのだ、と主張する。

レバノンの某学者がこのように指摘した。

「かつてアラブ諸国では、国家が民衆に対して「民衆などいらない」と国民を無視してきた。今やアラブの国民は、「国家などいらない」と声を挙げている」

「テロ」を行っているのは誰か、「戦い」の相手は何か、9・11以降の二〇年間で固定化された概念をひっくり返そうとする試みは、続いている。

衰退の源流を考える――「転換点」としてのイラク開戦

太田《おおた》 昌克《まさかつ》
共同通信編集委員、早稲田大・長崎大客員教授。早大政経卒、政策研究大学院博士。ボーン・上田記念国際記者賞、平和・協同ジャーナリスト基金賞。主著に『日米「核密約」の全貌』『核の大分岐』。

はじめに――衰退する超大国

近年の国際政治のナラティブを描写する代表的なフレーズは次の二つだろう。「米国の衰退」、そして「中国の台頭」。

群を抜く世界一の労働人口を誇り、レアアース（希土類）など天然資源にも恵まれた中国が経済的に台頭し、その巨大な国力を背景に硬軟両様で共産党支配を正統化する言動を強めていくことは、この四半世紀の間、十分に予見され得る事象だった。

片や、東西冷戦終結によって名実ともに無二の超大国となった米国は一九九〇年の湾岸危機、翌年の湾岸戦争の勝利を経て「新世界秩序（ジョージ・H・W・ブッシュ第四一代大統領）」の名の下、米国を盟主とした多国間協調路線を通じ、安定した新たな国際政治の枠組みづくりを模索した。湾岸戦争後の国内景気の失速からホワイトハウスの主が共和党のブッシュ（父）から民主党のウィリアム・クリントンに変わると、九〇年代後半には実質国内総生産（GDP）成長率が毎年四％前後を記録するようになり、失業率もかつての七％から四％台にまで低下した。

さらにクリントン政権下の米国はインターネットの世界的普及にも主導的かつ基幹的な役割を果たし、現代にも続くIT革命の先駆的な牽引者となり、経済技術大国の名声をほしいままにした。こうして米国は一九九〇年代後半から次の世紀にかけ、文字通り「繁栄の時代」を謳歌した。クリントン政権末期の二〇〇〇年における米国の実質GDPは九・九兆ドル。これは全世界のGDPの三分の一弱を占め、二位である日本の四・七兆ドルとはダブルスコア、中国に至っては一・二兆ドルにとどまっており、誰の目から見ても米国の一人勝ちは明白だった（経済産業省『通商白書二〇一二』の数字を引用）。

それが、ミレニアムを祝う二〇〇〇年を過ぎてから超大国の米国に陰りが見え始める。GDPは依然、首位を保ち続け、中国のそれは〇六年に二兆ドル、一〇年には三兆ドルにまで増大するが、一〇兆ドルを優に超える米国との差はあまりにも歴然としていた。ただそれでも、ジョージ・W・ブッシュ政権（共和党）からバラク・オバマ政権（民主党）に至る〇〇年代の米国は相対的に影響力を低下させ始めていた。

その象徴が、東アジアにおいては北朝鮮と中国の動きであり、中東においてはイランの動向とイラクの混乱である。

北朝鮮はクリントン政権と交わした一九九四年の「米朝枠組み合意」や九二年発効の「南北非核化共同宣言」を無視する形でウラン濃縮計画を九〇年代後半から密かに進め、それが世界に明らかになった直後の二〇〇三年、核拡散防止条約（NPT）からの脱退を表明した。爾後、金正日体制は寧辺での核開発活動を本格化させた。NPTは、リンドン・B・ジョンソン政権（民主党）時代の米国が同じ核兵器国のソ連や英国とともに一九六八年に創設した核不拡散体制の礎石であり、「核のパワー」を背景にした米国の政治的影響力の証左でもあった。

北朝鮮はそんな米国肝いりのNPT体制に公然と抗う形で二〇〇六年には最初の核実験に踏み切り、これに驚愕したブッシュ（子）政権との間で非核化へ向けた外交交渉をいったん進めたものの、オバマがホワイトハウス入りした後は核強大国化路線に舵を切り、米国中心に築かれた国際核秩序に公然と反旗を翻した。

北朝鮮とは「唇と歯の関係」にあるとされる中国は六か国協議（二〇〇三－〇八年）の議長国として非核化外交に汗を流す一方、北朝鮮を米国や韓国との緩衝地帯にとどめておきたい地政学上の戦略的観点から、金体制を徹底的に追い詰める独自制裁などの強硬路線は採用せず、朝鮮半島を巡るワシントンの思惑とは一線を画した。そんな中国は一〇年代にかけて、南シナ海や東シナ海での主権の主張と実効的支配を強めるべく、米国や東南アジア諸国の警告を無視する格好で南シナ海の岩礁を埋め立てるなどしながら、軍事的かつ経済的な海洋権益の拡大を露骨に進めた。

1、「転換点」のイラク戦争

目を中東に向ければ、その実情は荒涼かつ惨憺たるものだ。

二〇〇〇年代後半以降、イランはNPTが明示的に禁じていないウラン濃縮技術の獲得を急ぎ、濃縮活動を一切認めなかったブッシュ（子）政権と鋭く対峙した。オバマ政権も当初、ブッシュ政権の「濃縮ゼロ路線」を目指したものの、それが非現実的と悟ったのか、イランや欧州諸国などと一五年に結んだ「イラン核合意（JCPOA）」では三・六七％までのウラン濃縮活動を認めざるを得なかった。それでもこの合意のお陰で、イランの核開発を透明性のある形で一定程度、制御することが可能となった。

だがその後、オバマの業績つぶしに躍起となったドナルド・トランプ（共和党）が政権の座に就くと、米国はイラン核合意から一方的に離脱し、イランの最も重要な資金源である原油輸出を遮断する制裁発動へと時計の針を逆に戻した。これに猛反発したイランは濃縮活動を段階的に拡大し、核合意を反故にしていった。

そして核合意の復活を目指すジョー・バイデン（民主党）がホワイトハウス入りしてから四か月後の二〇二一年五月の時点でも、イラン核問題は解決しておらず、イスラエルの仕業と見られるイラン核施設へのサイバー攻撃やイラン人核科学者の暗殺もあって、緊張の火種がくすぶり続ける。シーア派大国のイランを敵対視するスンニ派のサウジアラビアも、原子力技術の獲得に動いており、中東の不安定化が今後さらに深刻の度合いを高める恐れは否定できない。

こうして東アジアと中東の同時代史を概観すると、冷戦終結を受けて世界唯一の超大国となった米国の政治的な影響力と権威は明らかに低下しており、それは米国という国際政治における圧倒的なプレーヤーの衰退を物語っている。米国のグリップが東アジアや中東の関係国に十分効いているとは到底言えない現状が、眼前に広がっているのだ。

ただそうは言いながら、二〇二一年の現在、米国は中国の猛追を受けながらも、依然として世界ナンバーワンの経済大国だ。軍事的には、インド太平洋エリアで中国の空・海軍力とミサイル能力が米国のそれを凌駕してはいるものの、全世界的に見れば、またその強大な核戦力を考慮に入れると、軍事面でも米国のパワーはいまだに突出している。

にもかかわらず、なぜ米国は潜在的なパワーの顕在化とその効果的な行使に手をこまねいているのか。二〇世紀の英国の外交官であり歴史家のE・H・カーが権力や秩序の構成要素とみなした「三つのパワー(力)」のうち、「経済力」と「軍事力」の二つを押さえながらも、ワシントンは近年、どうして三つ目のパワーである「(第三者の)意見を支配する力」を思い通りに発揮できていないのだろうか(カー、原彬久訳『危機の二十年　理想と現実』岩波文庫、二〇一一年を参照)。

バイデン政権発足から間もない二〇二一年春、米国の外交安保当局者は現在の米国と世界が置かれた状況を"inflection point"という言葉を使って説明するようになった。「転換点」と訳すのが適切だろうか。その意味するところは、経済的かつ軍事的に台頭する中国との中長期的な競争を考えると、今この時こそが、将来の世界的な潮流を左右する分岐点、つまり人類の近未来史における「転換点」であるというワシントンの切迫感だ。

米国や日本、欧州、豪州、カナダ、インドが実践してきた民主主義体制と、中国やロシア、北朝鮮が体現する専制主義。軍事力と経済力を駆使しながら両者がせめぎ合う中、「意見を支配する力」の顕在化に成功し、新たな国際秩序の正統性ある担い手になるのは、どちらの陣営なのか。また前任者のトランプが合衆国憲法の精神を軽んじ、民主主義の理念そのものを貶めた結果、専制主義が国際場裡で跋扈し、米国のみならず民主主義陣営そのものが窮地に陥り、衰退に向かっているのではないか――。こんなバイデン本人の危機意識の発露が、「転換点」という端的な言葉に凝縮されている。

冷戦終結から現在に至る過去三〇年を振り返ると、米国の衰退と「意見を支配する力」の低落を方向付けた、もう一つの「転換点」がオバマやトランプ、そしてバイデンの時代より前にあったと筆者は考える。その「転換点」とは、二〇〇一年の米中枢同時テロが引き金となって米国が開戦を強行したイラク戦争である。

筆者は9・11発生時、外務省の担当記者として日本の外交政策をフォローしていた。また二〇〇三年三月二〇日にイラク戦争が始まった一〇日後に米国へ赴任し、国務省やホワイトハウスを担当しながら、米国の影響力を変容させた「転換点」をワシントンから見詰めた。以下、当時の取材メモも活用しながら、イラク戦争の開戦を巡る問題点を詳述した上で、この戦争が残した復元しがたい爪痕と、米国衰退の源流を最後に考察してみたい。

2、存在しなかった大義

米国が二〇〇三年春、サダム・フセインの支配下にあったイラクを攻撃する際に掲げた「大義」は大きく言って三つあった。まず、一九八〇年代のイラン・イラク戦争でクルド人に対する化学兵器攻撃の暴挙に出た前歴のあるフセインが大量破壊兵器（ＷＭＤ）の開発を進めているとの疑惑だ。次にフセインが、米中枢同時テロの首謀者である国際テロ組織「アルカイダ」との協力関係を築いているとの疑惑。三つ目は、二〇年以上フセイン政権の圧政下にあるイラクの市民を解放して、イラクに民主的な政権を樹立するという「民主主義の拡大」だ。

本稿では紙幅の都合上、これら三つの「大義」のうち、国際社会の最大の関心事項として当時注目を集めたＷＭＤ開発疑惑に焦点を当て、開戦の是非とその帰結を検証してみたい。

「我々は、サダムが核兵器の獲得に乗りだしことを知っている。サダムの指示で殺害された彼の義理の息子はじめ亡命者からの一次証言を得ている。我々の多くはサダムが核兵器を近々に獲得するものと確信している。（中略）サダム・フセインがＷＭＤを保有していることは疑いない。彼が我々の友好国や同盟国、米国に使おうとしてこれら兵器を蓄えていることは疑いない。さらに彼の中東地域に対する攻撃的な野心が、近隣諸国との衝突を招くことも疑いない。そうした衝突においては、彼が今日保有しているる兵器、また原油で得た利益を元に開発を続けている兵器が使われることになるだろう」

二〇〇二年八月二六日、米南部テネシー州ナッシュビルで退役軍人を集めて開かれた集会で、ブッシュ（子）政権ナンバー2のディック・チェイニー副大統領がこう演説し、気炎を上げた。チェイニーは一九九一年の湾岸戦争時、ブッシュ（父）政権の国防長官として戦争遂行にも深く関与し、その後二〇〇〇年夏にブッシュ（子）が共和党大統領候補に正式指名されると、自ら後見人の役割を買って出る形で副大統領候補に名乗りを上げた。そして同年一一月の大統領選を経て〇一年一月二〇日、ブッシュと共にホワイトハウス入りを果たす。

9・11発生時、ホワイトハウスを留守にしていたブッシュに代わり、陣頭指揮を執ったチェイニーは当時、政権内最大の実力者であり、自身の「政治の師」であるドナルド・ラムズフェルド国防長官と緊密に連携しながら、アフガニスタンでの戦争を主導した。以降、「ネオコン（新保守主義者）」と呼ばれる親イスラエルの政権内強硬派を重用すると同時に、ネオコンを自身の権力基盤としながら、対イラン開戦に向けた歩を着実に進めていった。

後に筆者の取材に応じた複数の日本政府関係者が「この演説が転換点だった」と振り返ったように、ナッシュビルでのチェイニー演説は、対イラク開戦へ向けて潮目が大きく変わる転機となった。現に、この演説からおよそ二週間後の二〇〇二年九月八日には、国家安全保障担当の大統領補佐官コンドリーザ・ライスがCNNキャスターのウルフ・ブリッツアーのインタビューに次のように語っている。

「彼（フセイン）が核兵器を作るためのインフラや核科学者を手中に収めていることを我々は知っている」

「湾岸戦争の後、査察官が行った評価によると、我々が思っていた以上に粗野な核装置を手にするところまで迫っていた。恐らく、六か月だった」

ライスは湾岸戦争前にフセインが核開発を密かに進めていた経緯に触れた上で、さらにこんな確信に満ちた発言をする。

「問題なのは、彼（フセイン）がどれほどの早さで核兵器を取得できるのか、この点について幾分かの不確かさがいつもあることだ。だが我々は、きのこ雲をつくり出す煙の出ている銃を求めているわけではない」

「煙の出ている銃」とは明白な証拠のことを意味する英語の慣用句だ。「きのこ雲」は核爆弾が炸裂した後の惨状を示すことは、言わずもがなだろう。ライスの言は、国際原子力機関（IAEA）などがこの頃行っていた現地査察によって一〇〇％の証拠が出てくるのを待っていては遅い、フセインが核兵器を一度手にしたらもう後の祭りでその前に行動を起こす必要がある、と考えるブッシュ政権中枢のフセインに対する根強い不信感と焦燥感を露呈していた。と同時に、それは開戦を既定路線とするチェイニーら主戦論者の本音の発露でもあった。

3、インテリジェンスの政治利用

チェイニーやライスの発言があった二〇〇二年の夏、米国のインテリジェンス・コミュニティは中央情報局（ＣＩＡ）や国防情報局（ＤＩＡ）など一五ある情報機関の総力を挙げて、イラクＷＭＤ問題に関する連邦議会への機密報告書「国家情報評価（ＮＩＥ）」作成の詰めの作業をしていた。そのＮＩＥは一〇月に入って、議会へと提出される。

「私の（議会）人生において最も奇妙なＮＩＥだった」。ＷＭＤ問題を担当していた当時の上院上級スタッフは開戦から三年後の二〇〇六年三月九日、筆者のインタビューにこう語っている。ＷＭＤ問題に造詣の深いこの人物は、さらに証言を続けた。

「結論に反対する少数意見があれば通常、脚注に小さな文字で表示される。それも一、二行の記載だ。しかしこのＮＩＥは少数意見が数ページにわたり、青地に（強調を意味する）イタリック文字で表記され、さらに黒枠で囲まれていた。その上、科学的説明のための分厚い付属文書もあった」

この言葉から、二〇〇二年一〇月にＮＩＥがまとまった時点において、その結論に異を唱える情報機関があり、米政府内のインテリジェンス・コミュニティの見解が割れていた実態が分かる。

反対意見が出されたのは、イラクが二〇〇一年に入手を試みたアルミニウム・チューブ（以下、アルミ管と表記）を巡る評価分析だった。ＣＩＡが「アルミ管は核原料の高濃縮ウランを生成する遠心分離機用である」と主張したのに対し、エネルギー省は「ロケット用である」と反論していた。多数決で軍配はＣＩＡに上がったものの、フセインによる核開発計画の存在を裏付けるには疑念の残る判断だった。

この点に関し、ＩＡＥＡの元査察官デービッド・オルブライトは二〇〇六年二月一六日のインタビューで「ＣＩＡは、自分たちが（核開発用のウラン濃縮を行ってきた）オークリッジ国立研究所と同じ力量を持っていると信じていた」と語り、アルミ管を遠心分離機用と断定したＣＩＡに過信があったとの見方を示した。オルブライトによると、政府内で「アルミ管は遠心分離機用」との論陣を張ったのは、冷戦時代にウラン濃縮を行っていたオークリッジ（テネシー州）の施設からＣＩＡに移籍した「ジョー」と呼ばれる核専門家だった。

退官後ワシントンでシンクタンクを主宰し、今もワシントンの核政策コミュニティに影響力を持つオルブライトは、ジョーにまつわるこんなエピソードも明かした。

「二〇〇一年夏だったと思うが、ジョーはＩＡＥＡ本部を訪れ（アルミ管は）遠心分離機用だと力説した。だがウィーン（筆者註・ＩＡＥＡ本部のことを指す）の遠心分離機の専門家からは『あなたは間違っている』と指摘された。ところがジョーはワシントンに戻ると、ＩＡＥＡは自分（の見解）に同意したとＣＩＡに報告した。実際ＩＡＥＡはジョーの見解に激しく反対し、ジョーを無能だとみなしていたのに。（イラク戦争前は）こうした汚いやり口が横行していた」

ＩＡＥＡに太いパイプを持つオルブライトが詳述するように、ＩＡＥＡから手厳しく間違いを指摘された後もジョーは「アルミ管は核開発に使う遠心分離機用」との自説を頑強に主張した。そして、米中枢同時テロを受けて攻撃の照準をフセインのイラクに定め始めたチェイニーら主戦論者が、ジョーの見方を強く支持した。

オルブライトは、ジョーの専門性には問題があった、とも付け加えた。ジョーは米国型の遠心分離機には詳しいが、イラクが当初獲得を目指した欧州型の遠心分離機に関する「知見は限られていた」というのだ。

先述の上院上級スタッフも「実際（押収された）アルミ管を見た。私は見たその場で、これはロケット用だと断言した。遠心分離機のローター（回転部）にとても使える代物ではなかった。遠心分離機を知る者なら誰でも、この管では分厚すぎることに気付くはずだ」と強調していた。

米国は二〇〇三年三月の開戦後、CIAを主体とした調査チームをイラクに派遣して核開発の痕跡を捜索するが、確たる証拠は最後まで得られなかった。米情報機関が威信を懸けて作成したNIEの事実誤認は明らかだったのだ。それは、「開戦ありき」の立場に執着し続けた政治の側が、高度な客観性と中立的な専門性が求められるインテリジェンスをねじ曲げた帰結でもあった。

4、さらなる歪曲

歪曲は右記の核開発疑惑にとどまらず、生物兵器を巡るインテリジェンスに関しても行われていた。

二〇〇三年二月五日、ブッシュ（子）政権は国連安全保障理事会の議場に、米国のみならず世界から尊敬を集める政権幹部を送り込んだ。米軍制服組トップとして一二年前の湾岸戦争を圧倒的な勝利に導き、その後「黒人初の合衆国大統領」とも目された米国の英雄、コリン・パウエル国務長官だ。パウエルはこの日、対イラク開戦へ向けて国際世論を説得するため、米情報機関の用意した画像や音声を交えながら、「フセイン政権によるWMD開発」を鋭い口調で告発した。

パウエルが演説中に生物兵器開発の「証拠」として挙げたのが、「移動式生物兵器製造施設」だった。

パウエルは議場でこう明言している。

「イラクの生物兵器に関する我々の分厚いインテリジェンスファイルの中で最も懸念するのが、バイオロジカルエージェント（筆者註・細菌やウイルスなどを指す）を培養する移動式製造施設だ。インテリジェンスファイルに基づき、目撃者の証言から我々が知り得たことを皆さんと共有したい。我々が得ているのは、車両の上に載った生物兵器工場に関する一次情報である。これらのトラックや列車は簡単に移動でき、査察官の探索を逃れられるように設計されている」

パウエルは、フセイン政権の内情に通じているという「目撃者の一次情報」に依拠しながら、次のように言葉を継いだ。

「ものの数か月のうちに、湾岸戦争前の数年間に製造したとイラクが主張してきた量と同等の生物毒素を彼らは製造できるようになる。移動式の製造計画は一九九〇年代中葉に始まったが、国連の査察官は当時、この計画に関するおぼろげなヒントしかつかめなかった。それが二〇〇〇年に入り、確認されるところとなった」

パウエルは、「移動式生物兵器製造施設」の絵図をスライドで見せながら、全世界に向かって、フセイン政権による生物兵器開発は紛れもない事実だと訴えた。パウエルの当時の側近で、退官後の二〇〇六年三月七日に取材に応じたラリー・ウィルカーソンによると、ウィルカーソンはパウエルの命を受け、演説の五日前からワシントン郊外にあるＣＩＡ本部に乗り込み、情報の真偽を問いただしながら、演説草稿の推敲を数日にわたって重ねた。驚くことに、超多忙であるはずのパウエル本人までもが、ＣＩＡに足を運んだという。

パウエルの盟友で当時の国務副長官リチャード・アーミテージも二〇〇六年三月一五日のインタビューで次のように語っている。

「パウエル長官も、ウィルカーソン大佐も、そして私も多くの時間をＣＩＡで費やした。長官は木曜（一月三〇日）、金曜（三一日）、土曜（二月一日）とＣＩＡに出向いた。彼が国務省を離れていたので、私が役所に残った。そして土曜だ。自宅にいたら（パウエルから）電話がかかってきて『明日一緒にＣＩＡに来てくれないか』と頼まれた。私はもちろん行くと言って、日曜はＣＩＡで一緒に過ごした」

開戦にもともと消極的だったパウエル本人にとって、「米国で最も信頼されている人物」（ウィルカーソン）を国連の場に送り出すアーミテージらにとって、また戦争ではなく外交のプロである国務省にとっても、パウエルの国連演説は決して間違いがあってはならない大一番だった。だからこそ、国務省首脳部が最後の最後まで自らファクトチェックを重ね、細心の注意を払ったのだ。

5、カーブボール

しかしイラク戦争が始まり、フセイン政権が打倒された後、米軍がいくら探索しても「移動式生物兵器製造施設」はおろか、その片鱗すら見つからなかった。なぜなら、パウエルが国連安保理で披歴した「一次情報」には嘘が仕込まれていたからだ。アーミテージのさらなる証言を以下に紹介したい。

「CIAは彼（パウエル）をミスリードした。完全に間違っている内容を（演説に）加えたい政府内の勢力がプレッシャーをかけてきて、彼はその情報を基に演説した。しかしながら、我々はできる範囲において最善を尽くした。（演説に盛り込まれた個々の情報を吟味するパウエルに）CIAは『この情報は大丈夫だ』『これは確かな情報だ』と説明し、納得させていった。移動式施設の情報を提供してきたのは『カーブボール』だ。我々と（国連演説前にCIA本部内の）同じ部屋で作業をしていたCIAスタッフの中には、カーブボールが（信用の置けない）悪筋の情報源であることを知っている者がいた。だがCIA側はそのことを我々に伝えなかったのだ」

カーブボール——。パウエルが演説で「証拠」として示した「移動式生物兵器製造施設」の情報を提供した亡命イラク人のコードネームだ。ドイツ情報機関とつながっている。アーミテージによると、パウエルはCIAに対し、カーブボールの情報は裏付けがあるのか、きちんとドイツ政府にも確かめたのか、と真偽の確認を迫ったという。ウィルカーソンもインタビューで次のように証言した。

「後になって知ったのだが、ドイツはジョージ・テネット（CIA長官）やジョン・マクローリン（同副長官）らに電話し（カーブボールの情報源としての問題性を）伝えていた。カーブボールを巡っては、CIAの多くの者が（その情報の採用を）留保していたとも後で聞かされた。しかし、そのことを誰も国務長官に上げていなかった」

CIAの現場は、ドイツからの情報を基にカーブボールが信用に足る情報源ではないと早くから疑っていたのだ。開戦前の当時、フセイン政権を打倒するためにイラク国外で活動する反体制派は米国や欧州諸国にさまざまな情報を流していた。米国にイラク戦争をけしかけようと、怪しい類いの情報や虚偽情報をワシントンやベルリンに伝えた者もいただろう。カーブボールはそうした範疇の情報源だったとみられ、開戦の「大義」にかかわる最重要情報の真偽確認を託していい人物ではなかったのだ。

そして、CIAのプロたちもそのことに気付いていた。ところが実際は、パウエルら国務省サイドにはカーブボールに関する留意事項が何ら伝えられないまま、この怪しげな情報源の話に依拠する格好でパウエルは国連の場に送り込まれた。CIAトップのテネットは、部下の疑念や異論を封じ込めることで、ブッシュ政権内の主戦論者、つまり「開戦ありき」を決め込んだ政治のダイナミズムに荷担したと言える。

そのやり方は、イラク戦争前のCIAの内部調査で9・11の首謀者であるアルカイダとフセイン政権の「結合」を確認できる具体的な情報が見つからなかったにもかかわらず、それがあるかの如くパウエルに国連の舞台で説明させた術策と同根だ。米国屈指のインテリジェンス機関の頂点に立つテネットはこの時、あまりにも安易でアンプロフェッショナルな道を選んだとしか言いようがない。

6、現代アメリカに落ちる色濃い影

ブラウン大学とボストン大学が二〇一九年一一月に公表した研究結果によると、米国は二〇〇一年の米中枢同時テロを受け、アフガニスタンやパキスタンを中心とした約八〇か国での対テロ戦争、〇三年開戦のイラク戦争とその後のシリア内戦に絡み、総額六兆四〇〇〇億ドル（一ドル一〇〇円換算で六四〇兆円）の戦費を使ってきた。うち一兆ドルは戦地で心身を傷つけられた退役軍人のケアに必要な費用であり、今後数十年間に見込まれる支出も含まれている。この一兆ドルは今後膨らむ可能性もあるという（Neta C. Crawford, *United States Budgetary Costs and Obligations of Post-9/11 Wars through FY2020: $6.4 Trillion*, November 13, 2019）。

日本の年間防衛費の一〇〇年分を優に超える金額であることを考えると、この数字がいかに途方のないものか、また米市民の財政負担がいかに大きかったかを、一定のリアリティをもって実感することができる。

さらに、超大国だった米国が負った傷は財政的な損失だけではなかった。ブラウン大学の調査によると、アフガン、パキスタン、イラクで命を落とした米兵は七〇〇〇人を超え、加えて米軍属の死者数は約八〇〇〇人にも上る。また一七〇万人が戦闘行為に起因した障害を持ち、二〇〇四年以降、米軍内の自殺率が急増したという。同盟国、アフガン、イラクの軍・警察の死者数は一一万人を超す。市民の死者に至っては中東全体で三三万人以上だ。（同大ホームページ Costs of War）。これだけの甚大なコスト、ましてや無数の尊い人命を奪ってまで米国と同盟国にもたらされた果実とはいったい何だったのか。

ブッシュ（父）時代からの宿敵フセインはいなくなったが、その後「イスラム国」（ＩＳ）がイラクやシリアで根を張り、シリアでは今も凄惨な内戦が続いている。現在のバイデン政権は二〇二一年四月にアフガンからの米軍の完全撤退を決め、二〇年間続いた戦争に終止符を打つ方針だが、反政府武装勢力タリバンの力がいまだ衰えない中、アフガンが大規模テロの震源地に今後ならないとの保証はゼロだ。アルカイダの掃討と弱体化には成果があり、イラクは膨大な犠牲を伴いながら曲がりなりにも民主的な体制へと移行した。ただ、それ以外に明確な果実と呼べるものが見当たらない。

二〇年前よりもカオスの様相が深まった中東情勢。その混沌化の過程において米国が失ったものはあまりに大きかった。戦費に消えた巨額の財源、大切な兵士らの命と家族との暮らし、そして冷戦に勝利した「世界唯一の超大国」に対する国際社会の信頼…。米国衰退の源流となった最初の「転換点」であるイラク戦争が、二〇二一年のいま新たな「転換点」に直面する現代アメリカに落とす影はあまりに濃い。

9・11後の二〇年

河東《かわとう》 哲夫《あきお》

日本版 Newsweek のコラムニスト。二〇〇二年まで外交官としてソ連・ロシア、米国、西欧、中央アジア等で勤務。最後は在ウズベキスタン・タジキスタン大使。著書に「意味が解体する世界へ」等。

二〇〇一年九月一一日、筆者は在ロシア大使館の公使室で執務していた。日本人秘書が入ってきて、「アメリカで何か変なことが……。飛行機がビルにぶつかったみたいなんですけど」と言うのでCNNを見るとその通り。二機目が突っ込んだのを見て、テロだと思った次第。

この事件は米国の外交政策、そして世界を大きく変えた。米国はアフガニスタンだけでなく、イラクでも軍事力で「レジーム・チェンジ」を図った。「米国は特別――つまり国際法の枠外の存在」という言い方（exceptionalism と呼ばれた）が広まり、米国はNATOを旧ソ連のバルト諸国にまで拡張し、ロシア国内でも反政府運動を支援してロシアを追い込み、途上国の専制主義政権転覆への支援も強めた。これは、「グローバリゼーション」への反発をこれら諸国の既得権益層の中に生んだ。

二〇〇一年後の二〇年間は、米国のライバルがソ連（経済面では日本）から中国に替わった時期である。中国のGDPはドル・ベースで二〇〇〇年代四・七倍に膨れ上がった。胡錦涛政権は、この高度成長の生みの親である鄧小平の「韜光養晦」の教えを守り、低姿勢で一貫したが、二〇〇八年のリーマン危機を六〇兆円相当の内需拡大で乗り切ると、米国と同等の力を築いたと思い込み、習近平国家主席を先頭に一九世紀までの中国の版図の回復を主張し、米国との「冷戦」に至っている。

この間日本は、一九九〇年バブル崩壊後の「失われた二〇年」のただ中にあり、二〇一二年からのアベノミクスで衰勢をしばし食い止めるも、現在のコロナ禍で、ワクチン接種率で世界六〇位（四月一三日現在 https://news.yahoo.co.jp/articles/058fd84e494734fd7dc094d1ffd0dfb95d9faa9e）という、ガバナンスの劣化ぶりを見せつけている。

以下、この二〇年の世界とその中での日本、そして世界と日本の今後を論ずることとしたい。

1、この二〇年間に起きたことの意味

(1) 産業革命に乗れなかった国々からの抗議と脅迫

国際情勢にはいくつかの対立軸がある。大陸プレートがぶつかり合う時、地震や噴火を起こすのに似て、

これら対立軸が世界の情勢を規定する。その対立軸をいくつか挙げてみたい。まず、「産業革命に乗れた国」と「乗れなかった国」の間の対立の話しだ。

九月一一日事件の背景にいたビン・ラディンのアル・カイダとか、二〇一〇年代シリア、イラク等で猛威を振るったISなどのテロ組織の根底には、根源的な生存欲望がある。彼らにとりテロは、収入と権力を獲得する手段なのだ。ビン・ラディンの場合は、一九八〇年代、米国の資金を受けてアフガニスタンでソ連軍と戦ったわけだが、お役御免になると、今度は昔の雇い主に牙をむいて、反米・反イスラエルを旗印にアラブの金持ちを脅してカネを巻き上げた。こうした組織には、途上国の青年たちが出稼ぎ気分で応募する。そして先進国の青年の中にも、資本主義や「グローバリズム」と戦うために応募する者がいる。

この構図は、産業革命と市民社会を実現した先進国、特に米国と、産業革命以前の文明に生きる者たちの間の対立、という色彩を帯びる。米国に対するテロは、西側資本と文化の進出で自分たちの利権と権威を奪われようとしている、旧社会主義諸国、専制主義的途上国での既得権益層の気分を代弁するものでもあるからだ。

産業革命に乗れた国と乗れなかった国の間では、価値観、行動原理が大きく異なる。前者は基本的に法、契約、合理主義を重んずるが、後者はむき出しの力、そして縁故関係で動く。

一九九一年のソ連崩壊で、米国の思想家フランシス・フクヤマは近代の自由・民主主義が勝利した、歴史は終わったと書いたが、彼はソ連ばかり見ていたのだろう。

（2）米国の自信過剰――グローバルな民主化運動「色付き革命」

日本では全く知られていないが、米欧諸国のNGOには、旧社会主義諸国、途上国で民主主義、市場経済の効用をまるで昔の宣教師のように説教・指南しているものが多数ある。その多くは純粋な使命感・人道主義に駆られたものだが、民主化を大義名分に募金を集めることを狙うもの、あるいは公的助成金を得て他国での反政府勢力を助け、政権転覆＝レジーム・チェンジを図ろうとするものがある。

二〇〇三年グルジア（ジョージア）、二〇〇四年ウクライナで、米国NGOの指南・支援も受けて、現地野党勢力が選挙開票の結果に難癖をつけて大衆運動を組織し、その力で政権交代を実現した。前者は「バラ（あるいは桃色）革命」、後者は「オレンジ革命」と呼ばれたので、「色付き革命」と総称されるようになる。この色付き革命への恐怖は今でもロシア、中国の指導者の心中に根強くあり、米国に歯向かう要因となっているのである。

これら米国のNGOは、公的な助成金を受けているが、その活動ぶりは、米国大統領、国務省の展開する公式の外交路線と食い違う例も多かった。現地の政権の対米姿勢を硬化させてしまったのだ。筆者がウズベキスタンで勤務していた当時、大統領はカリモフ氏であったが、彼は筆者に対して米国のNGOがグルジアで民主革命を演出したとして強い警戒心を表明し、しばらくしてウズベキスタンの基地から飛び立ってアフガニスタンでの作戦を展開していた米空軍を追い出すと、米国のNGOをほぼ全面禁止にしてしまう。当時の米国大使は筆者に、米国NGOのやっていることは国務省地域局の政策に合うものではないのだが、自分としては何もできない、これらNGOは米国の政党を後ろ盾にしているので、とこぼした。

これらの民主化支援、レジーム・チェンジの動きは、米国内で「ネオコン」——工作と軍事力で自由と民主主義を実現する——系人物が何人も政権の要職についたことで、二〇〇〇年代猖獗を極め、トランプ政権でやっと止まることとなった。その間、レジーム・チェンジの波はリビア、エジプト等の情勢を大きく不安定化。政権転覆の後は内戦状態になったり、それまでの野党が利権を独占して専制主義化したりして、一般国民はただ苦しむところとなっている。あおりを受けたシリアでは、七〇〇万人弱もの難民が生まれた。

(3) 米国のガバナンス喪失——党派対立・国内格差・人種対立の激化

どの国でも、上に立つ者(エリート)には、自分のことしか考えない者が多い。市井の人間がどんなに困っているか、関知しないのである。ソ連崩壊後の一九九〇年代、ロシアは大変な混乱と経済困窮に陥った。路上では老婆が亡き夫の靴下を売って、その日のミルク代を稼いでいた時代である。ところが、その頃少年・少女時代を送ったロシアのセレブの子息・息女に聞いてみると、「そんな時代があったのは気が付かなかった」と言う。

エリートのエゴイズムは米国にもある。そして世界全体の運命を左右する米国でのエリートのエゴイズムは、世界にとっての悲劇を生む。つまり、前出の民主化運動と同様、米国自身が紛争を生み出すのだ。

米国エリートのエゴイズムの典型は、ウォール・ストリートでのマネー・ゲームである。もともと一九七〇年代から米国は製造業の海外への流出——日本からの輸出攻勢と米国内労組の賃上げ要求の板挟みに会ったのである——で、一般家庭の所得の伸びは止まっていたのだが、一九九〇年代クリントン時代の政府と議会が金融規制緩和でマネー・ゲームを助長、これで経済成長を演出しようとしたことが、カネでカネを作る不当利益獲得への風潮を生んだ。一九九九年には一般の銀行による投機的投資が解禁されたことで(グラス・スティーガル法の緩和)、マネー・ゲームは膨れ上がる。これは、米国の一握りの階層の所得を膨らませただけで、所得格差は広がる一方となった。

二〇〇三年のイラク戦争で、米国の財政赤字は膨れ上がり、これもカネ余りに油を注いで、二〇〇八年のリーマン金融危機に至る。米国は大々的な公的資金の注入、つまり財政資金を使っての大盤振る舞いと、金融の大緩和でこの危機から急回復するのだが、この回復分の多くは一握りの高所得層に独占されて、景気回復の浸透と雇用の回復には時間がかかった。

これで不満を募らせた国民のうち、白人の保守層がトランプをかついで、内向きな政策と国際的合意の軽視をもたらす。これは中国との経済関係を大いに緊張させたし、欧州の同盟諸国との関係も大きく悪化させた。トランプは生業の不動産業仕込みの、没価値で荒っぽい外交に終始し、自由と民主主義の盟主としての米国のイメージに、大きなダメージを与えた。

米国の政治はバイデン大統領の時代になっても、民主・共和両党、ほぼ半々に引き裂かれたままで、双方の支持者たちは、相手の政党は自分たちの権利と生活を破壊すると固く信じ込んでいる。これは、米国の内政だけでなく外交の足も引っ張るものである。こうなったことの基本的背景には、生活水準の停滞、格差の増大があり、それは米国エリートのエゴイズムを制御するのに失敗したことに起因する。

一言で言うならば､米国を傲慢な一極主義に向かわせ､国内の格差拡大でガバナンスを失わせて｢オウン・ゴール｣の道に引きずり出した点で、九月一一日のテロは｢米国を世界の覇権国の座から追い落す｣というビン・ラディン達の大言壮語を、けっこう実現させるものになったとも言えるのだ。ドルが世界の取引で主要な通貨であり続けていること、米軍がグローバルな展開を維持していることから、米国の覇権はまだまだ崩れていないのだが、米国後退の臭いは次第に強く漂いつつある。

(4) 中国の台頭とその歩留まり

中国の経済は二〇〇〇年代にGDPを四・七倍に増やしたが、これは工業製品の輸出と国内でのインフラ建設に支えられていて、原油価格次第でGDPを大きく上下させるロシアよりは足腰の強いものになっている。しかし､｢中国経済が強いのは共産党主導の集権体制によるものだ､西側もこれを模倣するべきだ｣と言うのは過大評価で、ものごとの本質を見ていない。中国経済の高度成長は自力によるものではない。

農業と軽工業の規制緩和による自力での成長は一九八〇年代に見られたが、これは破綻して、学生たちの不満は一九八九年の天安門事件で爆発する。これを受けて､当時実権を握っていた鄧小平は一九九二年、外国資本誘致のための優遇措置を設けることを提唱する。翌年から香港、そして台湾からの投資が急増。じきに日本、西側企業による直接投資のブームとなって、北京、上海等は工場、オフィス・ビルの建設ラッシュとなった。当時は、まだ竹で足場を組んで高層ビルを建設していたものだ。

二〇〇〇年代にはこれら外国企業の工場は大きな貿易黒字を生み出した。その額は二〇〇五年以降は毎年一〇兆円相当を越え、これを信用のベースとして、中国は官民で多額の銀行融資を提供し、新幹線、ハイウェー、高層ビルといったインフラ投資でGDPの四〇％を支える経済を作った。今でも貿易黒字は五六兆円相当（二〇二〇年）に上っている。輸出の四〇％は外資系企業によるものと目されているし、産業の基本となる半導体の自給率は一五％に及ばない。中国はとても自力で経済を維持しているとは言えないのである。

そうした中で財政赤字が二〇二一年で六〇兆円相当を見込んでいる状況は、一九八五年のソ連が直面していた状況を思わせる。ゴルバチョフはこれに一種の規制緩和で対応しようとして、国内の経済メカニズムを却って破壊。ソ連崩壊に至るのである。

それでもGDPが世界二位になった――そのうちの四〇％はインフラ投資という、利益率が低い「食えない」ものなのだが――ことは、経済力をうわべでしか判断しない現在の中国指導部に妙な自信を与えている。習近平国家主席は、あらゆる場面で「米国の言うことにはもう従わない」ことを国是とし、一九世紀にアヘン戦争で敗れるまでの中国の国威、版図を回復することを目的としている。

これは、自分の力が相手にかなり依存していることを知らない暴挙で、今の世界における最大の対立軸の一つ、つまり米中冷戦の原因となっている。それまでは、資本、技術をめぐる世界の相互依存関係はうまく回り、米欧日は資金・技術・製造機械・先端素材・部品を供給、韓国・台湾・中国・ASEANは最終製品の製造と組み立て、そして製品の主たる消費地は米欧日ということで、一種の共生関係とも言えるサプライ・消費のチェーンが成立していた。胡錦濤政権の時代までは中国の識者も筆者に対して、「中国の発展のためには安全で安定した周囲の環境が必要。東アジアでは米国がこの安定を維持してくれていることを、中国は認識している。同じ伝で、日米安保関係も是認している」とはっきり言ったものだが、中国はこの安定を自ら放棄したのである。

(5) 内向き日本の矮小化

日本はこの間、一九九一年のバブル崩壊以来の「失われた二〇年」の渦中にあり続けた。その間、日本は半導体産業の多くを米韓台に譲ることとなったし——これは米国の圧力のためと言うよりは、日本の企業が方向を誤ったからである——、携帯電話でも日本発のｉモードの世界普及に失敗したことに象徴されるように、家電産業全体が世界市場での存在感を失うことになった。

この間日本経済は、何度か仮初めの——と言うのは輸出主導の——回復を見ている。二〇〇四年には「平成の大介入」でドルを買い上げ、それで米国国債を買い増した。その実体は米国のイラク戦争への「融資」であっただろうが、同時に米国公認で円安を実現、つかの間の輸出主導の成長回復を演出することができた。また二〇一二年からはアベノミクスの異次元緩和でも、オバマ政権からお目こぼしの円安を実現。七年間にわたって、成長回復への淡い望みを持ち続けることができた。

それでも、日本は経済停滞の基本トレンドから脱却できていない。他の先進国でも、内需不足、経済のデフレ基調が問題になっているのだが、米欧諸国はこれを規制緩和による金融業の膨張と、紙幣増発による自国通貨の切り下げで輸出を振興することでしのいだ。日本は（アベノミクスまでは）このやり方を控えた。日本経済は自動車、工作機械、半導体製造機械、半導体用化学材料、電子部品等の製造業でしっかりした基盤を維持しているが、金融業をバブルで膨らませることはしなかったために、世界経済の中で落伍した印象を与えたのである。

国土も人口も比較的小さく、人間が知力、スポーツで特に秀でているわけでもない日本は、戦争で自分を屈服させた米国に安全保障を依存してきたし、世界の論壇でオピニオンを率いることもなく、かつ中国のように国内に大きな市場を持つわけでもないため、不当に軽視されやすい。それに明治維新以来、日本は米欧諸国にとって、自分たちの得にはあまりならず、かえって自分たちから利を吸い上げていく異人種の国——要するに仲間ではない——でもあったのだ。

こうして日本は、国際政治・経済の場で矮小化の一途にある。安倍政権は残った国力を活用し、日本を「見える化」したが、それでも矮小化の底流は強く、安倍退陣とコロナ禍で、日本は世界で再び埋没してきた。

2、これからの世界と、その中での日本

では、これからの世界はどうなるか？　米中など主要なアクターはどうなり、産業革命後、自由・民主主義の普及を「進歩」だととらえて進んできた世界の文明はどう方向を変えるのか？　その中で、日本はどう生き、何をやっていったらいいか？　そういった問題を考えてみたい。

（1）米国は小休止、あるいは恒常的麻痺？

米国は、一八六一年から一八六五年の南北戦争の前後、内政だけでなく外交も麻痺した。一八四八年カリフォルニア州をスペインから奪って以後強めた太平洋方面への進出の動き——一八五二年のペリー提督の大遠征がその象徴——も小休止となった。米国が国際政治の舞台に再び登場するのは、一八九八年の米西戦争とその結果としてのフィリピン掌握、同じ年のハワイ併合等の時である。それでも第二次大戦後、世界の政治・経済体制の勧進元となる前は、世界全体を差配することは、その負担を怖れて避けた。

前述のように今、米国では民主・共和両党の争いが常識の域を超えて、ほとんど生存権を賭けた——と多くの者が思わされている——、妥協を許さないものとなっている。実際にはその争いは生死を決するようなものでないことに、いつか気がついてしかるべきと思うのだが、武器の所持が野放しの米国では、それに気が付く前に銃の引き金に手をかけやすい。

バイデン大統領は今のところ、米国外交を正規の軌道に戻した。トランプ大統領のワンマン社長スタイルは過去のものとなり、バイデンは国家安全保障会議、国務省、国防省、ＣＩＡ等の人事をしっかり握った上で、細部の運営を彼らに委ねる。またバイデン政権は、米国のソフト・パワーの柱である「人権と民主主義」の旗印もしっかり掲げるようになった。

しかも米国の経済は、中国に比べて土台がしっかりしている。中国の製造業は海外企業の直接投資に大きく依存しているが、米国の製造業は自前のものが多く、工業生産額では中国に抜かれたものの2位の座を維持。宇宙からエネルギー開発機器まで、作ろうと思えば作れないものはない。先端技術開発では、拠点をシリコン・ヴァレーからフェニックス、シアトル、デトロイト、ボストンと分散させつつ、活力を維持している。そこには世界中から、最高の頭脳が流入を続けている。起業に有利な法制、融資体制が整っているからである。

しかしバイデン政権の主要な関心は、二年後の中間選挙で勝つこと、そして四年後トランプ勢力の巻き返しを防ぐことである。国防予算は抑制する構えでいるし、対外経済援助は増やす構えでいるものの、二〇〇三年ブッシュ・ジュニア政権が打ち上げたMillennium Challenge Account（ＭＣＡ）構想で起きたように、途上国でしっかりした案件が不足しているために、予算も消化できない状態が起きるだろう。

バイデン政権はオバマ、トランプ両政権と同じく、海外での新規武力介入を控える。アフガニスタンからは撤退するし、ウクライナあるいは南シナ海で戦闘に参加することはないだろう。またオバマ時代までは手を緩めなかった海外での「色付き革命」への支援は、トランプ時代に政府からの助成金が縮小されたようだし、これの後ろから糸を引いていたＣＩＡには、新長官として外交官出身のウィリアム・バーンズ元在ロシア大使が就任。彼は、レジーム・チェンジのような策動・工作には後ろ向きと言われている。

こうしてバイデン政権は、同盟国も巻き込んだマルチの外交、そしてバイデン大統領による「口先の」介入に終始することと思われる。

ドローンの普及、電波・ＩＴ技術の普及で、局地戦の戦法は大きく変わり、貧困国でも十分有効な戦力を築くことができるようになった今、米軍はこれまでの絶対的優位を失いつつある。今後、中国海軍が台湾制圧などによって――それは簡単ではないが――、太平洋に進出した場合、米海軍にとって日本の基地は使いにくいものとなり、日米同盟も揺らぎかねない。

そして、リーマン金融危機を乗り切るための金融緩和が慢性化し、トランプによって無責任な域にまで高められた結果、不良債権が増大している。これはそのうちには破裂して二〇〇八年並みの危機を起こすだろう。米国はこれをドルの大増発で乗り切り、諸国に先駆けて成長を回復するだろうが、成長の利益はリーマン危機後と同じく一握りの富裕層に独占され、格差社会の分裂は一層進むだろう。

バイデン政権は米国一国で世界を差配するよりも、イシューごとに立場を同じくする国々を集めて対応する、多国間の動きを重視する構えを見せている。しかし国内で労働組合を力の基盤としているために、TPPなど貿易自由化の動きには加わり難い。EUとの自由貿易協定（「EU・米国間の包括的貿易投資協定」TTIP）締結も簡単にはいかないだろう。

トランプ大統領は「強い米国」の復活を標榜したが、その独りよがりの外交はかえって米国への信用を失わせ、その退潮を強めることとなった。バイデン政権は、これをどこまで回復できるかわからない。世界は、米国の国内世論の分裂を目の当たりにし、いつまた「トランプ的な米国」、いや、第二次世界大戦後まで米国の基調にあった内向き志向が政権の座に戻るかもしれないという疑念をぬぐいきれないでいる。

(2) 中国の大国化は不確定

中国は、自分の成功に過早に酔って、「戦狼外交」という言葉が示すように、周辺で無暗な紛争・対立を頻発させ、これを抑制しようとする米国と実力を越えた張り合いを繰り返している。これはソ連の誤りをそのまま繰り返しているのである。既に少し述べたが、一九七〇年代ソ連は、二度の石油危機の結果起きた原油価格の暴騰で仮初めの繁栄を築くと、それに自らだまされて一九七九年のアフガニスタン侵入を起こして西側から制裁を強化され、一九八四年以降の原油価格暴落で財政赤字と不良債権の山を作って、自ら崩壊したのである。今、中国の財政赤字は年間約六〇兆円相当。そして不良債権は二〇二〇年、約五〇兆円分が処理されている。まだ危機的ではないが、ボディー・ブローには確実になっている。

既に述べたように、中国の経済は張子の虎の性格を強く持つ。それは収益性の低いインフラ投資の大盤振る舞いで底上げされているし、何度も言うように輸出の四〇％は外資系企業によって行われている。中国での賃金水準が上昇し、かつトランプの中国産品関税引き上げに見られたように、輸出の収益性も保証されないとなると、外資系企業は中国からの脱出をはかるだろう。彼らを中国につなぎとめているものは中国の巨大な国内市場（それでも中国での消費市場は米国の半分に満たない）と、中国に彼らが築いた部品等のサプライ・チェーンの分厚さなのだが、かつて鄧小平が設けた外資への優遇措置は既に廃止されているため、中国の国内市場では中国の企業との過当競争にさらされていくだろう。またサプライ・チェーンは彼らが本国から連れてきた下請け企業も多く、ベトナムやその他の国に移転できないものでもない。

習近平政権が、民営企業を圧迫し、国営企業を優遇する政策を取っていることは、経済の活力を抑えるものとなろう。西側では中国経済の当面の成功を見て、集権経済こそ希望の星であるかのように考える向きが増えているが、筆者はソ連、ロシアの現実を見てきたので、そのようなことは全くないと断言できる。

集権経済とは、自分の企業の発展に生涯をかける企業人ではなく、共産党の人事部（組織部）での評価を上げることに生涯をかける役人（党官僚）――彼らは一つの企業でのポストをつつがなく勤め上げると、別の企業や政府機関に異動していく――に企業の運営を委ねることを意味する。日本の官僚がコロナ・ワクチンの輸入さえろくにできないのを見てもわかるように、役人に商取引を委ねてはいけないのである。

中国は先端科学技術でも米国をしのぎつつあるかに言う人もあるが、おそらくそうはなるまい。先端技術は少数の天才のアイデアだけでは実現しない。半導体の場合、先端のものを作ることのできる機械、化学材料、電子部品、そして無数のエンジニアが必要なのであり、これは米欧日韓台企業に独占されている。今の世界で「ココム」（ソ連・中国への先端技術輸出を統制した、西側諸国間の仕組み）を知っている人は少ないが、筆者は冷戦時代、これを担当したことがある。コンピューター、工作機械等のうち最先端のものの入手を禁止されたソ連は、兵器も含め、あらゆる工業製品――ジェット・エンジンからヴィデオ録画機まで――の生産で大きく後れたのである。

中国は米国との対立に直面し、世界で仲間を増やそうとしている。それは毛沢東の時代、「三つの世界」論を唱え、自らを発展途上国と自認して、世界中の途上国を味方につけようとした時を思わせる。しかし当時も今も、途上国のすべてが反米で中国と組むわけでもない。多くの国は黄色人種に違和感を持っているのがデフォルト状態なので、これらの国とは「カネの切れ目が縁の切れ目」ということになる。既に中国の対外融資は激減しており、逆に米欧日はインフラ建設のための融資を増やそうとしている。

人民元は一九九二年と二〇一〇年の間に、七七％切り上がっている（対ドル）。今後貿易黒字が減少し、海外資金が流出する場合には、その過程は逆となり、人民元は切り下がり得る。ロシアのGDPが油価の上下で八〇%弱も上下するのに似て、中国のGDPも急減し得る。

(3) EUの停滞

EU、あるいは英国も含めた欧州は、産業革命と近代市民社会構築の故地であり、今でも隠然たる政治・経済力、そして世界の知をリードする力を保持している。製造業に偏重していると言われたドイツでも、IT、AI分野での世界的大企業を持っている。

しかしEUは英国が抜けたことで、GDP総額は大きく減少し、二〇二一年には中国に抜かれる趨勢となっている。EU強化の旗を振ってきたメルケル・ドイツ首相は二〇二一年九月の総選挙を機に退くし、メルケルと共にEUを支えてきたマクロン・フランス大統領も二〇二二年には選挙を迎える。EUではコロナ禍が片付いておらず、経済不振がもたらした青年の一部のファッショ化の現象も克服できていない。ドイツの経済力でスペイン、イタリア等南欧諸国の経済を支えるという意味を持つ、コロナ復興のための基金(七五〇〇億ユーロ)創設も、機能し始めるのはまだこれからだ。

それでもウクライナやイランのような地域紛争では、ドイツ、フランス、英国といった個別の国家が持つネーム・ヴァリューはまだ健在だし、フランスと英国は国連安保理常任理事国で拒否権も維持している点で、国際政治では大きな力をまだ維持している。そして欧州は、「自由・民主主義」の老舗であり、イラク戦争以来すっかり色の褪せた米国流「自由・民主主義」に比べて、権威を失っていない。

(4)「進歩」は有効か、AI文明は何をどう変えるのか

今の世界は、一九世紀の産業革命＝工業化の恩恵が世界に広がっていく過程にある。現在は、アフリカのいくつかの国で経済発展が顕著である。工業化は中産階級を生み、それをベースに民主主義が広がる、それが「進歩」だ。これからも進歩は続く——というのが、これまでの筆者の理解だった。

しかし九月一一日事件以後の二〇年間の歴史を見ると、疑念がわく。結局、社会における格差がなくならなければ、ポピュリズムやファシズムが民主主義を圧倒し続けるだろう。

それでも人間はいがみ合い、殺し合いを続けながらも、物質生活・サービスは確実に向上していく。ロボットやAIの普及で生産性が飛躍的に向上し、働かなくても生きていける社会が実現すれば、人間は向上意欲を失い、怠惰か無用の喧嘩で日を過ごすようになるかもしれない。そんなことにならないよう、今から手立てを講じておかねばなるまい。どうしていいのか、筆者にはまだわからないでいるが。

(5)日本——まだ近代国民国家ができていない

こうした世界の中で日本はどう生きていくか？「四月現在、コロナ・ワクチン接種率は世界で六〇位」が、日本人の国内ガバナンス、そして対外折衝能力の位置を如実に示している。課題は多い。ここではまず基本の基本、日本を一つの国家としてまとめていた「糊」が最近緩んできて、日本は一つの国家としての機能を失ってしまうのではないかという恐怖感について述べておく。

国家は当たり前のものではない。それは人間が作ったものだ。一九九一年、筆者の眼前でソ連という大国が文字通り消失した。日本の場合、国の統一は信長・秀吉によって回復されて、まだ四〇〇年強である。

今日本では、戦後の日本を曲がりなりにも一つにまとめてきた所得上昇という夢が消えている。しかも米軍による占領の遺物としての日米同盟体制が日本国内のイデオロギー的対立――保守と革新、つまり戦前の超国家主義とマルクス主義の対立――を抑えてきたのが、米国の力の後退と中国の台頭で相対化しつつある。中国が台湾を制圧し、米軍が日本から去るような場合には、保守・革新の対立が息を吹き返し、日本は米中の間、あるいは無鉄砲な国粋主義で、頼りなく揺れ動くようになるかもしれない。

そもそも信長・秀吉による再統一後、日本は近代欧州型の、民主主義に基礎を置く国民国家をまだ十分確立していないのだ。米欧諸国、特に北欧・ベネルクス諸国では、政府は国民が作り上げた、自分達のものなのだという「オーナーシップ」の感覚が、建前ではなく実感として確立しているように感ずる。そこでは、自分の権利だけでなく、他人の権利も同等に尊重される。個人的に親しいわけではない他人は一からげにして、publicとして意識される。両者の間に上下関係はない。Public（社会）の掟を守ることは別に強制されてそうするのではなく、儒教のような長幼の序列に強いられてそうするのではなく、同等の権利を持つ他人の集合体を尊重する気持ちから、自発的にそうするのである。つまり北欧諸国では、publicと個人は分離したものではない。

ところが日本では、農村の村落共同体を出てばらばらになった個人を束ねる仕組み、論理が確立していない。欧州の人間のような「個人」、あるいは「市民」としての意識を持たず、ただ他者との交流を断って自分のからに閉じこもる者が出やすい。そうした人間は、政府、地元の役所から多くのサービスを受けていながら、税金を取られること、自分の生活に立ち入られることに過剰に反発する。Publicに一切の権利を認めないのである。彼らにとってはpublicは自分と無関係の存在、あるいは昔の「お上」で、できるだけ触りたくない存在なのである。

このような社会を、明治維新後一つにまとめてきたものは、戦前は教育勅語に体現された、天皇を頭とする疑似絶対主義体制――明治憲法の立憲君主制は外国向けの外面の話である――、そして戦後は既に述べたように、所得上昇への望み、そして日米同盟であっただろう。

国外の、世界の枠組みが流動化してきた今、日本には――米欧諸国も同様に問題を抱えているのだが――、バラバラの社会が残されている。近代国民国家を率いるべき政治家はヴィジョン、責任感、そして政治を実行するためのガッツと人脈を持っていなければならないのだが、それをすべて備える者は殆どいない。国民に媚び、国民の望むことには見境なく税金をつぎ込むことで権力を維持する。かつてはこのような政治家に代わって国家の運営をつかさどった官僚も、人事権を政治家に握られて忖度を繰り返す存在になり果てた。それに、国民に選ばれたわけでもない官僚には、安全保障や経済について大きな決定をする資格がない。

政治家、官僚、企業の幹部、そして一般人、すべては戦後の経済的な成功に甘やかされて、ハングリー精神、競争精神を失い、自分とは別の何かがすべてをうまく整えてくれるものと無意識に期待している。既に述べたように、これからロボットとＡＩが果たす役割が増えてくると、人間は働かずして食える状況が現出するだろう。その時、向上心を失って、あてがいぶちの餌をはみ、喧嘩とセックスに明け暮れる存在に人間が堕ちるとしたら、その率は日本人の間で最も高くなるだろう。

宿命論を述べても仕方ないので、これからの日本で最も必要なものを少し敷衍してみる。それはまず第一に、既存の企業に依存、安住を続けるのではなく、企業内の改革、そして新規企業の設立、つまり経済の活性化をはかることだ。そして学校、家庭での教育では、子供たちに「市民」としての権利と義務、つまりpublicと個人の関係についての原則を植え付けること、既存のシステムに依存するのでなく、新境地を自ら開いていく気概と能力を持たせることが必要だ。

外交面では米国への過度の依存から少しずつ離れて、自主防衛・外交の部分を増やしていく。自主防衛・外交と言っても、日本一国だけで生きていくことは無理である。自国の存立基盤となる同盟国・友好国、つまり仲間を持つ必要がある。

政治家、官僚、その他日本の政策を形作っていく人達は、思考が惰性化して現実に見合わないものになっていないか、自分が単なる既得権益層になって変革を妨げる存在になっていないか、常にチェックしていく心構えを持たねばならないだろう。

できないことを並べていても仕方ない。本稿はこれで終える。

9・11テロと炭疽菌郵送事件——その影響を再考する

宮坂《みやさか》 直史《なおふみ》

防衛大学校国際関係学科教授。一九六三年生まれ、慶應義塾大学法学部、日本郵船、早稲田大学大学院、専修大学講師などを経て九九年に防衛大着任。専攻は国際政治学、研究対象はテロリズム。

はじめに——二つのテロ事件

二〇〇一年に米国で9・11テロが起きてから今年で二〇年になる。犠牲者数が二九〇〇名以上というのも一度のテロとしてはいまだに最多記録である。9・11テロをきっかけにアフガニスタンをはじめ各国で「対テロ戦争」が始まった。だがその後も世界的にテロ事件が増加した。「ポスト9・11」の時代と言われるように、各国の安全保障や危機管理上、テロへの備えや対処が大きな比重を占めるようになった。9・11テロが歴史に残るエポックメイキングな出来事であったことは間違いない。

だが、これと同時期に起きたもう一つのテロ事件を見逃すわけにはいかない。9・11テロから一週間後、米東部のニュージャージー州で一人の男が五通の手紙を投函した。それが後に米国を恐怖と混乱に陥れた炭疽菌郵送事件の始まりである。連邦警察（FBI）はこの事件を、Americaと炭疽菌のanthraxを併せてAmerithrax（アメリスラックス）と命名した。

炭疽菌を吸引して肺炭疽を引きこした五名が死亡し、他に一七人が発症した。七年以上もの捜査の結果、真犯人は米陸軍感染症医学研究所（USAMRIID＝略称ユーサムリード）に勤務する炭疽菌の専門家ブルース・アイヴァンス博士とされた。されたた、というのは逮捕される直前に彼は自殺してしまい捜査が打ち切られたからである。後にFBIは同氏の単独犯行とする報告書を発刊している。

今から振り返ってもこの二つの事件は、それを実行した側にとってはテロリズムの理想形であった。ほぼ同時に起きたことで、米国がイラクを意識し始め「対テロ戦争」の長期化をもたらし、国際社会全体のテロ対策も屋上屋を重ねるように非効率的になった。イスラム過激派の衰えも見えないままに反動的な右翼テロが台頭するなど、混迷を極めた二〇年間であった。

二〇年という年月は、ある人々にとってはあっという間で昨日のような時間感覚かもしれないが、若い人にとっては大昔のことで読者の中には生まれていない人もいるであろう。そこでまず2つの事件を振り返り、それがテロ行為としては全く対照的な性質をもっていることを描きながら、その後への影響を考えてみたい。

1、隠密型と公然型

テロリストは自らのテロ行為について人々に強烈な印象を与えたい。それが強いほど相手の恐怖や混乱は持続して優位に立てるからだ。テロリストにとっては自分が何者で何を目的にしているのか以前に、どのようにテロを行うのかが相手への印象付けのためにまずもって重要になる。どのようにテロを行うのか、それを攻撃形態と呼ぶことにしよう。

テロリズムには「隠密型攻撃」(covert attack) と「公然型攻撃」(overt attack) の二つの攻撃形態がある。炭疽菌郵送は「隠密型」であった。実行犯はテロを予告したり犯行声明を出したりしなかった。炭疽菌を郵送した手紙に子供みたいな字でメッセージが添えられていたが、それはイスラム過激派の犯行にみえるように短文を綴ったもので(……アメリカに死を、イスラエルに死を、アラーは偉大なり)、署名もなく犯行声明と言えるものではなかった。そして何より炭疽菌やその芽胞はマイクロメートル単位のサイズであり肉眼では一つ一つは見えない。だからどこに付着しているのかわからない。

そして郵送という、爆発物テロではよく用いられている伝統的な運搬手段を使った。宛先は著名な連邦議会議員や全国ネットのテレビ局、そしてフロリダのメディアだったのだが、問題は死者の中に郵便局員や、宛先とは関係ない感染経路不明者が複数いて、まさに誰が菌に曝されるかわからない状況であったことだ。手紙が届いたあと連邦議会の施設やテレビ局などでは除染が行われ、とくに該当の郵便局での除染は一年以上の長期間を要した。バイオテロがいかにターゲットにされた人の周囲をも巻き込むかが露わになった。

炭疽という病気はヒトからヒトには感染しないし、特定の宛先というピンポイント攻撃であったにもかかわらず、これは無差別テロと同じではないかという恐怖感が全米を覆った点で今までの郵送テロとは次元が異なるものだった。

他方で9・11テロは、世界が目撃した「公然型攻撃」であった。その時マンハッタンに居なくても、二機が世界貿易センタービルのツインタワーに突入し、一一〇階立て巨大ビル二棟が黒煙を発する中、相次いで崩落する映像だけはテレビで何度も繰り返された。その光景は現実離れしておりまさに衝撃的なテロとしか言いようがない。アルカイダから真の犯行声明がすぐには出されなかったが、犯人の特定まで七年以上かかった炭疽菌郵送事件と違い、テロのわずか三日後には四機一九人のハイジャッカーの身元は割り出され司法省とFBIが公表した。その組織的な背景もすぐに明かになり、米国は軍事的な反撃の準備に着手する。そうなることはアルカイダの首領オサマ・ビン・ラディンも計算済みだった。公然も公然、神から授かった俺たちの力をとくと拝めと言わんばかりの公然型攻撃である。

2、シンクロした恐怖と過剰反応

イスラム過激派に限らず一般にテロリズムは、相手の恐怖心を掻き立て、その思考を混乱させ、こちらの意のままにさせるか、あえて相手から過剰反応を引き出すものというのが数十年前からの定説になっている。

この過剰反応とは、例えば警察の対応で済むところを軍隊まで出動させることである。または、民主主義国家がテロリストを捕まえるために国民の自由を制限したり、プライバシーを侵害したり、メディアの検閲をすることである。こうした国民の抑圧は多くのケースで一時的な非常事態では済まずに常態化し、テロリストとの戦いが長引くほど国民の不信や不満は政府に向かう。だからテロリスト（現体制、現秩序を転覆させたい者）は政府に過剰反応してもらいたい。かつてブラジルの革命家カルロス・マリゲーラは、全世界の左翼過激派に影響を与えた『都市ゲリラ教程』を著わして、神経戦（虚偽情報の流布ほか）や政府と大衆を離反させる方法について述べた。その要諦はいかに政府に過剰反応させるかなのである。今日のイスラム過激派が半世紀前の名著を参照したという証拠はないが、こういう手法は時代や主役が替わっても不変の原則だと言える。

そして恐怖がリアルで差し迫っていると感じるほどに、「強い国」は（民主主義国家か権威主義国家かは関係なく）そこから逃げるわけにいかないので、恐怖根絶の誘惑にかられて過剰反応しがちである。米国に限らず、いやそれ以上に、例えばウィグルに関係したテロ続発のあとの中国の対応、チェチェンやダゲスタンの過激派に対するロシアの対応などに現れている。

隠密型でも公然型でもどのようにすれば恐怖と混乱を最大限に巻き起こすことができるかがテロリストの課題なのだが、炭疽菌によるバイオテロは目に見えない恐怖を、逆に9・11テロは瞼に焼き付く恐怖をそれぞれ生み出した。炭疽菌は誰もが巻き込まれるかもしれない恐怖を、9・11は航空機利用客のみならず（事件のあと利用客が激減した）、特に高層ビルに勤務している者の悪しき想像力を掻き立てた。炭疽菌の実行犯は9・11テロ直後の混乱を知っていたので、それを好機ととらえていたのかもしれない。二つの事件の相乗効果は測り知れない。

9・11テロ直後から米政府内の一部では第二撃が懸念されていた。それがバイオテロであった。9・11テロの実行犯が機内に生物兵器を持ち込んでいたとか、あるいは別働隊が菌を散布したとかさまざまな情報が政府内で行き交った。9・11の実行犯が農薬散布機に興味をもって業者に接していたことも明らかにされる。もちろん捜査員は農薬を撒くためとは解釈しなかった。農業をやりに来たのではないのだから。

これは決して架空の脅威に怯えているのではなかった。炭疽菌は二〇〇一年以前から何百件もの偽物騒ぎが発生していた。リシン（トウゴマから抽出される毒素）は実際に多用されていた。バイオテロの精巧なマニュアルも市場に出回っていた。捜査機関や情報機関、公衆衛生の危機管理に従事する関係者にとってバイオテロは国内での脅威であった。それに加えて国際情勢、特にロシアは生物兵器や生物剤の管理が杜撰であり、イラクや北朝鮮は生物兵器の保有疑惑があるなどの諸問題があいまって一九九〇年代後半にクリントン政権下では大量破壊兵器テロ対策（化学テロ、生物テロ、核テロ）が加速されていった。二〇〇一年の二つのテロ事件はそういう中で発生した。

9・11直後から捜査当局はニューヨークやワシントンDCで大気モニタリングを始めた。採取した粒子のサンプルは解析のために米陸軍感染症医学研究所に持ち込まれていた。前述したようにそこは炭疽菌郵送事件の真犯人の勤務先であった。

アルカイダとの「対テロ戦争」でも、テロリストのCBRN（化学剤、生物剤、放射性物質、核爆発の頭文字、シーバーンと発音する）を極度に恐れることになった。一九九〇年代の査察妨害を知るほどにイラクは生物兵器や化学兵器を隠しているのではないかと思うのが当然ではある。そして米国は、アフガニスタンという「対テロ戦争」の本丸での戦いや安定化が終わらないうちに、そこから脱線してイラク戦争に突入してしまった。そしてイラクの独裁者を倒したことで未曽有のテロの増加をもたらしてしまったのである。

3、テロリストの武器と技量

次に二つの事件で実行犯が使用した武器とそれを扱う技量に着目したいが、これも対照的であった。

炭疽菌は生物剤でありCBRNの一角なので、爆発物や銃器のようなありふれた武器使用ではない。そのようなものを使うことはどこの国でも特殊な犯罪とみなされる。国際政治の世界では、生物兵器は化学兵器や核兵器とともに「大量破壊兵器」である。

一方、9・11で使用した旅客機は民生品であり、それをそのまま超大型の凶器として使用した。大型旅客機をミサイル代わりに使うなど非通常的な使用に違いないが、コスト的には安直な武器といえる。テロに直結するコストとしては、航空学校に払った一人二万ドル前後の授業料とテロ当日の片道航空券くらいである。

また、実行犯の技量はそれぞれの分野で明確にプロ級と素人並みであった。

炭疽菌は自然界に存在し、炭疽という疾病も特定の生活環境のもとであれば珍しいことではない。また日本でも海外でも多くの研究機関が菌株を合法的に保管している。だからといって、菌を培養して封筒に入れれば誰でも同じようにテロができるというものではない。本来目に見えないはずの炭疽菌が「白い粉」のように見えたのも、炭疽菌をドライ加工した特別仕様で手紙を開封すると粒子が舞いあがって吸入されるように仕込んだからであり、いっときは「兵器級」とも評されたように、このようなことが実行できるのは限られた専門家しかいない。その致死性を維持したまま郵送するのはまさしくプロの仕業であった。

犯人のブルース・アイヴァンス博士は微生物学者であり、米陸軍感染症医学研究所には自殺するまでの二八年間勤務し、バイオディフエンス、つまり生物兵器・生物テロに対する防御を研究し、とくに炭疽菌ワクチン製造法では二つの特許をとっていたので炭疽菌についてはプロ中のプロであった。事件発覚後のＦＢＩの初期の捜査にも協力していた人物である。

彼とは比較にもならないが、オウム真理教の、論文も書かなかったような落ちこぼれ科学者〝ジーヴァカ〟とはレベルが違うのである。オウムは一九九〇年代前半にボツリヌス菌と炭疽菌の散布をそれぞれ複数回実行したが、幸いにしてすべて失敗していた。

一方、９・11でパイロット役を務めたのは四機で四人いたが、そのうちモハメド・アタ（エジプト出身）、マルワン・アルシェヒ（アラブ首長国連邦出身）、ジアド・ジャラ（レバノン出身）の三名はいずれもドイツ・ハンブルクで勉強していた留学生くずれにすぎない。

彼らはテロの前年六月に準備のために米国に入国し、フロリダ州の航空学校に通いトラブルを引き起こしながらも自家用、事業用の免許を何とか取得し、その後も小型機を借りて練習をしていた。その程度の急ごしらえの素人パイロットであった。

もう一人のパイロット役だったハニ・ハッサン・ハンジュル（サウジアラビア出身）だけは一足早く九九年に米国の航空学校でＦＡＡ（米連邦運輸局）免許を取得しているが、それはテロのためではなく、サウジアラビア航空のパイロットになりたいためであった（サウジが米国での免許取得を義務付けていたためだが、彼は結局なれなかった）。いずれにせよ四人とも大型旅客機での実務経験はなかったのだからプロとは言えない。

4、プロと素人　模倣されたのはどっちか？

通常、プロの技を見せつけられると多くの人はマネできないと思うし、逆にコストもかからない身近にあるもので劇的なテロができるならばそれをマネしたくなるものだ。

だがさすがに複数機同時テロはマネしたくても易々とできなかった。二〇〇六年に英国から北米への複数旅客機の連続爆破は未遂に終わった。９・11後も一機だけのハイジャックや爆破ならば何度も試みられたが、防護措置が次々に導入されてそれも難しくなった。航空機内の犯罪を防ぐには凶器の持ち込みを阻止して、コックピットに入れないようにすれば最悪の事態は防げる。９・11後にビルに突入した事件も発生しているが、それは大型旅客機ではなくセスナ機だった（二〇〇二年、フロリダ）。

しかし航空機でのテロが難しくなると、同じく燃料付きの民生品をそのまま使ったはるかに簡易な、車で突入するテロが二〇一〇年代から流行った。簡易でも二〇一六年にフランスのニースであったように一台のトラックで三〇〇人近くを轢いて死傷させる大規模テロも実行できる。テロ組織も車両突入テロを奨励し、その効果的な方法をオンラインマガジンで教示した。

その防止は難しい。車両テロを阻止するには、一つはこれからテロをしようとする悪意ある人間が車を借りられなくすることだが、それはどう考えても限界がある。借りる以前にテロリストが車を所有しているか盗んでしまえばテロの実行は防げない。もう一つは侵入防止用のボラードを設置する。特定の建造物へのアプローチは防げるかもしれないが、公道や人の集まる場所すべてにボラード設置は無理である。車の暴走を目撃したら各自に逃げてもらうしかない。

皮肉なことに、炭疽菌郵送はプロの仕業なのに日本を含め世界中でそれこそ無数の模倣事件が起きた。一人で何件もやっているのかもしれないが、とにかく捕まらない。初期の報道で炭疽菌とは白い粉だという誤ったイメージが拡散してしまったことが模倣犯続出の原因である。とにかく塩でも砂糖でも片栗粉でも白い粉さえ封入しておけば騒ぎになるからだ。一〇年以上前の話になるが、筆者は某出版社の高校の『政治経済』の教科書に〈炭疽菌は白い粉で誰でも大量殺傷できる〉と書いてあるのをたまたま発見した。ご丁寧に白い粉の山盛りの写真までついていた。『政治経済』の教科書がテロに言及してくれるのはよいことだと思うが、こういう誤記は『生物学』の教科書でないからといって放置できないので意見書を送ったことがある。

二〇〇一年秋の雰囲気を知らない人には信じられないかもしれないが、米国ではダクトテープ（日本でいうところのガムテープ）が爆発的に売れた。炭疽菌に限らず生物剤、化学剤、放射性物質が散布されたときに窓枠の隙間をテープで止めたりするためだ。

日本の官公庁にも白い粉が封入された郵便物が多数送付されどうみても白墨や石灰や片栗粉でも必ず検査に回された。電車の中でもテーマパークでも白い粉が盛ってあればパニックになり、防護服に身を包んだ消防隊や警察隊が出動して粉を採取してラボで解析するということが続いた。威力業務妨害の犯罪に他ならない。ただし本物の炭疽菌が山盛りになってそこら辺に置かれているわけないのだからフェイクに決まっている。だが当時はそれを蹴散らしたりするのはご法度だった。科学的に正しい報道がいかに重要であるか、それが不足しているとどうなるのかを知らしめた事件でもある。

5、実行犯の属性

二つの事件の実行犯を比較するとこれもまた対照的であった。

炭疽菌郵送の犯人は米国生まれの米国人である。国内テロであるが、米陸軍感染症医学研究所の研究者であり自分が最も得意とする炭疽菌を使ったので、「内部脅威」が現実化した犯行であった。生物剤に限らず、化学剤や核物質、爆発物などテロの武器になる危険な物質を扱う業務や、重要インフラ施設で働いている者がテロや犯罪に手を染めることは米国でも日本でもどの国でもしばしばある。ＩＡＥＡ（国際原子力機関）が核施設での「内部脅威対策」を世界各国に長年求めているも多数の事件が現に起きているからだ。それぞれの業界や事業者は厳格な管理（モノとヒト）が求められる。炭疽菌郵送事件は、米国では改めて国内テロ問題に情報機関や捜査機関の眼を向けさせただけでなく、世界的に「内部脅威対策」の見直しが求められることになった。

なお、実行犯のアイヴァンス博士はカトリック教徒で原理主義的な信条の持ち主であり、そのことが炭疽菌の送付先の選択にも関係していると分析されてきた。だが同時に、彼の精神的な疾患やトラブルを抱えた人生も明かされており、最も核心的な犯行動機は不明である。後述するが、テロには政治的、宗教的な目的や動機があるとすると、この事件はテロの条件を満たしているのか、あるいはテロリズム概念の見直しのほうが必要なのか、そういう点からも再考を要される事件だと思う。

一方で９・11テロの実行犯は正反対である。一九人は全員が外国出身で（うち一五人がサウジアラビア）、このテロのために米国に入国してきた連中である。アルカイダの要員は多国籍というか、出身国にアイデンティティを置かない無国籍ネットワークであった。グローバルテロリズムの典型といえる。この性質によって「対テロ戦争」もアフガニスタンとパキスタンだけで済まずに、より広く世界各国に関与せざるを得なくなった。軍事だけでなく、捜査・情報機関の世界的な協力や取引、さらにいえばテロ容疑者、関係者の身柄の拘束や引き渡し、人権無視の秘密移送工作（rendition と言われる）が常態となった。

要するにこの二つの事件によって、テロ対策は国内、国際の両面で同等レベルに取り組むべきものとされた。二正面作戦である。それが自国民を含めて通信・情報のプライバシー侵害の問題を引き起こすのである。二つの事件の性質を対比させると【図1】のようになる。

6、「対テロ戦争」の副作用

この二〇年間に9・11テロの実行組織の幹部たちはオサマ・ビン・ラディンをはじめとして殺害されたり捕縛されたりした。また、米国では9・11テロ級の大規模テロも抑止してきた。しかし「対テロ戦争」はいくつかの副作用も生み出した。それは深刻で、成果を帳消しにしてしまうものかもしれない。

(1) アフガニスタンは元の木阿弥か

二〇二一年の現在、対テロ戦争の〝一丁目一番地〟だったアフガニスタンは、二〇年前にも増して不安定で混沌としている。二〇〇一年一一月に時の政権を担っていたタリバーンを放逐してから二〇年間、米軍とNATOは常駐し、国際社会から安全保障と民生の両面でさまざまな支援を受けていたにもかかわらず、アフガニスタン政府は十分な統治能力を発揮できていない。今まで一度たりとて全土を実効支配したことがなく、常に国土の約半分は反政府武装勢力が押さえている。大統領選挙の結果の確定すら何か月も要し、そもそも選挙をもって民主化の証にするなどは分不相応であった。

今までの和平交渉ではアフガニスタン政府は蚊帳の外におかれ、米国とタリバーンの取り決めで

図1　2001年の2つの事件の比較（作成：筆者）

	攻撃形態	武器と技量	実行犯の属性	再生産
9.11テロ	・公然型 ・自爆 ・同時大量殺傷	・航空機乗っ取り ・素人パイロット	・海外テロ組織 ・多国籍出身 ・イスラム教徒	・組織のブランド化 ・扇動する導師 ・反発する右翼テロ
炭疽菌郵送	・隠密型 ・特定標的から無差別化へ	・生物剤の郵送 ・プロの研究者	・国内の単独犯 ・陸軍研究所 ・ローマカトリック	・模倣犯

二〇二一年五月一日までの米軍の完全撤収ということになった。現在もテロや武力衝突が終わらず米国は撤収期限を九月一一日までに延ばした。いずれにせよ撤収後はタリバーンが政権に復帰するシナリオがかなりの確率で現実になるだろう。そうなれば民主主義とか人権などは一顧だにしない統治が敷かれるに違いない。国際社会にとっての問題はタリバーン復活が国際テロ情勢にいかなる影響を与えるかにあるが、そこは不明である。

(2) 米国のパワーの低下

アフガニスタンが元に戻る可能性もある上、そこでの戦費の総計は累積二兆ドルとも試算されている。米国で「対テロ戦争」の継続に反対する声が湧き上がるのは自然なことで、オバマ政権時に対外政策の修正を余儀なくされた。「対テロ戦争」を縮小するということにとどまらず、中東からアジアへの「リバランス」を明言するようになった。そのことが中国やロシアの中東関与の誘因にもなっている。折からの中国の台頭や、ロシアの影響力工作による国内分裂拡大は、米国の相対的なパワーの低下につながった。

日本の安全保障の専門家や実務家の中には、アメリカの中東からアジアへの「リバランス」を歓迎もしたが、大きな視点でみれば「リバランス」とは政策の失敗と力の限界を露呈した結果でもある。

(3) 社会の分断

「対テロ戦争」は民主主義社会の分断をも引き起こしている。当初からヘイトクライムの矛先は、イスラム教徒や、中東出身やイスラム教徒にみえる(誤解した)相手であった。

イスラム過激派によるテロが全体の半数以上を占めるほどの勢いが続くと、反動的なうねりも巻き上がった。それが極右テロと排外主義の過激思想であり、より広くは欧米諸国におけるポリュリズムと右翼政党の台頭である。彼らはイスラムや移民、異人種、異教徒を敵視するだけでなく、自国のリベラリズム、エスタブリッシュメントとも敵対するようになる。しかも右翼のインターナショナル化が進み、各国の運動や組織の間での交流や連携が盛んになる。もちろん右翼の台頭はさまざまな要因があるが、長期化する「対テロ戦争」が時代背景にあるのは否定できない。

(4) テロの再生産

二〇〇一年以降の世界のテロは高水準で発生した。最大のデータベースである米メリーランド大学のグローバル・テロリズム・データベースをみると、二〇〇一年に全世界一八八一件だったがその後漸増し、二〇一三年~二〇一七年の間は年間一万件を超えていた。その半数以上がイスラム過激派によるものである。最大の問題はテロ多発国であるアフガニスタンやイラクなどでの統治能力の欠如（アナーキー的状況）、腐敗、汚職にある。また、テロを実行する側にとっては、サラフィー・ジハード主義のイデオロギー、カリフ制復活という目標はテロの伝播性や持続性という点からも強みになる。

ただここではテロの再生産要因として「モデル」の存在を挙げておきたい。9・11テロという行為自体は簡単にはマネできないものであるが、アルカイダや「イスラム国」という組織名称はブランド化した。各地でアルカイダの名称をのれん分けされたり、アルカイダ本体との関係を明かにしたりする組織が相次いだ。「アラビア半島のアルカイダ」（イエメン）、「イスラムマグレブ諸国のアルカイダ」（アルジェリア）、「（旧）ヌスラ戦線」（シリア）、「アルシャバーブ」（ソマリア）、「インド亜大陸のアルカイダ」（インド）などである。

その後、二〇一四年に「イスラム国」がイラクとシリアでの実効支配地域を拡大すると、各地に忠誠を誓う「支部」組織が続々と誕生するなど同様の現象がみられた。

さらに人物としては、アンワル・アウラキという数多くのテロ実行犯を触発した導師、アンネシュ・ブレイビクのような単独テロリストでもここまでできるという「モデル」がある。アウラキは親がイエメン人で自身は米国人でもあり、二〇〇〇年代に彼の英語での説教はYouTubeに多数アップされインターネットを通じて最も大きな影響力をもったジハーディストである。アウラキは自国の無人機攻撃で殺害されたこともあり、そのカリスマ性には死んでさらに磨きがかかった。

ブレイビクはノルウェーの右翼テロリストで、二〇一一年に官庁街で爆弾テロを起こし、移民に寛容な労働党青年部のサマーキャンプ場に乗り込んで銃撃によって計七七人を殺害した。彼は自分の考えをまとめた一五〇〇ページものマニフェスト『二〇八三ヨーロッパ独立宣言』や動画を公開したことで、それに触発されてテロを起こす人間が相次いだ。その最悪の後継者は二〇一九年にニュージーランドでテロを起こしたブレントン・タラントであろう。彼はブレイビクに影響を受けたことを公言しており、マニフェスト『グレート・リプレイスメント』を残している。「モデル」の伝播力を成立させるプラットフォームがＳＮＳになる。

7、テロリズム概念の再考

こうしてテロリズムが再生産される中で、果たしてテロリズムというものは従来のような「政治目的」を有する「非国家主体」が行うものという理解にとどまっておいてよいものだろうかという問題が出てくる。

テロリズムの定義は、各国の法令、地域機構による規定、研究者などによるものなど無数にある。そうはいっても個々バラバラではなく共通項も多々ある。テロリズムとは違法な暴力の行使またはその脅しであり、それが計画的になされること、つまりテロは衝動的にふるう暴力ではない。この辺までは論争の余地はない。さらに、相手に恐怖や混乱を引き起こすことを通じて自分の意図を実現するという点も概ね了解事項であろう。問題は、テロの目的やテロ行為の主体をどのように規定すべきかである。現実が複雑で定義付けが難しい。

(1) テロは本当に政治目的なのか

テロリズムとは政治的な暴力であるというのは今までは論争の余地がなかった。テロリズムの定義には、政治目的とか、政治的、社会的、宗教的な動機や関心という用語が含まれることが多い。実行犯はそのような公的な問題意識を内面に有していて、それと暴力行為との関連性が認められなければ、その行為はテロとはみなされない。しかし、いくらそのように定義づけても、実際の事件一つ一つがその定義に合致するのかを検証するのは難しい。

例えば、ある者がスーパーで銃を乱射したとする。その時にもし「アラーアクバル」と叫べばテロの線で捜査が始まる。逆に、そのような発声をしなければ店に対する個人的な恨みか、自暴自棄の犯行ではないかとまず思われるであろう。

テロの多発国ではほとんど犯人が捕まらず、犯行声明などは残されない。そのような場合でも、例えばイラクで爆弾が爆発して死傷者が出ると半ば自動的にテロとして、データベースなどではカウントされる。テロとして括られている膨大な事件群の中には、単なる殺人狂や、政治や宗教に関係なく個人的な恨みや私欲で事件を起こしている場合が混じっているに違いない。人を殺したい、何かを破壊したいという衝動を抱えている者はどの国にも一定数いる。しかし彼らにもプライドがあって、衝動や私欲で人を殺したと思われては自分の存在価値を貶めることになると考える。その場合はとってつけたように公的な理由で犯行を正当化するものである。自分の犯罪を予告あるいは告白する際に背景に「イスラム国」の旗を掲げて、ジハード戦士を気取って動画をアップする。また、テロ組織のほうも縁もゆかりもない輩であっても自分たち組織の「戦士」として承認する。

テロの目的や動機というのは、他の一般犯罪と区別するうえで最も重要な要素なのだが、私利私欲から犯行に至ってそれをテロとして偽装していることもある。有名になりたい、歴史に名を残したいという名誉欲、ヒトから認められたいという欲である。前述した現代テロリズムの「モデル」の存在が、その欲求をかきたててくれるのではないだろうか。

スケールの小さな話になるが、一九七七年に長崎県で起きたバス乗っ取り事件の実行犯は「阿蘇連合赤軍」を名乗った。当時の人にとって連合赤軍は説明の必要はない。しかし「阿蘇連合赤軍」の振る舞いや要求たるや政治的なものとは無縁でたんに身代金目的であることがすぐに判明する。一九九五年に銀行員がANA機をハイジャックして、液体の入ったビニール袋をみせて「尊師を釈放せよ」と要求した。同じく当時の人にとってそれが何を意味するか明々白々だった。いずれの事件も有名組織や有名人に便乗して力を誇示したいということだが、こういう普遍的ともいえる心性が、今ではより大きなスケールと頻度において現出していると思われる。

(2) テロは「非国家主体」がやるもの? ハイブリッド型の台頭

多くのテロリズムは反体制的な性質を有するから、テロとは「非国家主体」が実行するものと理解するのが一般的であるが、そこに「国家主体」を入れるとすれば、国家機関に所属する要員が隠密に行う犯罪を対象とするのが通例であった。

例えばかつて北朝鮮は、ラングーン事件（一九八三年）でも大韓航空機爆破事件（一九八七年）でも自国の軍人や破壊工作要員を使った。リビアがパンナム機爆破事件（一九八八年）を引き起こしたときも、その実行犯は政府職員であった。これらの行動は国家として承認されていたことであろうが、いまの問題は、軍人や警官やその他の公務員が、国や所属機関の政策ではなく独自にテロ行為に手を染めることもあることだ。軍服を着たテロリスト、警官に成りすましたテロリストなどである。国家の治安部隊の統制がとれていない国ではそういうことが起きる。アフガニスタンなどはその典型だが、今日それが世界的に目立って増えているのである。この場合、「国家主体」とも言えないし、純粋な「非国家主体」でもない。内部脅威としてみるならば炭疽菌郵送事件がそうであった。

さらに、ハイブリッド型も常態化しつつある。一つはサイバー犯罪の領域である。それを国家機関、政府職員としてやっているケースと、民間人が国の意向にそって行っている場合がある。時にそれがコラボレーションしてハイブリッド型になる。古典的な国家テロであればその国に対して輸出規制や外交関係の制限などの制裁措置がとれるが、ハイブリッド型の場合は全貌が掴みにくい上に、特定の個人に対する資産凍結や渡航禁止などの制裁にとどまる傾向があり、その効果（サイバー攻撃が減るか）に結び付くのか不明である。

サイバー以外でも「国家主体」と「非国家主体」のハイブリッド型のテロがある。金正恩の実兄、金正男がマレーシアのクアラルンプール国際空港でＶＸ（化学剤）によって殺害された。北朝鮮による国家ぐるみの犯罪であることは間違いないものの、実行犯は北朝鮮とは何の関係もなく騙された民間人二人であった。従来の国家テロとは様相が異なる。

「非国家主体」によるテロにもハイブリッド型といえるパターンが見いだせる。組織と、組織のメンバーではない個人による役割分担である。例えば米国で極右のテロ組織は過激思想を流布させるものの、実際にテロを行うのは組織のメンバーではなく単独犯（ローンウルフ）であったりする。このような場合、組織の活動の規制は困難であり、テロリスト個人の監視も難しい。アルカイダや「イスラム国」も、バーチャルな関係で動いていた面についてはハイブリッド型だったと言えよう。

おわりに

9・11テロも炭疽菌郵送事件もそれだけの単発的なテロではなく、その後の対応に副作用をもたらし、テロ組織や扇動者の「モデル」が生まれてテロの再生産が続いた。しかも今日のテロリズムは、その目的や実行主体の面で、従来の理解を考え直さねばならないような変化も見られる。このエッセイでは触れなかったが、これらテロの変容をとらえた原因と対策の再検討もますます必要になるであろう。

9・11以後の日本の安全保障政策

佐道《さどう》 明広《あきひろ》
中京大学国際学部教授。東京都立大大学院博士課程単位取得。博士（政治学）。『外交フォーラム』編集部、政策研究院等を経て現職。二〇一一～一二年MIT客員研究員。著書『自衛隊史』（筑摩新書）等。

1、二〇〇一年九月

9・11から二〇年の変化を自らと重ねつつ述べてみたい。二〇〇一年九月一一日は、ワシントンでの資料調査を八月末に終えて、帰国後一〇日ほどたった時点だった。ペンタゴンも被害に遭い、ワシントンの街並みもしばしばテレビに映っていたが、ほんの少し前に自分も歩いていた通りがテロと重ね合わせて映っていたのは、なんとも言い様のない気持ちだった。

さて、なぜワシントンに資料調査に行っていたのか、少し前の時点に戻って説明したい。私は大学院博士課程の単位取得後、約一〇年ほど出版社に勤務し、外務省が編集協力する雑誌の編集などを行っていた。一九九八年四月に、前年に開学した政策研究大学院大学（政策研究院）に移り任期制助教授となったが、任期の間に博士号を取得しなければならなかった。そこで博士論文のテーマに選んだのが、戦後日本の防衛政策であった。

私は大学院時代、昭和戦前期の軍部や外交を研究していた。理由は単純で、なぜあのような愚かな戦争を行ったのかを知りたかったからである。そこで軍部と外務省を中心に、戦前の政軍関係を研究していた。しかし政策研究院で博士論文のテーマを考えた際、取り組もうと考えたのが戦後の日本の防衛政策、とくに戦後の政軍関係であった。それは八八年一〇月創刊の『外交フォーラム』という雑誌の編集で外務省と密接な関係の中で仕事をしていくことになり、八九年以降の冷戦の終了、ドイツ統一、ソ連崩壊といった国際的な激動を目の当たりにし、戦後の安全保障政策に関する関心が高まっていたことが大きい。

特に湾岸戦争への日本の対応は、軍事という問題が出てきた途端に思考停止に陥ったとしか思えないものだった。アメリカが軍を派遣したという報道が出ると、軍事をタブー視する意見が強かった当時の日本は、国会もマスコミも議論が迷走し、結局、戦後日本外交の「敗北」といわれる事態に陥ってしまった。平和を希求する精神は尊いものだが、軍事をタブー視するあまり思考停止になっていては、本格的な安全保障論議ができないのではないかと思われた。編集部勤務時代は、そうした問題意識を持ちながらも、自らが戦後の防衛政策を本格的に研究する時間的余裕もなかったが、政策研究院に移って博士論文のテーマを考えるときに真っ先に浮かんだのが、この問題であった。

政策研究院では「政策情報プロジェクト」に参加し、戦後日本の政治を中心に様々な分野で活動した政治家、官僚、ジャーナリストなどのオーラルヒストリーに参加し報告書を作成した。その中には、海原治氏をはじめとした防衛官僚や自衛隊関係者が含まれており、私の防衛政策研究に極めて有益であった。そうしたオーラルヒストリーによる聞き取りや、関係資料の収集などを行い、本格的に博士論文執筆にかかる前に行ったのが前述のワシントンでの資料収集であった。

さて、翌年二〇〇二年に博士論文を執筆し、さらにその翌年、博士論文をもとに最初の単著『戦後日本の防衛と政治』（吉川弘文館、二〇〇三年）を刊行した。これまでアカデミズムによる本格的な自衛隊史・防衛政策史研究が極めて少なかったことから、予想を超えて高い評価をいただいた。さらに、より一般読者を念頭に冷戦後の時期までも範囲を広げて執筆したのが『戦後政治と自衛隊』（吉川弘文館、二〇〇六年）である。

最初の本では再軍備の時期から一九八〇年代前半までを扱い、戦後日本の政軍関係の特徴である「文官統制」という独特のシステムが誕生し制度化していく過程と、日米安保体制の下での自衛隊の役割の変化といった問題を考察した。二冊目の著書では、冷戦終了によって自衛隊が海外でも活動することになった点についても記述した。

自衛隊そして軍事について政治もアカデミズムも正面から語ることが限定的であった冷戦時代から、ひとたび自衛隊が「使われる」ようになった冷戦終了後の時代での変化は目まぐるしいものであった。冷戦時代は自衛隊を、いかに使わないかが重視されており、いわば「ネガティブ・シビリアン・コントロール」ともいうべきものであった。しかし冷戦後は自衛隊が実際にＰＫＯ（国連平和維持活動）などで活動することになり、自衛隊という実力部隊をいかにコントロールするかという「ポジティブ・シビリアン・コントロール」へと変化したわけである。

シビリアン・コントロールの在り方としては後者が一般的であり、前者は戦後日本特有のものであったが、問題は政治が果たして望ましいシビリアン・コントロールを行っているのか、あるいは行えるのかということである。これまで一部の政治家を除き、票にならない外交・安全保障問題に不勉強であった政治家、そしてジャーナリズムが、にわか勉強で対応できるものなのか疑問であった。シビリアン・コントロールの問題だけではなく、冷戦終了後に緊張感を増していった朝鮮半島情勢、中国・台湾関係など、日本周辺の安全保障環境は悪化しており、日米安保体制の在り方を含めた日本の安全保障政策自体の見直しが必要となったのである。

国際情勢悪化を背景に、日米の防衛協力強化を目指したのが九五年の防衛計画の大綱、九六年の日米安保共同宣言、九七年の新ガイドラインであり、新ガイドラインを踏まえた法整備が九九年の周辺事態法であった。アメリカの求めに応じて様々な体制整備を進めてきたわけだが、日本国内における議論が深まっていたとはとても言えなかった。そうした中で迎えたのが、二〇〇一年の9・11だったわけである。9・11以降、日米の防衛協力は一層進んだが、国会などでの議論は深まらないままであった。そうした状況は現在まで続いているといってよいだろう。安全保障という、国民の生命・財産に直結する問題が、国民を置き去りにしたまま進んでいるのである。

2、沖縄という視点

さて、日米防衛協力の問題からいったん離れて、私のもう一つの重要な研究課題となった沖縄について述べておきたい。前述した政策研究院の「政策情報プロジェクト」では、オーラルヒストリーなどによる資料収集活動とともに、特定の政策や政治過程に関する事例研究（ケーススタディ）を行う予定にしていた。そこで私が提案したのが、沖縄基地問題に関する事例研究であった。

言うまでもなく、戦後日本の安全保障政策の中心に位置するのは日米安保体制である。その基礎をなす日米安保条約は、米国による日本防衛と、日本による米軍基地提供を基本的性格としている以上、米軍基地の存在が日米安保体制において極めて重要な意味を持っている。そして米軍専用施設の約七五％（当時）が集中する沖縄で問題が発生し、米軍基地の安定的使用に支障が出た場合は、日米安保体制の維持にもかかわる問題となる。実際そうした事態が九五年以来生じていたわけである。

九五年九月に起きた米兵による少女暴行事件は、鬱積していた沖縄県民の反米軍基地感情に火をつけた。米軍基地の縮小や撤去、地位協定改正を訴える沖縄県に対し、政府の対応は後手に回り、結局アメリカが動く形で普天間基地の全面返還が決まった。さらに沖縄にある基地縮小を前提としたSACO（沖縄に関する特別行動委員会）、沖縄県の振興策を議論するための沖縄政策協議会の結成など、この時点では地方自治体である沖縄県の方が、政府をリードしているように見えていた。当時の太田昌秀沖縄県知事は、元研究者で英語も達者で、沖縄を率いる理想的なリーダーとして映っていた。沖縄をめぐる政治は、冷戦終了後の日米防衛協力の拡大・深化の一方で、解決困難な問題として現在までも継続しているわけである。

さて、政策研究院の事例研究のテーマを選ぶにあたり、私が沖縄を提案したのは、以前から日米安保体制の関係で沖縄に関心があったこと、沖縄をめぐる政治状況が一般的な「中央―地方関係」というレベルを超えて展開されていたこと、そしてかつて琉球国という独立国でありながら近代日本の一部に組み込まれ、本土で唯一地上戦の惨禍を経験した沖縄という場所に興味をひかれたからである。事例研究に当たっては、日米両国政府の視点だけではなく、沖縄県そのものの政治に焦点を当てようと考えた。前述のように、九五年以後の政治状況は、沖縄県が政府をリードしていたように見えたからである。

九九年の秋から本格的に沖縄調査を開始したが、その後、沖縄は私にとって重要な研究対象の一つとなり、昨年(二〇二〇年)を除いて毎年沖縄を訪問することになった。その研究成果の一部は単著として出版した(『沖縄現代政治史――「自立」をめぐる攻防』、吉田書店、二〇一四年)が、ここでは沖縄を研究したことで考えた重要な問題について、二つ触れておきたい。

まず第一に、沖縄と中央政府との関係である。「沖縄問題」といわれるものは、端的に言うと米軍基地の集中がもたらす「基地被害」というものである。七二年の沖縄返還について、当時の佐藤政権は多大の外交努力を行ったことは間違いない。しかし多くの沖縄県民が求めた米軍基地の縮小は果たされなかった。ベトナム戦争や米ソ冷戦という国際政治情勢を考えると、当時の日本の外交努力の限界であったという評価もできる。しかし、沖縄県民の期待が明確である以上、なぜその後の日本政府が米国と基地縮小について積極的な交渉を行わなかったのかという批判はできるだろう。結局、「負担の不公平」という重い政治課題について、経済振興に力を入れることで沖縄県民の不満をそらすという、「問題の先送り」を行ってきたのが、沖縄と政府の関係であった。基地問題という争点を封印し、問題を先送りするという、日本政治によくみられる問題が、中央政府と沖縄の間にも存在していたのである。また、沖縄に対しては政府だけでなく、本土住民も理解不足から生じる誤った議論を行いがちである。明らかにフェイクと思われる内容が、ＳＮＳだけでなくテレビなどでも語られている状況は正常ではない。沖縄に「よりそい」や「丁寧な説明」といった政府の言葉にはむなしいものが多いが、本土住民の一部も同様のことを行っていることに気付くべきであろう。

　第二が、安全保障と地域の関係である。安全保障は政府の専管事項といわれる。たしかにその通りではあるが、では政府だけが安全保障政策を立案し、遂行していればよいのだろうか。地方の視点は必要ないのであろうか。そうではなく、沖縄問題は、安全保障政策はもはや政府だけの専管事項ではなくなっていることを示している。前述したように、日米安保条約が、米国による日本防衛と、日本による米軍基地提供を基本的性格としている以上、米軍基地の存在が日米安保体制において極めて重要な意味を持つ。米軍専用施設の約七五％（当時）が集中する沖縄で問題が発生し、米軍基地の安定的使用に支障が出た場合は、日米安保体制の維持にもかかわる問題となるのである。九五年以降の沖縄をめぐる政治は、まさにそれを象徴している。米軍基地だけではない。各地に展開している自衛隊の基地・駐屯地についても同様である。

地方公共団体の協力なくして、日本の防衛は成り立たないのである。「武力攻撃事態等における我が国の平和と独立並びに国及び国民の安全の確保に関する法律」でも、下記のように規定している。

（地方公共団体の責務）

第五条　地方公共団体は、当該地方公共団体の地域並びに当該地方公共団体の住民の生命、身体及び財産を保護する使命を有することにかんがみ、国及び他の地方公共団体その他の機関と相互に協力し、武力攻撃事態等への対処に関し、必要な措置を実施する責務を有する。

沖縄を研究することで見えてきた安全保障における地方自治体・地域住民の重要性は、私に安全保障政策を研究する新しい視点を与えてくれた。それが国民保護と離島の問題である。

3、軽視されている国民保護問題

私は二〇〇四年に政策研究院から名古屋にある中京大学に移籍した。中京大学に新しく総合政策学部が二〇〇五年に開設されるにあたり、その準備として赴任したのである。その時期に国会でも議論になっていたのが有事法制と国民保護問題であった。そもそも国家有事の際に必要となるのは、実力を以て侵略行為を行う外敵に対して、こちらも実力を以てそれを排除するということと、非武装の国民を危険な戦闘地帯から可能な限り退避させるということである。その是非はともかく、「専守防衛」を防衛政策の基本方針として掲げているわが国にとって、有事はすなわち国家領域内での戦闘を意味し、国民の保護は極めて重要な課題である。つまり防衛政策と国民保護は表裏の関係にあるはずであった。しかしながら、いわゆる有事法制が成立した翌年の二〇〇四年六月にようやく国民保護法が成立したことによって、具体的な計画策定に向けて動き出したのである。

国民保護法は二〇〇四年六月に成立し、同年九月に施行され、同法に基づいて二〇〇五年三月に「国民の保護に関する基本指針」が閣議決定され、国会に報告された。そして、指定行政機関については同年一〇月に、各都道府県と指定公共機関については二〇〇五年度中に「国民保護計画」が策定された。さらに、二〇〇六年度中を目途に、各市町村が「国民保護計画」を、指定地方公共機関が「国民保護業務計画」を作成することになった。しかし、各自治体で作成された「国民保護計画」が問題の多いものであることが、どれほど理解されているのだろうか。

私は後述の与那国島との関連で国境離島の状況に関心を持ち、いくつかの国境離島で国民保護計画の調査を行った。北海道の利尻島、礼文島、長崎県の対馬、沖縄県の石垣島などである。当時は「平成の大合併」といわれる地方自治体の合併や統合が進んでおり、それらが地方自治体にどのような影響を及ぼしているのかについてもあわせて調査を行った。ここでは国民保護の問題のみについて触れることにするが、どこの自治体でも国民保護計画を作成する意図が分かっておらず、基本的に政府が作成したモデル計画を土台に作成したものばかりであった。地域ごとの特徴などはほとんど反映されておらず、現実に実行する際のマニュアルについても不備なものが多かった。鳥取県のように実際に訓練を行った自治体は少なく、計画は作成したが実行できるか否かは不透明な状況だったのである。その後、訓練などは行う自治体も増えてはいるが、現在も状況が改善されているとはいいがたいのである。
そもそも国民保護のモデル計画は、防災の視点で作成されており、有事に対応できる部分と、そうでない部分がある。例えば、国民保護においても以下のように、自衛隊に対し広範な活動についての協力が求められているのである。

①避難住民の誘導（誘導、集合場所での人員整理、避難状況の把握等）
②避難住民等の救援（食品の給与及び飲料水の供給、医療の提供、被災者の捜索及び救出等）
③武力攻撃災害への対処（被災状況の把握、人命救助活動、消防及び水防活動、ＮＢＣ攻撃による汚染への対処等）
④武力攻撃災害の応急の復旧（危険な瓦礫の除去、施設等の応急復旧、汚染の除去等）
（総務省消防庁ホームページ「都道府県国民保護モデル計画 http://www.fdma.go.jp/html/kokumin/model.pdf）

以上のような活動は可能なのであろうか。災害派遣であれば、自衛隊に大きな期待が集まるのは当然であろう。しかし、有事の際に自衛隊は本来の任務である外敵への対応が優先され、一般国民の避難・誘導は余力をもって協力することになる。はたして、そんな余力が自衛隊にあるのだろうか。私には現実的とは思えない。最新の武器や軍事技術の話が飛び交い、南西諸島への自衛隊配備が進められているが、国民保護の問題が置き去りにされているといってよいのではないだろうか。

4、与那国島と国境離島問題

私は二〇〇四年から毎年与那国島に通った。与那国は日本最西端の小さな離島である。総人口：一六四一人、総世帯数：九二四世帯（令和三年三月末日現在）。北緯二四度二七分、東経一二二度五六分に位置し、台湾から一一一キロ、隣の石垣島まで一二七キロであり、台湾の方が近い。気象条件がよければ、台湾が見える。八重山諸島と台湾の中間的位置になり、沖縄全体から見ても、台湾との結節点にあたる存在であった。実際、古くから台湾と与那国の往来は頻繁であって、与那国の港町は台湾との交易で栄えていた。これは一九五〇年代に米軍が国境の取締りを厳しくするまで続き、一九四七年に人口一二〇〇〇名で村から町へ昇格するほど活性化していたのである。

しかし、密貿易の取り締まり強化等によって島の経済は停滞をはじめ、本土復帰の七二年に人口約二六〇〇名、そして現在は約一六〇〇名である。台湾との関係を遮断されたことが、この島を停滞させたことは明らかである。自らの地理的位置を生かして、いわば自然に形成された経済圏の中で経済活動を活性化させていたものが、国際関係の中で翻弄されてしまったわけである。「離島苦《しまちゃび》」といわれる医療・福祉・教育等の問題に関するさまざまな困難を抱え、経済的活性化への道も見当たらない離島の苦難は台湾から切り離されたときに始まったと言ってよい。

与那国が抱えている問題の重要性は、そこが国境の島であるということで増幅されている。前述のように、台湾から一一一キロという至近にあるため、島の重要な産業である漁業の魚場も、台湾近海にあるものがある。たとえば、九六年の台湾海峡危機の際、ミサイルが与那国漁船が魚場としている海域に着弾し、漁業が困難になるという事態も起こっている。このときは沖縄県側の働きかけで何とか事態は収拾したが、尖閣列島問題、天然ガス開発問題など、海洋権益をめぐる中国との対立が激化している今日、与那国の国境の島としての位置づけは重要度を増しており、それが後述の自衛隊配備問題につながっているのである。

さて、私が与那国島に通ったのは、与那国島は政府が進める竹富島、石垣市との合併を拒否し、独自の自立プランを掲げて特別区と指定されるべく政府と交渉していたからである。では与那国が将来を懸けた「自立プラン」はどのような内容のものであろうか。紙幅の関係で詳述する余裕はないが、特に重要な点は、国境の島ということを意識して安全保障の問題にも関心を払っていること、そして台湾との交流を前提としている点である。前者は、与那国町の「自立・自治宣言」中の「私たちは、東アジアの平和維持と国土・海域の平和的保全等に与那国が果たしてきた役割への正当な評価のもとに、日本国民としての平穏な暮らしを実現しながら、平和な国境と近隣諸国との友好関係に寄与する『国境の島守』として生きることを誓う」という文言に、後者は同じく「私たちは、すでに友好関係を深めている花蓮市をはじめとする台湾など、近隣・東アジア地域と一層の友好・交流を推進するとともに、相互発展の道を築き、国際社会の模範となる地域間交流特別区の実現に向け努力することを誓う」という文言に象徴的に示されている。

結論としていえば、与那国島の自立プランは政府から認められなかった。国境交流特区としての申請は却下されたのである。当時の政府は、与那国島に限らず、国境離島の存在や経済振興に、どれほど関心があったのか不明である。衰退に任せていたのだから、関心がなかったのであろう。与那国島の求めについても、前例や実績がないことなどを理由に却下された。しかし、特区になって、これまでやれなかったことを行いたいというのであるから、前例がないのは当然である。政府の壁は厚かったわけだが、与那国で自立構想にかかわった人々は、何とか台湾との交流を活性化させるべくその後も努力を続けたのである。

そういった状況の中で突然持ち上がったのが「自衛隊配備問題」であった。自衛隊誘致論は以前から存在はしていたが、自立構想却下で急浮上したのである。町長や一部の町会議員により誘致活動は積極的に進められ、防衛省としても八重山地域に初めて自衛隊を配備する方針が決定され、計画が具体化していった。しかし自衛隊配備が進むと、台湾交流への意欲がそがれることになり、また自衛隊配備によって与那国が攻撃対象になるという危機感もあって誘致反対の強い意見が提起された。配備賛成派は国会議員の演説会なども企画し、自衛隊が配備されることで財政支援が行われること、隊員が家族で赴任することで人口減少に歯止めがかかることなど、自衛隊配備が地域振興策であるという主張を積極的に展開した。反対派は住民投票の実施を訴えたが、町長を含め賛成派が多数の議会は住民投票を認めず、駐屯地建設がすすめられていったのである。

そもそも自衛隊は地域振興を目的とした組織ではない。自衛隊配備による財政支援や隊員派遣による人口増などは短期的な現象で、与那国が衰退した根本的な理由の解消につながらないことは明らかであった。また、自衛隊配備後の米軍との共同使用を検討した電報なども明らかにされ、与那国島が紛争に巻き込まれることへの島民の危機感は強かった。しかし反対意見を無視する形で駐屯地建設は進められ、結局、自衛隊配備を巡って島民は分断される状況となった。濃密な関係で築かれていたコミュニティが、自衛隊配備によって分断され、配備が行われた現在でも、対立意識は残ったままとなったのである。そして同じようなことが、宮古島や石垣島でも繰り返されようとしている。そしてここでも、国民（島民）保護の議論は一向に進んでいない。

5、急速な変化の中で――「海国」日本の安全保障とは

9・11を契機として、日米の防衛協力は、実際に自衛隊が海外派遣される段階まで進んだ。それ以後の進展は急速で、国内の議論は変化に追いついていない。そこで最後に、再軍備時代からの政軍関係や防衛政策史、そして沖縄や与那国といった地域にかかわってきた視点から見えている変化、あるいは依然として変わっていないことについてまとめておきたい。

今世紀に入って安全保障環境の悪化はさらに進んでいる。北朝鮮の核問題は一向に解決のめどは立たないし、ロシアや中国は力による国際秩序変更を露骨に行うようになっている。特に中国は、世界第二位という経済力を背景として軍備増強・近代化を進め、アジア太平洋における脅威の中心となっていることは間違いない。軍備増強の速度は著しく、アジア太平洋方面に展開する米軍が果たして対抗できるのかも疑問となっている。

以上のような状況は、日本国民にも浸透しており、内閣府の「自衛隊・防衛に関する世論調査」（平成

三〇年）によれば、日本が戦争に巻き込まれる危険があるという割合は八五・五％に達している。冷戦終了後の湾岸戦争があった一九九一年に、「危険がある」「危険がないことはない」を合わせて五五・四％だったのだから、国民の危機感は大幅に増大したわけである。北朝鮮の拉致問題や不審船、ミサイル開発、中国漁船の巡視船衝突をはじめとした一連の強硬姿勢など、国民の不安を募らせる問題が相次いだことは間違いない。冷戦期には軍事を語ることがタブーとされ、ＯＢでも自衛官がテレビなどで積極的に発言することはまれであったが、現在は元自衛官の方々が頻繁にテレビで解説し、多くの著作も発表されている状況は隔世の感がある。安全保障において軍事は重要な位置を占めており、軍事の役割などを無視して外交や安全保障を考えることは無理がある。その点で、冷戦が終了してようやく日本も常識的な安全保障論議ができる土壌ができたと見ることもできるだろう。

しかし実際の議論を聞いていると、やはり日本独自の議論が展開されているように思えることが多々ある。その第一は、総合的な安全保障政策の視点というより、抑止や最新の軍備状況といった戦術的な議論に偏りがちだということである。抑止論や最新の軍事技術は重要だが、安全保障で語られるべき課題は、経済や科学技術、資源や食糧の確保といった、国家の将来や存立にかかわるすべての分野に及んでいる。そういったことを抜きにして、軍事の分野だけで優劣を議論することには限界がある。たとえばインド太平洋方面に展開できる米中の戦力を比較すると、現状でも中国の方が優位であり、二〇二五年にはその差はもっと拡大すると考えられている（「対中国、崩れた米軍優位　日米2＋2立て直しが急務」『日本経済新聞』二〇二一年三月一六日）。軍事バランス重視の見方にたてば、中国の軍事力行使、たとえば台湾や尖閣諸島への軍事侵攻が間近に迫っているという議論になる。米国インド太平洋軍のデービッドソン司令官による「台湾への脅威は今後、六年以内に明白になる」という発言（三月九日議会証言）もその論理の延長上にあると言ってよいだろう。

しかし、軍事力の行使は軍事バランス論だけで行われるわけではない。軍事バランスが重要な問題であることは間違いないが、周辺諸国との関係、国際情勢、軍事行使に関するコストと利益のバランスなど、多様な観点が必要になる。そもそも、軍事バランスだけで語ると、世界最強の軍事力を持つ米国といえども、中国だけではなくロシアや中東など多方面を考慮しなければならず、コロナウィルスへの対応やその後の経済立て直しに多額の財政支出を必要としており、中国に単独で対抗することはきわめて困難である。したがって、バイデン政権は、軍事的に対抗する姿勢を見せつつ、ヨーロッパやインド太平洋諸国との同盟・協力関係を再構築し、さらに協力可能な分野では中国を巻き込むことによって、国際社会の諸課題にともに取り組むステークホルダーにするべく外交を展開している。トランプ政権と異なり、外交・安全保障のプロと言われる人々が参集したバイデン政権は、まさにプロが行う安全保障戦略を形成、展開しようとしているのである。

そうした動きはアメリカだけではない。ＥＵ諸国もそうであるし、ＥＵを脱退したイギリスもインド太平洋を意識した“Global Britain in a Competitive Age”という戦略を策定し、この地域でのプレゼンスを拡大しようとしている。こういった動きは、単に中国を包囲しようという「封じ込め戦略」的な考えではなく、総合的な外交戦略として展開されようとしているのである。

そういった戦略の根底にあるのは、あくまで「国益」に対する明確な意識である。相互に共倒れになる可能性がある大国同士の武力行使は、両者にとって利益にならないことは明らかである。無論、偶発的事象も含めて、武力衝突の可能性はいつでも存在している。現在のように、中国が台湾周辺のみならず、尖閣諸島近辺や南シナ海でも露骨に軍事的圧迫を行なっている状況では、不測の事態が生じても不思議ではない。しかし、突発的な軍事衝突が生じた場合、拡大しないような努力が行われるのが普通であるし、「台湾アイデンティティ」が高揚している人口約二四〇〇万人の台湾に対し、本格的な全面軍事侵攻が行われるかというと、可能性は低いであろう。

もちろん、サイバーや経済的圧力など多様な手段を使って圧力は強められるであろうし、金門・馬祖や東沙諸島への軍事力行使の可能性は考えておくべきであろう。尖閣諸島への圧力も強くなっていくであろうが、重要なことは、中国は（そして米国も）軍事力だけを使ってくるのではなく、サイバーや経済力、思想戦や宣伝戦など、多様な手段を行使してくるということである。そしてそれは国際社会の常識であって、軍事力のみで安全保障は担保できないのである。

しかし日本の議論は、軍事がタブーとされていた時代が終わったら、今度は軍事が過剰になっていないだろうか。安全保障を総合的に考えているだろうか。

これは日米同盟に関する見方も同様である。一九世紀の英国の首相パーマストンの名言「英国は永遠の友人も持たないし、永遠の敵も持たない。英国が持つのは永遠の国益である」はよく知られているが、これが正しく理解されているのだろうか。現状において日米同盟が日本の安全保障にとって極めて重要であることは間違いない。現在の安保条約が締結された一九六〇年から数えても六〇年以上の歴史を持つ安保条約は、今後も当分の間、日本の安全保障の基軸であるだろう。ただし、そのことと現在の日米同盟のあり方が続くべきかということは異なる。国家間の条約である以上、日米協力についても日本の行動は、日本の国益を基本に考えなければならない。米国の求めに、どの程度、いかに応ずるかが重視されている（少なくともそう見える）現状は再検討すべきであろう。元来、大国は自分勝手なものである。トランプ前大統領の行動は最たる見本だが、かつては日本に知らせることなく中国と関係を改善したのもアメリカである。同盟のジレンマの下、見捨てられる恐怖から、ひたすら求めに応じていても、予想外の展開になることがあるというのが国際社会である。

その意味からも、日本の国益を再検討した上で、日本の安全保障戦略が構築されなければならない。防衛力整備も、そうした安全保障戦略を土台に形成されるべきであり、どれほど必要かわからない米国製の装備を増やせばいいというわけではない。

そもそも国会等での十分な議論もなく、自衛隊の活動範囲（地理的にも内容も）が広がっていくのは問題ではないだろうか。第二次安倍政権で予算は増加傾向に入ったが、冷戦終了後、自衛隊は予算と人員削減が進められる一方で、任務は急速に拡大した。政治決定に自衛隊は逆らえないが、現場レベルでは限界に達していると思われる。

さて、沖縄や与那国という地域からの視点も含めてみていると、日本の安全保障・防衛政策のみならず、政治の在り方そのものへの疑問が生じざるを得ない。国民を置き去りにして、説明や理解を得る努力が行われないまま、既成事実が積み重ねられつつある。そしてそれは年々増幅している。沖縄の普天間基地返還問題で、沖縄県は辺野古への移設に反対している。私も、海兵隊の機能や役割の変化などから、辺野古への移設は不要と考えている。また、海兵隊機能は、これまでの歴史的経緯を考えると本土に移るべきとも考えている。しかし、辺野古移設反対、海兵隊の沖縄からの移設という議論になると、いまだに「では沖縄から米軍がいなくなってもよいのか」という批判が行われる。沖縄には海兵隊だけでなく、成田空港より巨大な嘉手納基地や海軍のホワイトビーチなど、多くの米軍施設があることにはなぜ、目が向けられないのであろうか。

沖縄の地政学的な位置という議論もあり、海兵隊移設という主張は軍事の初歩を知らない意見と批判される。しかし沖縄の米軍施設の実態や、海兵隊の機能変化などを踏まえた真剣な議論が聞かれることはほとんどない。軍事を語るにしても、本当に語るべきことが語られていないというのは、軍事をタブーにしていた時代から発展したと言えるのだろうか。

与那国島をはじめとした離島への自衛隊配備についても、軍事バランスなどの理由は説明されるが、前述のように島民が不安視している島民の保護については置き去りになっている。そもそも日本は専守防衛を掲げているが、これはいざという場合には「国内が戦場となる」ことを前提としたものである。そのことに政治もジャーナリズムもアカデミズムも、あえて触れぬまま日本の防衛政策の基本方針としているが、南西諸島で自衛隊配備が進められている地域住民は、自分たちが軍事的脅威にさらされる可能性を感じているのである。そうしたことに目を閉じたまま、現在の防衛論議が進められていることは、極めて大きな問題であろう。９・11以降、急速に進む日米防衛協力の一方で、議論すべきことが議論されないという状況は、どうすれば改善されていくのだろうか。

目覚めた市民は二度と眠らない

池田《いけだ》 香代子《かよこ》
ドイツ文学翻訳家。専門は口承文芸。一九四八年東京生まれ。主な著訳書は『ソフィーの世界』『夜と霧 新版』『グリム童話』(全五巻)『世界がもし100人の村だったら』(六冊シリーズ)。

これはごく私的な備忘録です。何かの役に立つとも思えませんが、あるきっかけで人生が様変わりした平凡な人間の二〇年前の記憶をたどることにします。

1、WTCで亡くなった方の息子も報復が答えではないと

私はドイツ語の翻訳者として、また口承文芸(昔話)に細々と関心をつないで生きてきました。

二〇〇〇年の暮れ、新居に移りました。ここであと二〇年になるか三〇年になるか、翻訳三昧に過ごすつもりでした。設計した建築家の富田玲子さんが、イスラエルのお土産の、白地に青い鳩の絵のタイルを玄関に埋め込みました。そこにはヘブライ語、英語、アラビア語で「平和」と書かれていました。まるでこの家で過ごす未来を暗示するかのような意匠でした。

というのは、静かな生活は八か月とちょっとで突然終わったからです。九月一一日の夜から、テレビには二棟の超高層ビルにジャンボ機がのめり込み、反対側から破片となって飛び散る映像や、黒と灰白色の煙を上げ、見る見る低くなって巨大な灰塵の雲の中にのみ込まれていくビルの映像があふれました。私は恐怖に凍りつきながら、ジャンボジェットと超高層ビルは地球資源をもっとも浪費する、という環境学者の言葉を思い出していました。

それらの資源浪費の代表に象徴される現代資本主義文明が、その中心であるアメリカのニューヨークのど真ん中で、呪詛と凶暴な嘲笑をつきつけられた、という事実に慄然としました。なにしろ照準を定められた建造物の名前はワールド・トレード・センター（ＷＴＣ）、世界の商取引の中枢です。その名の通り、実体経済の四倍とも五倍ともいわれるヴァーチュアルな金融経済の代表的な金融機関が、世界中から集まっている建物です。

一つの世界が終わった、と思いました。実際には、その後金融資本主義はますます隆盛をきわめ、並行して貧富の差はさらに拡大していきました。そして世界の分断は険しさを増し、世界のあちこちで血が流れ、社会が破壊されて今に至っています。

ここで息子の話をさせてください。息子が卒業した私立高校は帰国子女が三分の二を占め、その半数がアメリカ、そのまた半数がニューヨークで育った子どもたちで、心はニューヨーカーという生徒が最大グループを形作っていました。クラスは仲がよく、卒業後七、八年たった当時もメーリングリストが続いていました（当時、ＳＮＳはほぼメーリングリストだけでした）。

当然メーリングリストでは、アメリカ同時多発テロをめぐって議論が沸き起こりました。アメリカ育ちが中心となって報復を主張し、それに反対する意見と激しくぶつかりました。そうなると、メーリングリストは自然消滅するのが常です。何をいっても誰かに反論されるので嫌気がさし、誰も投稿しなくなるからです。

ところが、この場合はそうなりませんでした。議論の末に、報復が答えではない、という結論にみんなが同意したのです。そして、もっとも強硬に報復を唱えていたメンバーが、今アメリカでこんな作者不明のメールが出回っている、と一通のチェーンメールを投稿しました。私は、この年の暮れに絵本『世界がもし１００人の村だったら』を出すのですが、この「１００人村メール」の英語版はその巻末に収録しました。

あとになって、メールを投稿したのは、ＷＴＣに勤務していて亡くなった方のご子息だったことがわかりました。彼は、父親の安否が不明なことを伏せ、不安と悲しみを押し隠して、怒りにまかせて報復を主張していたのです。そして、友人たちとの議論をへて報復を否定するに至り、あのメールをみんなで共有しようとしたのでした。

2、『世界がもし100人の村だったら』を出した経過と理由

絵本『世界がもし100人の村だったら』のあとがきの最後に、私はこんなことを書いています。ここに出てくる「ネットロア」とは、インターネットを通じて広まる現代の民話（フォークロア）という意味で、このあとがきを書いた時に仮にそう名付けました。今ではそれなりに認知されているようです。

「このネットロアと、二〇〇一年九月一一日に始まった一連のできごとは、けっして切り離せないだろう。ある種の世界意識のようなものが覚醒し、もはや天文学的にひらいてしまった貧富の差に危機感を覚え、このネットロアのなかにその目を静かに、しかししっかりと見開いたのではないだろうか。そのまなざしの先にあった不吉な予感がまるで的中したかのように、事件は起こった。（中略）メルヒェンは希望を語る、とドイツの思想家エルンスト・ブロッホはいった。現代のメルヒェン、ネットロアも、もちろん語っているのは希望である。それは、不公正を脱して公正へと一歩でも近づこうとすることで、この世界を『私』を含めてそっくり愛することをいまようやく始めたい、という希望だろう。おそらく、二〇〇一年九月一一日が『世界が変わった日』ではなく、『世界が変わり始めた日』になることが、このネットロアの予言であり、希望なのだ」

今読むと、ずいぶん気負った文章です。また、インターネットに対する期待が甘すぎます。今や、個人の購買傾向を分析して個別の商品広告につなぐという、すぐれて消費資本主義的な目的のために開発されたアルゴリズムが、付随して個人の思想傾向をも分析し、同じ傾向のネットコンテンツをその個人に推奨

することで思考の単線化と先鋭化、そしてグループの蛸壷化を招き、それが世界の分断を深刻なものにしているというのに。イスラム国もQアノンもネトウヨも、このネットの設計が増幅した病理現象だというのに。二〇年前の私には、こんな病んだ世界は思いもよりませんでした。

この時の興奮と楽観は、じつは私のごく個人的な経験を反映したものでしかありませんでした。ネットロア「世界がもし100人の村だったら」を発見したこと、そしてアメリカのアフガン報復攻撃に反対する人びととメーリングリストでつながったことが、インターネットが人びとのよき意思をつないで大きな力とするのだ、という楽観的な見通しを信じさせました。なにより、それまで戦争や平和についてあまり考えてこなかった自分が、9・11という惨事を目の当たりにして世界への関心を呼び覚まされた高揚が、このあとがきの口ぶりに現れています。

絵本『世界がもし100人の村だったら』の刊行は、事件からきっかり三か月後の一二月一一日でした。一〇月の始めに出版社が決まり、一か月ほど毎日何度も書き直し、並行してイラストレーターやデザイナーが作業を進めました。まさに緊急出版です。

なぜこの絵本を出すことにしたのかの説明があとになってしまいました。それをこれからお話しします。

早くも事件の数日後に、アメリカ政府の中枢、私の印象ではとくにチェイニー副大統領が、事件を首謀したとされるアルカイダをかくまっているとして、アフガニスタンを報復攻撃する、とすごんでいることに愕然としました。いかに世界情勢に疎いとはいえ、途上国では人口の半分は子どもだということぐらいは知っていました。アフガニスタンも貧しい国です。ここを空爆すれば、巻き添えでたくさんの市民が傷つく。死ぬ。その半分は子どもだ、と考えて、いてもたってもいられなくなりました。

とはいえ、どうしたらいいのかわかりません。そんな中、中村哲先生のことを知りました。当時すでに二〇年も、パキスタンやアフガニスタンで医療奉仕を行い、アフガニスタンでは井戸を掘り、農業用水路を拓いている中村先生が、アメリカのアフガン攻撃に備えて緊急の募金を呼びかけていたのです。なにもできない私にも寄付はできる、と気がつきました。私は元来、熱心に寄付をする人間ではありませんでした。けれども、中村先生には一万円では足りない、もっとたくさん寄付をしなければ、と思ったのはなぜなのか、われながら説明できません。そこには、理屈ではたどることのできない跳躍がありました。

この焦燥に、日本語でも急速に広まっていたネットロア「世界がもし100人の村だったら」が結びつきます。あれを絵本にして、その印税を中村先生に使っていただこう、一〇〇万円くらいになったらうれしい、と思いついたのです。あの絵本はつまり、お金が目的でした。印税を中村先生にお渡ししたら、元の翻訳と昔話研究の生活に戻るつもりでした。あとがきも、世界のことについて述べたのは先ほど引用した部分だけで、あとはテクストの変遷や伝播など、口承文芸の立場からこのネットロアを観察したものでした。

ところが、絵本はとほうもなく売れました。これは、9・11から日も浅いあの頃、多くの人が待ち望んでいた本なのでした。なぜあのような惨事が起きたのか、静かに世界を見つめ直したい、難しい各論や分析ではなく、ましてや国際情勢の解説でもなく、本当はとっくに感じていたこの世界の、いびつで病んだ現実を再確認したい、そして、より公正な世界への道があると確信したい……そんな思いの受け皿に、あの絵本はなったのだと思います。

3、日本の難民問題にも関わる

絵本が社会現象のようになったため、私はいろいろな場所に呼び出され、意見を求められるようになりました。いきおい勉強もし、あれこれの活動に参加する機会が増えました。

日本の難民問題もその一つです。

絵本発売の二日前、一二月九日の日曜日に、代々木公園で平和のための大きなイベントがありました。私は、『世界がもし100人の村だったら』出版を自分なりのささやかな社会参加と捉えていたので、ブースを申し込んで、編集者とその幼い娘さんと三人で、刷り上がったばかりの絵本を売りました。事前の宣伝はなく、どんな内容かまったく情報はなかったのに、このタイトルと印象的な子どもたちの表紙絵からなにかを直感した人びとが、次々と買ってくれました。一〇〇冊持ち込んで、残ったのは数冊でした。

そのイベントのステージで、中東からの難民申請者が、いかに日本が難民に冷たいかを訴えていました。難民といえば遠い外国のことだと思い込んでいたので、この社会にも難民としてたどり着いた人びとがいて、ひどい仕打ちを受けている、という事実に衝撃を受けました。

さらにひどいことに、当時はアフガニスタンの人びとが次々と入国管理局に収容されていました。アフガニスタンでは、スンニ派のタリバン政権のもと、シーア派のハザラ族は迫害を受け、イランなどの国外に脱出する人が後を断ちませんでした。日本に住むアフガニスタン人も、ほとんどがハザラ族でした。アメリカ政府は、同時多発テロ事件にアフガニスタンのタリバン政権が関与している、としたわけですが、そのタリバン政権に敵視されていたハザラ族をテロ対策で収容するなど、日本政府はめちゃくちゃです。収容された中には、会社を経営し、日本の社会に安定した足場を築いて久しい人もいて、まさに常軌を逸した「取り締り」でした。

収容に絶望して自殺する人びともいました。イスラム教徒は、遺書の一行目に、自分が知らずに罪を犯してしまった人びとへの謝罪の言葉を連ねます。遺体は、宗教上火葬はもってのほかなので、みんなでお金を出し合って、空路、生前の彼らを受け入れなかった故国へと帰っていきました。日本の入管行政のこうした非道ぶりは、二〇年たった今も続いています。

私は難民問題に取り組むボランティアやNGO所属の専門家、持ち出しで活動する弁護士グループと知り合い、難民の方々が収容されている十条や牛久、大阪の茨木（この時は五人の国会議員の視察を案内する形でした）などに足を運んだり、アフガン料理レストランの開店を手伝ったりするようになりました。それまで知らなかった世界に足を踏み入れ、アフガニスタン人やクルド人をはじめとする外国人や国会議員、ジャーナリストなど、それまで縁のなかった人びとと知り合い、生活は一変しました。

難民申請書類の翻訳や、海外の難民受け入れ制度のリサーチのために、『１００人村』の印税は役に立ちました。全額を中村先生に使っていただくはずだった印税は、さまざまな団体やグループにも受け入れていただくことになったのです。その総額は、きちんと計算していませんが、おそらく六〇〇〇万円にはなったと思います。『１００人村』はその後テーマ別の六冊のシリーズになり、これはその印税から税金を引いた額です。

４、イラク戦争に反対する国会ロビイングの開始

このお金、「１００人村基金」は、私自身が参加した二つのアクションにも使いました。

その一つが国会ロビイングです。アメリカはアフガニスタンのタリバン政権を崩壊させると、二〇〇二年、イラクにその矛先を向けました。イラクは大量破壊兵器をひそかに開発している、というのがその理由です。フセイン政権は国連監視検証査察委員会（ＵＮＭＯＶＩＣ）の査察を受け入れ、平和を望む世界の市民は固唾を飲んでなりゆきを見守りました。

アメリカでは、ヴェテランズ・フォー・ピース（平和のための退役軍人）という団体が、日本のフォトジャーナリスト、森住卓さんの写真集『湾岸戦争の子どもたち』の英語版を連邦議会の上院と下院すべての議員に届け、戦争の被害を受ける子どもたちのことを考えて武力介入を思い止まるよう、訴えていました。日本でも、市民の声を集めた小冊子を議員に届ける人びとがいました。それらにならい、私たちも「イラク１００人村アクション」と名乗って、すべての国会議員を対象に「写真集ロビイング」をすることにしました。写真集を買うお金、約四〇万円は、「１００人村基金」から出しました。

9・11の直後、「CHANCE!」という全国規模の巨大メーリングリストが立ち上げられ、デモ（「ピース・ウォーク」と呼んでいました）やイベントの告知、情報共有、意見交換など、活発なやりとりがなされていました。いろいろなアクションが提案され、参加者を募っては、アクション専用のメーリングリストが枝分かれしていきました。私たちもここに呼びかけ、全国から五〇人以上が集まりました。国会議員会館で写真集を配るわけですが、それには事前に七〇〇人以上いる議員の事務所に電話をかけて、面会予約を取りつけなければなりません。電話をかけ、その結果を集め、その日時に動ける人に手をあげてもらい、訪れる議員を割り振る……そうした作業は全国のどこにいてもできます。私たちの司令塔は三重県にありました。インターネットが空間を超え、個人の小さな力をつなげて具体的なアクションを実現させる醍醐味を味わいました。

二、三人のチームで議員会館を回るのですが、ロビイング経験者などいません。十数人が、「初めまして」と挨拶を交わして、集合場所の参議院議員会館別館から散っていくのでした。昼間、時間が自由になる女性がほとんどで、赤ちゃんや小さな子どもをつれて参加する方々もいました。社会活動も政治活動も初めての人びとが、議員や秘書と意見交換をするのですが、「私はついていくだけ」といっていた人が、一番能弁に思いを述べていたりしました。「100人村基金」を使った第二のアクションには、このロビイングの経験が役立つことになります。

5、元国連イラク大量破壊兵器査察官を日本にお呼びする

アメリカはイラクのフセイン政権打倒の姿勢を変えません。日本での１００人村メールの伝播ルートをたどる中、屋久島在住の作家・翻訳家の星川淳さんが、このメール拡散のハブの役割を果たした一人だと判明し、ネット上でのおつきあいが始まりました。二〇〇二年の年末、星川さんから、元国連イラク大量破壊兵器査察官のスコット・リッターさんを日本に呼びたい、ついては「１００人村基金」を使えないだろうか、という相談が持ちかけられました。星川さんは一〇月にリッターさんのインタビュー本、『イラク戦争　ブッシュ政権が隠したい事実』を翻訳出版したばかりでした。この本は、国連大量破壊兵器廃棄特別委員会（ＵＮＳＣＯＭ）の主任査察官として七年間イラクを査察した経験から、イラクが国際社会の脅威となるような大量破壊兵器を隠し持っているとは考えにくい、というリッターさんの見解を示すものでした。リッターさんは海兵隊の情報将校として湾岸戦争に従軍し、共和党支持者で、ブッシュ・ジュニアの大統領選にはボランティアとして参加した、という経歴の持ち主でした。

さっそくメーリングリストに告知し、「スコット・リッター招聘実行委員会」ができました。これが、「１００人村基金」を使った第二のアクションです。

当時は市民によるさまざまな反戦のプロジェクトが動いていて、ひとりがいくつも掛け持ちをするのでそのメンバーは重なり合い、巨大で有機的な全体をなしていました。出版、展覧会、黄色いリボンでの意思表示、もちろん集会やデモ。デモの前の集会で画家たちがバナーをライヴペインティングする、という

アクションもありました。宇野亜喜良さん、スズキコージさん、和田誠さんらが参加しました。私の周りには二〇代三〇代の若い勤め人が多く、その情報収集力や行動力、洞察力、発想力、そしてなによりインターネットのスキルに圧倒されました。

私たちの「スコット・リッター招聘実行委員会」も、そんな中にあって、あちこちから助けてもらいました。コアメンバーの星川淳さんと今村和宏さん（一橋大学教員）が英語に堪能だったおかげで、リッターさんとのコミュニケーションもスムースでした。

来日は翌二〇〇三年の二月三日から七日の五日間と決まり、準備に追われていたさなか、リッターさんがCBSテレビの有名番組「シックスティー・ミニッツ（60 Minutes）」に出演する、という一報がもたらされました。いやな予感がしました。予感は的中し、インタビュアーはリッターさんのイラク査察の経験や見解ではなく、過去のスキャンダルについて執拗に質問を浴びせました。

おそらくブッシュ政権はメディアに手を回し、前述の本のおかげで時の人になっていたリッターさんの信用失墜を目論んだのです。あわよくば日本行きも阻止したかったでしょう。日本語版のコピーは「ブッシュが最も恐れる男」でしたが、それが誇張ではないことを思い知らされ、私たちは、大変な人を呼ぶのだ、と改めて緊張しました。もちろん、招聘を見合わせるなど論外で、滞在中はボディーガードをつけることにし、VIP警護専門の、アメリカ人スタッフを擁する会社に依頼しました。いきおい、移動手段はワゴンタクシーやミニバスになりましたが、「100人村基金」があって本当に幸運でした。この資金で、同時通訳も優秀な方々を確保できました。

「シックスティー・ミニッツ」に話を戻すと、スキャンダルというのは、何年も前にリッターさんが未成年の女性とディナーを共にした、というものでした。リッターさんには、若すぎる女性に惹かれるという弱点があるのです。しかし、これはそもそもがＦＢＩによるおとり捜査で、女性は成人と偽ってリッターさんに接近していました。裁判ではそうしたことが勘案され、司法取引で決着しました。番組中リッターさんは、事件について公けの場で話さないという決着の条件を挙げて、インタビュアーの追求をかわしました。

6、「真の友人なら酔っ払い運転する人のキーを取り上げる」

そんなこともありながら、リッターさんは無事、東京にやってきました。成田空港に待ち構えていたテレビクルーへの応対を皮切りに、息つく間もない取材の日々が始まりました。取材はまさに洪水のようでした。私たちは速報性を重視して、優先順位をテレビとラジオ、新聞、週刊誌、月刊紙と決めました。

リッターさんの巨躯が、すべての民放キー局の夜のニュースを席巻しました。日本テレビの「プラス1《ワン》」とテレビ朝日の「ニュースステーション」（久米宏さん）には、はしごで生出演しました。録画出演は、テレビ朝日の「サンデープロジェクト」と「ワイド！スクランブル」、フジテレビの「ニュースジャパン」と「報道２００１」、ＴＢＳの「ニュースの森」と「スーパーＪチャンネル」と「ニュース２３」（筑紫哲也さん）でした。

もっとも熱心だったのは、テレビ朝日の川村晃司さんでした。川村さんは強引で、取材予約もなしにホテルのロビーで待ち構えていて、ホテルの人が飛んでこようがどんどんカメラの三脚を立てさせ、五分だけといいながら結局一五分も二〇分も時間をとってしまうのでした。私は、出発が遅れてしまうのでいらいらしましたが、川村さんのジャーナリスト魂のおかげで、昼の生活情報番組に硬派の反戦のメッセージが流れました。

ホテルの部屋には、取材クルーが次々とやってきました。前室には次のクルーが待機していました（リッターさんの部屋を前室のあるゆったりした部屋にしたのは正解でした）。

もう二〇年たったので書きますが、心外なこともありました。ある大新聞が出している週刊誌の担当記者が、「記事はイラク開戦したらどかーんと出します」と興奮気味にいったのです。その記者は女性でした。女性は平和の力、というスローガンがありますが、そんなのは嘘っぱちです。

記者会見は二回、国会議員会館と外国記者クラブで行いました。

メディアと並んで私たちが重視したのが、政治家への情報提供と意見交換です。夜のニュースをはしごした二月四日の午前中に、院内集会を開きました。院内集会は、一人の議員の紹介があれば開くことができます。ところが初心者の私たちは、この院内集会の目的は、党派を超えた議員たちにリッターさんの話を聞いてもらい、日本政府がアメリカのイラク攻撃に賛成しないように働きかけてもらうことなのだから、すべての会派に紹介議員をお願いするべきだ、という不思議な考え方をしました。

紹介議員を探すには、前年のロビイングが役に立ちました。どの議員が好意的に話を聞いてくれたかが把握できていたからです。結果、与党を含む全八会派の国会議員が、呼びかけ人として名前を連ねました。そんな依頼をして回り、院内集会の案内チラシをポスティングするために、リッターさん来日の直前、私たちは議員会館に日参しました。少しでも関心をもってもらうために、朝早く起きてアメリカの新聞のネット記事に目を通し、めぼしいものを抄訳してチラシに添えました。そんなある日のニュースに、ニューヨークタイムズがすっぱ抜いた米軍のイラク攻撃作戦プランがありました。フセイン政権にブラフをかけたい国防省が、意図的にリークした記事でした。「衝撃と畏怖」という作戦名を見たとき、アメリカはなんと傲慢な国だろう、と恐ろしさとともに軽蔑を覚えました。

その記事の中に、「最初の数日間に大量の爆撃を首都バグダッドに集中させることで、ヒロシマ・エフェクトを得る」というくだりがありました。原爆投下は日本の戦意喪失という効果をもたらしたアメリカの成功体験だ、とする価値観が露骨に出ていました。抄訳には、もちろん「ヒロシマ・エフェクト」の文字を入れました。その日は訪問する予定のなかった亀井静香議員の部屋にも、抄訳を届けました。広島選出の亀井議員は、姉を原爆で亡くしています。秘書は、「これはアメリカ大使館に正式に抗議すべきだ」と怒りを込めていいました。

ニューヨークタイムズの記事は、日本のメディアにも大きく取り上げられましたが、奇妙なことに「ヒロシマ・エフェクト」の文字はどこにも見当たりませんでした。昨今、コロナ禍の聖火リレーはやめるべきだとするアメリカNBCの記事に、聖火リレーはナチスが始めた虚飾だ、という指摘がありましたが、日本の報道機関はどこもそれを報じなかったことに共通しています。日本のメディアは、かつての戦争と現在を重ね合わさないよう、申し合わせでもしているのでしょうか。

ともあれ、そうした事前の働きかけも功を奏したのでしょう、集会には約四〇人の衆参議員と約四〇人の議員秘書が参加しました。うしろの壁際にはテレビカメラが林立し、旧参議院議員会館のいちばん広い会議室は超満員でした。あとで、同じ時間帯に開催されるはずだった参議院の外交防衛委員会が定数不足で流会になった、と知りました。みなさん委員会をすっぽかして、リッターさんの話を聞きに来たのです。

リッターさんはおよそ次のような話をしました。

「無条件抜き打ち査察にイラクが協力するといっている現在、中断している査察を再開すれば、イラクに大量破壊兵器による武装を解除させることは可能だ。自分たち国連査察団は、九五％まで査察を終えた。大量破壊兵器の疑いのあるものは、工場ごとぶっ壊した。あと五％だ。自分がこの戦争に反対するのは愛国者だからであり、建国の理念である自由と民主主義を守りたいからだ。日本はアメリカの友人だろう。誰かが酔っ払い運転をしようとしたら、キーを取り上げるのが真の友人ではないか」

論理的で緻密な主張でした。低い声は静かで、強調のためにトーンを上げることもありませんでした。質問に数値を交えて冷静沈着に即答する明晰さには目を見張りました。

翌日は、外交関係の政府関係者と議員のみのクローズドの意見交換会を開きました。これは、今初めて明かすことです。この秘密会には、外務大臣や外務政務官、その経験者、外交や防衛関係の委員会に所属する議員などが多数参加しました。

7、心は海兵隊員だったリッターさん

一般向けのイベントも開きました。二月六日、翌朝は帰国という日の夕方、東大駒場キャンパスの大教室で開かれた「『イラク戦争』を考える　講演とシンポジウム」には、パネラーとして姜尚中さん（東大教授）、首藤信彦さん（衆議院議員）、高橋和夫さん（放送大学教授）、田中宇さん（国際情勢解説者）が登壇し、司会は石田英敬さん（東大教授）が勤めました。参加者は、今だからいいますが消防法の規定を大幅に超える約七二〇人、さらに五〇〇人以上の方に入場をお断りするほどの盛況でした。

私たちはこの催しに関わる余裕がなく、すべてメーリングリストに丸投げしたのですが、会場に着くと、イベントはみごとに準備されていました。壁にはイラクの人びとの写真をあしらったポスター（「Do you bomb them?」というコピーは池澤夏樹さん）に、リッターさん来日を支援する著名人がサインしたものが張り巡らされていました。小山内美江子さん、落合恵子さん、樹木希林さん、桑原茂一さん、坂本龍一さん、霜山徳爾さん、田沼武能さん、灰谷健次郎さん、久田恵さん、宮内勝典さん、本橋誠一さん、湯川れい子さん、梁石日さん……。すべて、いろんな人が自分の人脈を使って賛同してもらったものです（樹木希林さんと梁石日さんは私がいただきました）。ジャンルを超えて、世に名を知られた人びとが、これほどたくさん反戦の声をあげたのです。神保哲生さんがインターネットのストリーミング配信をしました。ストリーミングという言葉を、このとき初めて知りました。

疾風怒濤の五日間、星川淳さんと私はリッターさんと同じホテルに泊まり、二四時間体制でマネージメ

ントしました。リッターさんは、夜は査察団の元同僚たちとメールで情報交換し、ちょうど来日中に国連安保理で行われたパウエル国務長官スピーチを分析して、その日のうちにあれはでたらめだと結論していました。リッターさんはあまり寝ていなかったと思います。にもかかわらず、分刻みのスケジュールや予定外のアポイントメントに、疲れた顔も見せずに応じていました。一度謝ったら、「私は海兵隊員だったんですよ」と、気力体力に自信のあるところを見せました。

じっくり話をする暇はありませんでしたが、それでもぽつりぽつりと言葉を交わしました。あるとき私が「元海兵隊員」の意味で「ex-marine」といったら、リッターさんはやや気色ばんで「違う、former marine だ」と訂正しました。ex- は完全に心が離れている、former は心が今もつながっている、という説明でした。リッターさんは海兵隊を誇りに思い、今も心は海兵隊員なのだ、と思い知りました。

もう一つ印象的だったのは、日本の憲法九条のことです。私は、日本は九条があるので戦争はしない、とたどたどしい英語で説明したのですが、リッターさんは納得し難いようでした。けれど、離日前夜、リッターさんはいいました。たぶん、インターネットで日本の憲法のことを調べたのだと思います。

「私はなにかというと、銃を取る、という。それは、私があなた方よりも臆病だからだろう。九条のある国に来ることができて、私はうれしい」

8、世界をコントロールするのは市民だ

あれから、イラクはめちゃくちゃなことになり、シリアやイエメンなどでも流血と社会の破壊が続いています。しかし、私たちがしたことはなんだったのか、などと感傷にふける気はありません。それは変装した自惚れというものでしょう。端的にいって、市民の力が足りなかったのです。イラク開戦前夜、世界的な反戦のうねりの中、自分たちも力の限りを尽くしながら、もしかしたら史上始めて、連帯した世界の市民が戦争を阻止するかもしれない、と信じた瞬間が何度もありました。けれど、市民にはあと一歩、力が足りなかったのです。

それでも、イラク反戦運動の経験は引き継がれ、さらに洗練され力を蓄積しながら持続している、と私は思います。たとえば気候変動や格差拡大という世界的な危機に対応している主体は、国際学会でも国連でも各国政府でも個別の企業でもありません。一見それらが主導権を握っているように見えますが、それぞれがその機能を発揮しているだけです。そして、それらを突き動かしているのは世界の市民です。市民がその動きを叱咤し、また支持しなければ、政府も企業も空気の入っていない気球のようなもので、空に浮かぶことはできません。

コントロールという言葉の成り立ちは、コントラ（対抗する）＋ロール（役割）だそうです。対抗する役割、大胆に意訳すれば、「役割としての対抗軸」でしょうか。対抗軸からの牽制を受けて初めてシステムは正常に動く、つまりコントロールされているということです。国際的組織や政府や企業といった、何十年、

何百年前からの既存の組織に対して、もとを正せば一人ひとりの気づきのアド・ホックな寄せ集めである市民の力は、常に後発の対抗軸、コントロールでしかありえません。しかし、逆転の発想をすれば、コントロールでありうるのです。この対抗軸は常に存在してきました。これからも存在し続けます。つまり、世界をコントロールするのは市民なのです。

最近は、東アジアにも不穏な空気が立ち込めています。中国は、香港の次にいよいよ台湾に狙いを定めているのではないか。それに対抗するためとして、アメリカは日本を本格的に軍事戦略に組み込み、日本に弾道ミサイルを配備し、集団的自衛権の行使を迫るのではないか。国内に目を転じても、深刻な人道危機は続いています。入国管理局の収容施設が、アブグレイブ収容所のような人権侵害を続けているのも、その一例です。

危機は相変わらず続いている、というよりむしろ危機は歴史の常態です。そうと目覚めた市民は、二度と眠り込むことはないでしょう。五〇歳を過ぎてようやく目を覚ました寝坊の私もその一人です。

引きこもり日本の中の沖縄

屋良《やら》 朝博《ともひろ》
衆議院議員（二〇一九年四月より）。フィリピン大学経済学部卒、沖縄タイムス社記者、ハワイ東西センター客員研究員、沖縄国際大学非常勤講師、琉球大学非常勤講師を歴任。

1、沖縄は危ない

9・11の当日、沖縄タイムスの記者だった筆者は、嘉手納基地を抱える沖縄市コザにある支局にいた。あの夜、仕事を終えて帰宅準備をしていると、編集局のテレビはニューヨークの摩天楼に旅客機が突っ込むシーンを映し出した。しばらく画面を眺めていた。

電話が鳴った。聞き慣れた声は本社社会部デスクだった。基地の街の様子を取材し、記事にしろとの指

表1　9.11でキャンセルが増加した沖縄県への団体旅行

区分		キャンセル	2000年度実績	割合（%）
修学旅行	学校数	363	1,596	22.7
	人数	84,790	303,672	27.9
一般団体旅行	団体数	460	−	−
	人数	17,524	4,217,528	0.4
計	団体数計	823	−	−
	人数計	102,314	4,521,200	2.3

（備考）　1. 沖縄県観光リゾート局発表による。
2. 集計は、旅行代理店5社からの聞き取りによる。
2001年10月11日15時現在の実績。
3. 2002年3月までの予約分について、個人客を含まず。

（出典）内閣府 地域経済レ　ポート（平成13年11月）

示だった。基地・沖縄で何か不測の事態でも起きるのだろうか。そんな言いようのない不安を覚えながら夜の街へと車を走らせた。週末なら酔った米兵がたむろする通りは人影がまばらで静かだった。

駐留米軍はすぐに警戒レベルを上げた。通常は日本人従業員が警備する基地ゲートに、ライフルを持ち、防弾チョッキに身を固めた警備兵が立哨に立った。基地の中では迷彩色の装甲車がパトロールしていた。兵士が目を光らすのは内側ではなく、基地を囲む民間地の方だ。彼らが不審だと感じたら兵士のライフルは民間地へ向けられる。しばらくするとゲートに沖縄県警の警備も配置された。軽装備の警察官が重装備の米兵の前に立たされる異様な風景が出現した。

週末の夜に街に繰り出す米兵の姿が消え、基地周辺の歓楽街は生気を失った。沖縄は戒厳令下のような重い空気に包まれた。それは最大の稼ぎ手である観光業を直撃した。

「沖縄は危ない」。沖縄旅行を控える空気が日本中に広がり、修学旅行のキャンセルが相次いだ（表1）。

修学旅行を企画していた学校には、「沖縄は大丈夫ですか」といった問い合わせが保護者から殺到したという。修学旅行は米同時多発テロ

図１　湾岸戦争時に減少した沖縄県への入域観光客数

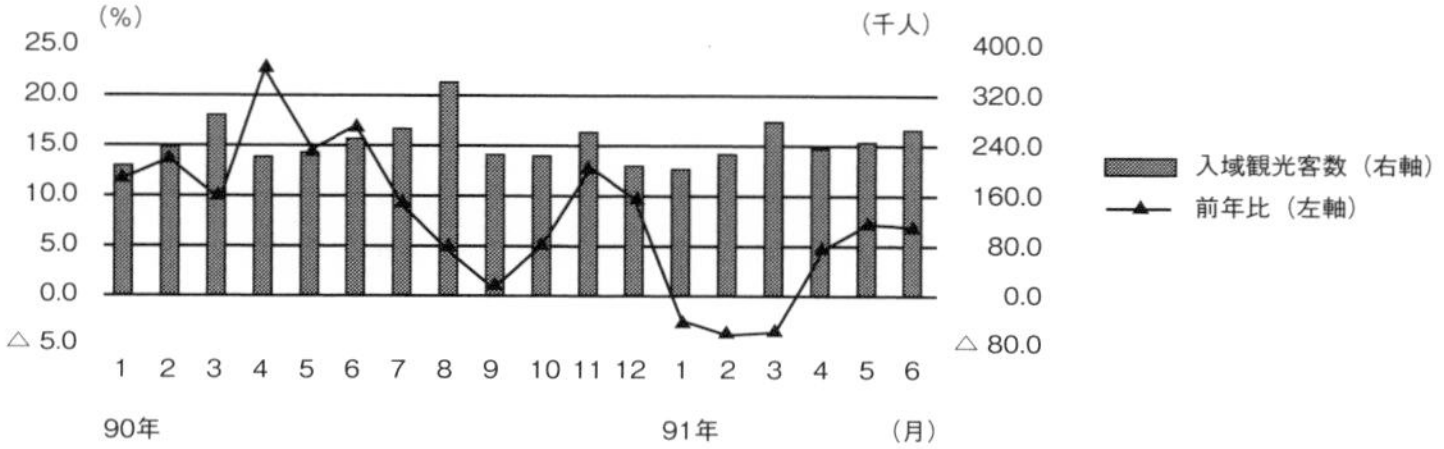

（出典）沖縄県「観光便覧」より作成。内閣府地域経済レポート（平成13年11月）

があった二〇〇一年と前年実績を比較すると、学校数、人数とも七―八割も減った。団体旅行は九割減という落ち込みだった。当時、沖縄の県内総生産に占める観光収入は一二%で、製造業の約二倍、米軍基地があることによる収入は五・四%に過ぎないことから、米国のテロ事件の経済上の被害は太平洋を超えて沖縄を直撃した。日頃から米兵による事件事故や軍用機が民家上空をなめるように飛ぶ騒音被害といった直接的な〝基地被害〟に住民は悩まされている。加えて米軍基地があることで「沖縄は危ない」という本土側にある深層心理が表出する。沖縄がテロに巻き込まれるかも知れないという不安だ。

湾岸戦争の時も沖縄の観光客は減った（図1）。国際情勢に左右される沖縄のリーディング産業。本土にとって沖縄は平時にはトロピカルリゾートの遊び場であるかもしれないが、何かがあったらすぐにでも敬遠できる場所なのだ。しかも沖縄に進出している大型ホテルは本土か外資系がほとんどである。沖縄の年間観光業の売り上げはおよそ七〇〇〇億円だが、この中でパック旅行が三〇〇〇億円を占めており、地元に落ちるお金は見かけよりも少ない。

湾岸戦争、米同時多発テロと続いた観光への打撃は後遺症が長く続いた。

ホテルは一度落とした宿泊単価を通常価格に戻すには長期を要した。リゾート沖縄のトロピカルな風景は一瞬にして迷彩色に塗り固められる。海外の有事、紛争と沖縄が直結する。日本の安全保障の犠牲となってきた沖縄は、何かあれば切り捨てられる現実がある。

第二次世界大戦の敗戦で連合国軍に占領された日本が独立を果たす時、沖縄は米国へ差し出された。冷戦の中、米核戦略の最前方基地となり一〇〇〇発を超える核弾頭が嘉手納弾薬庫に隠されていた。そして冷戦終結後の平和の配当を望むべくなく、テロとの戦いに引きずり込まれる。時代は移り変わっても日本の「捨て石」とされてきた沖縄の扱いは変わらない。

2、ポスト9・11

9・11後も日本は相変わらず対米関係という狭い枠だけで世界を覗き見ているようだ。冷戦後の安全保障は地域紛争やテロ対策などいわゆる〝非対称〟といわれる領域に入った。さらに地球温暖化、大規模災害といった分野もまさに今日の安保課題となっている。象徴的にいわれるのは、新たな世界の安全保障課題は9・11と3・11であり、軍隊も新領域に合わせて自らを整形し、予算確保に奔走してきた。

冷戦期の対称的安保から今日は非対称的安保へと移行した。対称的安保は敵軍がミサイルを五〇発保有していれば、バランスを確保するには自軍も五〇発かそれ以上を持つなど量的に力のバランスを図る。ピストルを持つ二人が互いの額に銃口を当てながら、リボルバーから銃弾を一発抜いてはそれを確認し合い、さらに次の一発を抜いていくことがデタントだったと表現する専門家もいる。非対称的安保は主に国家ではなくテロや宗教、民族などに根差した地域的な紛争への対処をいう。都会でジャンボ機をハイジャックしてビルに激突したり、腹巻にダイナマイトを巻き付けたテロリストが人だかりで自爆したりする破壊行為をどう防ごうか。ミサイルや空母は役に立たない。冷戦後、非対称の複雑な世界に私たちは生きている。

この環境変化に敏感に、そして目敏く対応したのが海兵隊だろう。小部隊で小回りが効く海兵隊こそ非対称戦の勝者である、と言わんばかりのアピールを議会向けに発信し、冷戦後の生き残りと予算獲得に奔走した。

沖縄にある米軍基地の七割を占有する海兵隊は一九九二年、海軍のミニ空母を含む強襲揚陸艦隊を長崎県佐世保に配置した。いわゆる「米軍再編」の一環だった。海兵隊は兵力二万二〇〇〇人の二割にあたる四〇〇〇人を削減し、現在の一万八〇〇〇人態勢になった。沖縄海兵隊を運ぶ艦艇が日本に配備されたのはその時が初めてで、それまでは移動手段を自前で持たない部隊だった。嘉手納飛行場は空軍の基地なので、海兵隊を運ぶための輸送機は置いていない。打って出る手段を持たない「張子の虎」のような存在が、ようやく自前の艦艇を与えられ、遠征部隊を編成できるようになった。ポスト冷戦、非対称の安保環境が在沖米海兵隊のつくりを大きく変えた。

元は海軍艦艇の警備兵だった海兵隊が独自の戦闘方式を編み出し、海から陸へ攻め込む強襲揚陸を近代化させたのはベトナム戦争のころ。自らをアンフィビアス・フォース（水陸両用軍）と呼ぶ海兵隊は、当時、新鋭機だったヘリコプターをミニ空母で運び、敵陣近くの沿岸部から攻撃目標へ兵士を直接投入する「空陸一体」の戦術を導入した。

海兵隊は任務に応じて部隊編成を変えることが可能で、多様な局面に機動展開できる。国家同士が衝突する大規模紛争にはフルスペックの海兵遠征軍（MEF、四万五〇〇〇人）、テロ集団のような小規模な地域紛争には海兵遠征旅団（MEB、一万五〇〇〇人〜一万七〇〇〇人）、紛争未満の事態（紛争地での民間人救出、海上で瀬取り取締り、人道支援・災害救援など）には海兵遠征隊（MEU、二二〇〇人）を編成、派遣する。MEBは強襲揚陸艦を一五隻〜一七隻、MEUは三〜四隻で隊員や装備を展開する。

在沖海兵隊が持てる兵力、艦艇数で編成可能な部隊はMEUのみであり、その任務は紛争未満の事態に限定される。米軍は冷戦の間、中東と朝鮮半島で同時に有事が発生することを前提に〝二正面戦略〟を保持してきた。一四〇万の総兵力のうち、双方に五〇万の兵力を派遣し、残りを戦況によって追加派遣する二の矢として温存していた。沖縄の海兵隊（兵力一万八〇〇〇人）は規模が小さく、移動能力が不十分であることなどをみても三の矢であって、有事即応部隊の位置付けではない。

沖縄に海兵隊が駐留すれば日本は大丈夫だ、という漠然とした期待が日本の施設提供行政を膠着させてしまう。近年の高まる中国脅威論に対抗する軍事配備を沖縄に求める思考は戦中・戦後、そしてポスト9・11のいまも変わらない。

戦争でいったいどれほどの米軍兵力が北東アジアに展開するのかさえ、日本は米側から情報をもらえていないようで、公表できていない。他方、韓国は公開している。韓国国防総省の防衛白書二〇〇八年版によると、朝鮮半島有事で米軍は陸海空・海兵隊合わせて六九万人を増派すると明記している。艦艇一六〇隻、軍用機二〇〇〇機という大規模な部隊派遣となるという。

沖縄駐留の陸海空・海兵隊の総兵力は約二万五〇〇〇人。極東最大の嘉手納基地には主力のF–15戦闘機が四八機、空中給油機一五機や特殊作戦輸送機一〇機などを含めて常駐機はおよそ一〇〇機くらいでしかない。朝鮮有事に増派される軍用機の二〇分の一でしかないことから、有事においてはおそらく沖縄だけでは抱えきれない兵力、装備が日本にやってくることは容易に想定できる。日本は増派軍を受け入れる物理的な用意と政治的な覚悟はあるのだろうか。日米両首脳の会合で、米側から「尖閣は安保五条の適用範囲」という言葉だけで悦に入る日本は、アジアの安保空間を漂流し続ける。

朝鮮半島のリアルな有事の備えに比べると、沖縄の米軍基地が日本を守ってくれている、というバーチャルリアリティとの思考ギャップは大きい。有事における増派部隊の情報公開の日韓の違いについて政府に問えば、他国のことは関知しないと煙に巻く。安全保障に対する気概、覚悟、自主性の差なのだろうか。日本はリアリズムの意味を履き違えているようだ。

3、高次現実主義

筆者は二〇一九年八月、大学時代を過ごしたフィリピンを訪問した。中国と向き合いながら南シナ海の安全保障にどう対応しているのかを知りたかったのと、米軍があった地域の返還跡地利用を確かめることが目的だった。

フィリピンは長年、反政府武装勢力（共産主義の新人民軍、イスラム教徒のモロ民族解放戦線）との内戦に明け暮れた。国軍は陸軍主体の野戦仕様で、外部の脅威に備える軍事力と呼べるほどの備えはない。

南シナ海にある島々の領有権などをめぐり中国を相手取った国際裁判で、ハーグ仲裁裁判所は二〇一六年、フィリピンの主張を認めた。裁定を受け入れない中国は、南シナ海で四つの環礁を埋め立て、三〇〇〇メートル級滑走路を数本敷設し、周辺国は軍事的な脅威を感じている。

この緊張状態にどう向き合っているのだろうか。マニラ市内にあるフィリピン軍のアギナルド基地で話を聞いたのは、ドゥテルテ政権の閣僚ホルモネヘス・エスペロン国家安全保障会議議長だ。南シナ海の緊張が国家安全保障に及ぼす影響について問うと、エスペロン氏は「戦争できると思いますか？」と笑みをたたえながら逆に質問してきた。あらゆる事態を想定した備えが安全保障の要諦だと考えている日本の外務・防衛官僚は、おそらく「戦争できるかできないかの可否ではなく、備えが大事ですよ」と答えるだろう。しかし相手は海軍叩き上げの安保担当閣僚だ。「戦争できると思うか」の直球にごまかしは効かない。筆者は自信なげに「戦争は無理でしょう」と返した。曖昧な態度を見透かすようにエスペロン氏はこう続けた。

「私はいがみ合いよりも、中華料理の飲茶に舌鼓し、ハンバーガーにもぱくつき、キャビアやウォッカも味わいたい。キムチも寿司も好きだよ」「それでいいではないか」

「戦争なんてできっこない」という常識をあっさり公言できるからこそ、全方位外交の〝旨み〟をシンプルに語ることができるのだろう。中国や米国の間でうまく立ち振る舞い、ロシアとも日本、韓国とも付き合うバランス外交を展開する。それがドゥテルテ政権の外交・安保政策だ。そしてうまく経済援助や民間投資を引き出している。エスペロン補佐官は「等距離のバランス外交はフィリピンの地理的な優位性があるからこそ可能なのだ」と確信していた。

ハーグ仲裁裁判所の裁定で事実上勝訴したドゥテルテ政権の対応は素早く、実に見事だった。中国に何らかの譲歩や対応を求めず、領土問題を棚上げにして経済交流を優先させた。エスペロン氏は「裁定は裁定。中国との関係は領土問題だけではない。経済交流、人的交流、文化交流も同様に必要であり、いずれもわれわれの国益だ」と語った。領土問題にケリをつけるには高い確率で戦争に導かれる。エスペロン氏の「戦争できますか」との問いかけは「リアリズム＝現実主義」をどこまで貫けるかが問われるようだ。現実味のない思考を巡らすのは妄想、幻想、そして時間の浪費に過ぎない。それらの無駄を一切削ぎ落とした合理性がある。

日本では脅威論に基づく軍事・防衛論が「現実主義」で、平和護憲を「リベラリズム」と区別されているようだ。冷戦後も同じカテゴライズが言論空間を分断している。しかしイージス・アショアの失態や様々な米国製兵器のアンバランスな〝爆買い〟を「現実主義」とするなら、逆に夢見のような滑稽さが漂う。エスペロン氏が語った安全保障は、例え敵対国であっても経済、文化、人の交わりを通して信頼を醸成していくことが肝要だということだろう。

他方、日本で語られる安全保障はとかく軍事に偏りがちで、基本的な論理からかけ離れている。軍事力は安全保障の一部でしかないが、政府はいまあらゆる場面で、「日本を取り巻く安全保障環境が急速に悪化している」というフレーズを使いたがる。だから日米同盟をより強固にすべきだと考えがちだが、安保環境を良くしたり、悪くしたりするのは外交であり、それを指揮するのが政治の役割であるはずだ。政治家が「安保環境の悪化」を強調するほど、天に唾を吐くようで間が抜けている。日米首脳会談の度に「同盟関係はより強固になった」と強調するが、どこまで固めれば気が済むのか、と思うのは斜に構えすぎだろうか。

エスペロン氏はフィリピンの地理的優位性を強調したが、それなら沖縄も負けない。四時間圏内にアジアの二〇億人がいる。国であるフィリピンと沖縄を比較するのはおこがましいが、沖縄もかつて琉球王朝時代に善隣外交で大いに富を築いた歴史がある。泡盛と島唄で難しい難問は先送りにしよう。所詮外交も人の業。フィリピンのように分かりやすいのが一番いいはずだ。「戦争なんてできっこない」という開き直りは、矛盾の多い防衛論議よりもよっぽど高次の現実主義ではないだろうか。

4、沖縄基地の虚構

二〇二〇年一月、筆者は先輩議員とともにワシントンへ飛んだ。沖縄の基地問題を米国の国会議員に情報提供することが目的だった。住宅地の真ん中にある海兵隊普天間航空基地を移転するため、名護市辺野古の海岸線を埋め立てて滑走路を建造する日米両政府の合意に対し、二〇一九年二月に実施された沖縄県民投票で七割が反対したことを伝えたら、アメリカの国会議員は驚きの表情を浮かべた。絶滅危惧のジュゴンやサンゴ礁が生息する豊かな生態系を米軍基地が破壊する計画であることを説明すると顔をしかめる。そして極め付けは、普天間飛行場に隣接する小学校では軍用機からの落下物を警戒し、校庭にシェルターが設置され、ヘリコプターが近づくと子供たちがシェルターに逃げ込む現状を説明すると、議員らは両手を広げ、「オーマイゴッド」と顔を曇らせる。

国防総省関係者との議論でこんなやりとりをした。「海兵隊の航空部隊は地上戦闘部隊と連携するため、近傍に配置しなくてはならないということですね」と質問すると、これには「そうだ」と即答する。続けて、「航空部隊と地上戦闘部隊をまとめて九州などへ移転させることは可能ですね」と問うと、政府関係者はこう返した。

「あなたのロジックを私は否定できない」（I can't deny your logic）。

真実はそこにある。海兵隊の運用は基地の配置とは直接的には関係がないということだ。基地施設の位置ではなく、部隊運用を維持できるかどうかである。海兵隊は海軍艦艇で移動するが、艦艇は長崎県佐世保に配備されている。電車に例えると始発が長崎、乗車が沖縄となっているが、目的地がインド・アジア太平洋地域であれば、乗車駅は長崎、鹿児島でも熊本などでも支障はない。消防に例えると、消防車は長崎、消防隊員は沖縄という分離配置が可能である以上、隊員の所在はどこでもいいのだ。

沖縄に海兵隊が駐留する理由について、政府側の答弁は紋切り型で、①日本を取り巻く安保環境が一層厳しい、②抑止力を維持、③沖縄の負担軽減を進める――の三フレーズを質問に応じて順番を変えながら繰り返しているだけだ。そして普天間飛行場の危険性を除去するため、辺野古移転が唯一の選択肢だ、と言い切るが、一日も早いのが最低一二年では矛盾も甚だしい。言葉が乱れると世が乱れる、とは古の言い習わしだ。

5、唯一の同盟国を失望させた唯一の総理

日本の外交関係筋が教えてくれた。二〇一三年一二月、ワシントンの日本大使公邸では米政府要人らを招いたパーティーが開かれていた。その会場にある知らせが日本から飛び込んできた。安倍晋三首相の靖国参拝だった。外務省の対米担当者が恐れていた事態だ。米側は二か月前の同年一〇月にケリー国務長官、ヘーゲル国防長官が揃って「千鳥ケ淵戦没者墓苑」を参拝してみせるなど、安倍首相の靖国参拝を強く牽制していた。にもかかわらず安倍首相の突然の参拝に衝撃は大きかった。その後の外務省の任務は安倍政権を非難する米政府のコメントをできるだけ薄めることだったという。

オバマ政権は容赦なかった。「失望した」。米政府は非常に厳しい言葉を安倍政権に浴びせた。在日米軍は安倍靖国参拝の直後、複数回にわたり自衛隊との共同訓練をドタキャンしている。米軍の抑止力を頼りに日本の安保政策は成立しているが、失望させた日本を米国は若い兵士の命をかけて防衛義務を果たしてくれるだろうか。近隣国と信頼を築けない日本はその時、かつてない危機に陥っていたはずだ。にもかかわらず、常に日米同盟を神格化さえしている「安保族」はじっと黙ってやり過ごしていた。

米シンクタンクCSIC（パシフィックフォーラム）のブラッド・グロッサーマン事務局長は東洋経済のインタビューで、安倍首相の靖国参拝の問題点をこう指摘する。「靖国参拝が米国の東アジア戦略を混乱させたことは確かだ。いろいろな点で米国の意に反している」。安倍首相は米戦略を顧みずに自身の政治的欲求を満したかっただけと見られても仕方ない。安倍首相の軽はずみな行動はオバマ政権が求めていた日中韓の関係強化による東アジアの国際環境に悪影響を及ぼす。頼りの綱である米国から見放される状況は悪夢であり、安保上のダメージは計り知れない。オバマ大統領の日本訪問は翌年四月に予定されていた。

さらに稚拙なのはあのタイミングで靖国を参拝した動機だ。グロッサーマン氏はこう明かす。「それが確かなことかどうかはわからないが、安倍首相が沖縄問題の進展を計算に入れていたという報告はあった。米政府は沖縄問題の進展を歓迎し、安倍首相の靖国参拝を大目に見てくれるのではないかと」。自己の政治欲求を満たすために沖縄問題をだしに使ったのなら、日本の為政者はいとも簡単に沖縄を「捨て石」にするということだ。

6、日米の軟弱地盤

安倍首相の靖国訪問は、沖縄県の仲井眞弘多知事（当時）と面談し、辺野古埋め立て承認の確約を取り付けた翌日だった。グロッサーマン氏の見立てでは、辺野古問題を動かした〝ご褒美〟に米国は靖国参拝についての、親指を立てて〝OK〟サインを出してくれると思ってしまったということだ。もちろんその想定が浅はかだったことは、オバマ政権から投げかけられた「失望した」の言葉が物語っている。

辺野古を強行することはあくまでも日本の判断だ。それが日米安保条約の取り決めだ。米国は日本の求めに応じて日本の防衛とアジア地域の安全のために軍隊を派遣し、日本は受け入れ施設を提供することになっている。だから沖縄の民意を無視し、民主主義を壊してでも辺野古埋め立を強行することは全て日本政府による決定であり、米政府とは無関係だ。

にもかかわらず日米首脳、外務・防衛首脳の会談があると決まって、「普天間返還のため辺野古埋め立てが唯一の方法であることを日米両政府が確認した」と報じられる。なぜ必ずといっていいほど、首脳会談で普天間が議題にのぼり、何度も同じことを再々確認し続けるのだろうか。日米外交の当事者はそんなに忘れっぽいのか。

筆者が新聞記者として普天間問題を取材していたころ、沖縄問題の日米交渉を担当していた米外交官から「辺野古唯一の重ね塗り」について内実を聞いたことがある。日本側の求めで共同文書に記載しており、基地提供義務を日本が果たそうとする意向の表明なので米側としては反対する理由がない。それだけのことだ。日本政府が「普天間移転の辺野古埋立てをちゃんとやっていますよ」と報告して、米側は「あぁそうですか」と言っているに過ぎない。

辺野古埋め立ての価値はそれほど高くないばかりか、いま値打ちが加速度的に低下している。軟弱地盤が見つかり、埋め立て工事はいつ完成するか見通せず、しかも滑走路が短すぎて米軍の運用に支障を及ぼしそうだという指摘が米国内から噴出している。「辺野古が唯一」に米政府を付き合わせて、無理な工事の正当性をアピールするための外圧利用は姑息ではないか。

7、「辺野古」の価値低下

二〇二一年四月一六日、日米首脳会談がワシントンで開催され、バイデン大統領、菅首相の初顔合わせとなった。共同声明の中で安全保障分野では中国を牽制、台湾を書き込んだのが大きく変わったところだ。他方、またしても変わらないのが「辺野古唯一」と「尖閣に安保五条を適用」。この言葉はカビ臭い。

辺野古の埋め立て工事は工期が一二年もかかり、事業費は九三〇〇億円といずれも当初計画を大幅に超過する。埋め立て予定地の深い海底部にマヨネーズ状の軟弱地盤が見つかったためだ。計画の大幅な変更が必要なため、国は沖縄県に設計変更を申請している。沖縄県の玉城デニー知事が変更申請を認める政治的環境にないため、政府は沖縄県を相手取り裁判闘争になるはずだ。現政府を相手にした行政訴訟で地方が勝つことはほぼ絶望的だが、軟弱地盤の問題は今後も辺野古埋め立ての実現性に疑問を投げかけ続けるだろう。

米議会で辺野古埋め立てに対する疑問符が浮かび上がっている。二〇一九年、二〇二〇年と連続で辺野古埋め立てに対して、下院側が提出した国防権限法案の中に、①軟弱地盤の詳細な状況、②地盤強化策、③環境への影響、④軍事目的に関連した評価について議会へ報告するよう国防総省に命じる条項を挙げていた。上院との調整、駆け引きで成案になる前に削除されたものの、明らかに米議会内に「辺野古唯一」への懐疑的な見方があるのは事実だ。

米連邦議会の機関である米会計検査院（GAO）は二〇一七年レポートで辺野古の問題点を明らかにした。滑走路一二〇〇メートルは短くて、緊急時には米軍にとってお荷物となると指摘した。緊急時とは何も有事・戦争に限らない。米軍機が飛行中の計器不良などで〝緊急着陸〟するケースが頻繁に発生する。嘉手納飛行場ではアラートを発した軍用機が着陸する際、万が一の事故に備えて消防隊が出動、滑走路横で待機している様子が基地外からも目撃できる。那覇空港の管制トラブルなどで滑走路が一時封鎖されたときに民航機が嘉手納飛行場にダイバート（目的地外着陸）することもある。そのようなダイバードが辺野古の短い滑走路では困難だ。GAO報告書は機能的な欠陥を指摘している。

さらにレポートには目を疑うような記述があった。

「在日米軍の将校はこう証言する。日本政府が辺野古に巨額を注ぎ込んでいることで、米側は施設の問題を提起しにくい状況に追いやられている、という。もしこのまま滑走路の問題を放置すると、国防総省は運用面で欠陥を抱え、一部の作戦展開が実行不可能になるか、あるいは大きなコストを背負うことになる」

これが辺野古に対する会計検査院の評価である。米議会の一組織である会計検査院が報告書を出したということは、それを読んだ議員も多いということだ。日本が「唯一」と言い続けることを米議会側が粉飾と受け止めた時、日本の信頼はまた低下する。

辺野古への問題提起はGAOだけではない。米政府に政策提言するシンクタンク戦略国際問題研究所

（ＣＳＩＳ）が二〇年一一月の報告書で、「完成する可能性は低い」と指摘した。軟弱地盤を固める工事は困難だと見ている。日本の対米政策にも一定の影響力を有するＣＳＩＳのこの指摘は注目すべきだろう。

他にも米シンクタンクのクインシー研究所も二一年三月、辺野古中止を求めた。米国の軍事的な国際関与を減らし、海外基地を削減すべきだと主張するクインシー研究所は、元陸軍大佐でボストン大学名誉教授のアンドリュー・バスビッチ氏が代表を務め、主要メンバーにはパウエル国務長官の首席補佐官を務めたローレンス・ウィルカーソン氏らが名を連ねる。そもそも海兵隊の沖縄駐留が不要だと断言している。米国は世界に約八〇〇の軍事施設を持つ。ウィルカーソン氏は「約五〇〇施設は不要で閉鎖すべきだ。沖縄の基地はトップ五に入る」と語った（筆者インタビュー、二〇二〇年一月、ワシントン）。

8、安保論議

日本は燃料やサービスを自衛隊と他国軍の間でやり取りする物品役務相互提供協定（ＡＣＳＡ）をインドと締結した。その国会審議の直前に、「中国包囲」を意識して日本、米国、オーストラリア、インドの四か国で「クワッド」が立ち上がった。立憲民主党は憲法違反である安保法制下で他国軍との軍事協力は容認できないとして反対した。

国会内で様々な安保観が錯綜する。中国包囲をイメージしたクワッドだったが、参加国の間で中国との向き合い方に温度差があり、安保分野での協力枠組みに発展させることを見合わせた。新型コロナ対策など中国を刺激しない範囲に協力テーマを絞ることにした。そもそも中国包囲というスローガンに集う国がアジアにどれだけあるだろうか。

クーデター軍の民間人虐殺が続くミャンマーで、軍事政府から逃れて潜伏していた民主派国会議員とのネット会議に参加する機会があった。日本側から中国の関与について質問があった。中国とミャンマーをキーワードにネット検索すると、「『クーデターは好都合』ミャンマーの政治的孤立を中国政府はよろこんでいる」「『ミャンマー国軍の背後に中国がいる』を全否定した中国の本当の狙い」など、どれも中国のイメージが悪い。ミャンマー国会議員からも中国批判が聞かれるかと思ったが、「問題解決に国際社会の協力が不可欠だ。中国を排除する考えはない」と割とキッパリと否定したのが意外だった。

同様にインドネシア、マレーシア、シンガポール、フィリピンなどに対中包囲を呼びかけても足並みを揃えるのは難しいだろう。むしろ、中国かあるいはアメリカかの二者択一を迫ることがナンセンスだと反発を買うだけだ。アセアン諸国に散らばる華僑人は中国と太い繋がりを維持しつつ、その潤沢な資金力を持ってアジア各国で政治、経済に影響力を持つ。そのすべてを日米豪などで束ねて中国と向き合おうという発想が果たして現実的なのだろうか。

そんなアジアでオバマ大統領の頃、軍事一辺倒ではなく、ハードパワーとソフトパワーを掛け合わせた「スマートパワー」が提唱された。米国が呼びかける定期的な多国間合同軍事訓練の実態を見るとわかりやすい。日本や豪州、タイ、韓国など同盟国は上陸演習など軍事的な合同訓練のほかに、二〇〇〇年代に入ると人道支援、災害救援の国際協力をテーマにした訓練も実施している。軍隊を戦闘力としてだけではなく、災害対応などソフト分野の役割を多国間で向上させるハードとソフトの組み合わせである。

毎年二月にタイで開催される多国間合同演習「コブラゴールド」はアジア各国だけでなく、欧州、南北アメリカの国々など約三〇か国が参加する世界最大級の規模だ。二〇一七年の演習は中国軍とインド軍が人道支援訓練を共同実施し、辺地にある小学校に多目的教室を建設した。カシミールをめぐる国境紛争がある両国が同一プロジェクトに参加したのは驚きだった。お膳立てした米国は完成・引き渡し式に在タイ米大使が出席し、インド・太平洋地域の新しい協力の証だ、と称賛した。

多国間演習に中国が本格参加したのは二〇一四年からだ。米中関係がかつてなく悪化したトランプ政権下においても中国の参加は続き、二〇二〇年のコブラゴールドでは中国陸軍の精鋭特殊部隊二五人が派遣された。机上訓練や人道支援訓練に止まらず、戦闘訓練にも参加したと報じられている（Asia Times 二〇二〇・二・二五）。

可視化されている政治上の米中対立の裏面ではしっかりと米中の軍事外交は継続されていた。尖閣諸島を巡る緊張ばかりに目を奪われる日本では、「日本を取り巻く安保環境が悪化している」という言葉に意識が拘束されると大局を見失う恐れがある。日本で対中関係を改善しようという政治的な試みが見受けられないことが多いに気がかりだ。

9・11の米同時多発テロ事件から二〇年。中国を国際秩序に引き込む対策として、そして9・11後の対テロ戦略としての「スマートパワー」が今日的にも有効だと米政府が判断しているからこそ、コブラゴールドに中国軍を参加させていると考えられる。

おわりに

沖縄はかつて琉球国としてアジアに開かれた善隣外交を展開していた。一三〇〇年代から一四〇〇年代に築かれた五つの城跡群は世界遺産に認定され、大交易時代の栄華を伝承する。中国、日本、ベトナム、タイ、フィリピンなどとの中継貿易で富を築いていた。小さな王国は自らを守ためにすべての武器を捨てた。琉球生まれの護身術である空手は、攻守の技ではなく争いを回避するための精神鍛錬。角を持てば必ず叩き潰されることを悟った小国の安全保障だ。

琉球国の交易港があった中国福建省福州市には琉球貿易センター跡地に記念館が建てられ、当時の交流史を伝えている。さらに航海や福建滞在中に死亡した琉球人（レキオス）を葬った墓地をいまも福州市が墓守を置いて管理してくれている。

福建と琉球のつながりは深く、沖縄定番のおやつ「サーターアンダギー」のオリジナルは中国の「開口笑」。お腹いっぱいの沖縄方言「ちゅふぁーら」は福建で「吃飯了（ツゥーファーラ）」となる。独特のお墓「亀甲墓」も福建由来。ラフテー、豆腐餻（とうふよう）、チャンプルー。五世紀に渡る長い交流の中で当時世界トップの技術と文化が伝搬された。交易の利益を狙った薩摩が琉球国を侵略し、属国にした一六〇九年以降、琉球の富は収奪され、戦争で日本防衛の捨て石にされ、戦後復興どころか米軍統治下に置かれた。日本施政下のここ二〇〇年間、沖縄にとっては辛い歩みが続いている。

9・11とその影響に関する個人的考察

マイク 望月《モチヅキ》

ジョージ・ワシントン大学教授。一九五〇年石川県生まれ、米国テキサス州で育ち、ハーバード大学で博士号取得。専門は日本政治、日米関係、東アジア安全保障。著書に『虚像の抑止力』(共著)等。

柳澤協二氏からこの本の章を書いてみないかと誘われたとき、私は米国の対中東政策をあまり研究してこなかったので、客観的で最新情報の分析をするための知識がないのではないかと躊躇した。しかしアメリカ人が単に「9・11」と呼んでいる事件は、私のアメリカの外交政策、さらには日米関係に関する考え方にも大きな影響を与えたのである。そこで、もしよろしければこの本の読者の皆様には、9・11に関する私の個人的な経験と考察をお話し、9・11後の米国の外交・安全保障政策に関する言説の中で、日本がどのように考慮されたのかについていくつか論じてみたいと思う。

1、「私たちはすべてアメリカ人なのだ」

アメリカ人は、二〇〇一年九月一一日のアルカイダによるニューヨーク市貿易センターのツインタワーとペンタゴンへの攻撃を、いつどこで初めて知ったのかを常に覚えているであろう。私の世代では、これほどまでに記憶に大きな影響を与えたのは、ジョン・F・ケネディ、マーティン・ルーサー・キング・ジュニア、ロバート・F・ケネディの三人の暗殺事件であり、それらに匹敵するであろう。私が9・11同時多発テロ事件を知ったのは、その日の朝ジョージ・ワシントン大学のオフィスに向かう途中であった。午前九時四五分頃家を出たときには、ツインタワーに二機の民間航空機ボーイング767が激突したことを知らなかった。その日はなぜかテレビを付けずに、朝刊を読むことに専念していたのだ。

私はある本を手に入れたかったので、ワシントンDCに向かう地下鉄に乗る前に、まずメリーランド州ベセスダにある「セカンド・ストーリー・ブックス」というお気に入りの古本屋に行ってみることにした。どんな本を買おうとしていたのか、今となっては覚えていない。午前一〇時一五分頃、その古本屋のセカンド・ストーリー・ブックスに到着すると、店内は不気味なほど静かであった。静かなのは、開店したばかりのせいかと思ったのである。その時レジで働いていた二人の店員が、ツインタワーが燃えている映像を報道していたテレビに釘付けになっているのが目に留まった。最初は、「これは災害に関する映画の宣伝だ」と思った。しかしテレビに映っているのはお馴染みのニュースキャスターたちであり、映画製作者は彼らに短い出演を依頼しているのだと思って感心した。いつもは陽気な店員の二人はテレビをじっと見ていて、私がレジの前を通っても気付きもしなかった。どうしたのかと聞くと、ツインタワーに飛行機が二機も衝突したという。そして恐ろしいことに、世界貿易センタービルの北タワーが倒壊する様子がテレビの生中継で映し出され、さらに先ほどの南タワーの倒壊の様子が再現されていた。自分の目が信じられず、ショックで感覚が麻痺していった。書店にどれくらいいたかは覚えていないが、最終的にはジョージ・ワシントン大学に向かっていった。

ジョージ・ワシントン大学はホワイトハウスから数ブロックのところにあるが、メトロのファラガット・ノース駅に着いたときには、大学付近は閑散としていた。ホワイトハウスと旧行政府ビルにいた人々は午前九時四五分に避難しており、ハイジャックされた飛行機がワシントンDCに向かっており、おそらく連邦議会議事堂とホワイトハウスを狙っているとの情報があったことを後で知った。そして九時三〇分過ぎにダレス国際空港を離陸した飛行機が、ペンタゴンに衝突したと聞いた。大学のオフィスがあるビルに到着すると、誰もいない講義室の前を通ったが、そこではプロジェクターでテレビの生中継が大画面に映し出され、飛行機がツインタワーにぶつかる様子、タワーが燃える様子、そしてタワーが倒れる様子が繰り返し映像として流れていた。その部屋は、とても現実離れした感じがした。

九月一一日の前の週末、私の友人であるビル・ブレアは、在日米国大使館の首席公使を務めていたこともあり、日本の専門家数人と私をチェビーチェイス・カントリークラブに招待し、石原慎太郎知事と昼食を共にした。秋晴れの中、屋外での食事となった。東京都知事に当選して初めてワシントンDCを訪れた石原知事は、首都圏の間で増加する民間航空の需要に対応するため、横田基地の返還を求めて米国政府関係者と会談したのである。月曜日の会談がどうなったかは知らないが、テロが起きたのは火曜日だった。その後の公式会合がキャンセルされただけでなく、飛行機が飛ばなくなったために帰国が遅れたと後で聞いたことがある。

また、この週には、ジョージ・ワシントン大学のナショナル・セキュリティ・アーカイブスで、サンフランシスコ平和条約締結五〇周年を記念する会議が予定されていた。その際、入江昭氏とロバート・ワンプラー氏が編集した『一九五一―二〇〇一年のアメリカ合衆国と日本のパートナーシップ』という本が発売されることになっており、その本に掲載されたエッセイを執筆した著名な学者たちが会議で発表することになっていた。そのお祝いのイベントは中止になってしまった。

九月一三日、私は日本の政治と外交についての大学院セミナーを担当した。当時、海軍士官であった学生の一人は、ペンタゴンの日本担当部局に勤務していた。彼女はペンタゴンが攻撃された時にその建物にいたので、私は彼女に九月一一日のペンタゴンの状況を尋ねた。幸いなことに、彼女のオフィスは飛行機が攻撃した場所とは反対側にあった。セミナーでは、学生たちと九月一一日のテロとその影響について意見交換をしたが、私は感情を抑えて話すことがとても難しく、目が潤み、声が震えていた。

一九八〇年代には、世界貿易センタービルの中にあった新築のビスタ・インターナショナル・ホテルで開催された日米安全保障に関する非公式会談に何度も参加したことを思い出した。世界貿易センタービルの一〇七階に位置するレストラン「ウィンドウズ・オン・ザ・ワールド」で、しばしば日本の学者や政策担当者と一緒に、ニューヨークの街並みや自由の女神を眺めながら、素晴らしい食事をしたことを思い出した。一九九三年二月、アルカイダによるトラック爆弾がホテルの地下駐車場で爆発し、ビスタ・インターナショナル・ホテルは大きな被害を受けた。この爆発で六人が死亡、一〇〇〇人以上が負傷したが、その八年半後に世界貿易センタービルを襲った恐ろしい出来事を、私たちは想像もできなかったのである。九月一一日のテロから日が経つにつれ、私は日本の友人や同僚から送られてきた多くのメールに心を動かされた。思いやりのある言葉で、ワシントンDCの様子、そして私たち家族の安否を気遣ってくれたのだ。当時、ブルッキングス研究所に客員研究員として滞在していた朝日新聞の若宮啓文氏は、ワシントンDCにいる日本人たちと一緒に、被災者支援のための活動を行っていた。後に朝日新聞の論説主幹となる若宮氏は、9・11以降、「私たちはすべてアメリカ人なのだ」という言葉を残している。9・11直後の世界的なアメリカ人への共感は、私の心に大きな影響を与えた。アルカイダの攻撃がいかに人類の文明に対する攻撃であったのかを、この世界的な応援が私に教えてくれたのである。

2、真珠湾攻撃との類似性

テレビや新聞では、日本軍の真珠湾攻撃に言及することが多い。9・11テロは、一九四一年一二月七日の「悪名高き日」以来の米国領土への攻撃だと指摘した。真珠湾攻撃が諜報活動の大失敗であったように、九月一一日に起こったことをなぜ米国政府は予測し、準備していなかったのかと多くの人が問い始めた。なぜ米国の情報機関はまたしても惨敗したのか。誰に責任があるのか？アメリカ人は、苦悩と悲しみ、怒りと復讐心、そして愛国心と被害妄想といった一連の強い感情を抱いた。公的機関や民間の建物、店舗や家、トラックや車など、あらゆるところにアメリカの国旗が掲げられるようになった。リーダーたちが国家の統一を唱える中、米国議会はすぐに米国愛国者法を可決した。この法律は、監視活動や家宅捜索、そして企業や医療機関、図書館、書店の機密記録の入手を、裁判所の秘密命令で可能にするために、幅広い裁量権を連邦政府に与えた。この法律は、テロと戦うために、政府がアメリカ人の基本的な自由を侵害することを認めるものであった。

真珠湾攻撃の例え話が広く使われていることに、私は不安を覚えた。真珠湾攻撃の後、シアトルで父が祖父と共に日本人に見えるという理由で、脅迫を受けたと話していたのを思い出したからである。9・11以降、アラブ系やイスラム系のアメリカ人も同様に、言葉による嫌がらせや身体的虐待を受けたのである。モスクが破壊されたり、アラブ系企業が銃撃されたりしたのだ。アメリカ市民であるアラブ人やイスラム教徒に対する不信感の広がりは、真珠湾攻撃後に日系アメリカ人に向けられた人種差別的妄想に不気味なほど酷似していた。自分の家や店を守るために、多くのアラブ系・イスラム系アメリカ人はアメリカの国旗を掲げていた。一九四二年に日系アメリカ人が強制収容所に収容されたように、米国が安全保障上の理由からアラブ系アメリカ人を抑留するようになるのではないかという懸念もあった。中東出身のアメリカ人が数名殺害された後、二〇〇一年九月一七日、ジョージ・ブッシュ大統領はついにワシントンのイスラムセンターを訪れ、イスラム教徒のコミュニティリーダーと会談した。その際大統領は「すべてのテロリストは、イスラムの真の信仰とは関係ない」として、アメリカ人にイスラム教徒に敬意を持って接するよう呼びかけた。

二〇〇二年四月、私はジョージ・ワシントン大学ガストン・シグール・アジア研究センターのディレクターとして、カリフォルニア大学サンディエゴ校のジョン・ダワー教授を招き、毎年恒例のガストン・シグール記念講演会を行った。ダワー教授は、近代日本の最も著名な歴史家の一人である。第二次世界大戦後のアメリカによる日本占領について書かれた『敗北を抱きしめて』が最もよく知られているが、これは戦後の日本に関心のある私の学生全員に読ませている名著である。しかし彼の最も革新的な著書は、一九八六年に出版された『容赦なき戦い：太平洋戦争における人種と権力』であろう。この本は、人類史上最も血なまぐさい戦争のひとつを正当化するために、両陣営によって広められた人種差別的なステレオタイプを見事に分析している。私の招待を受けたダワー教授は、「九月一一日と真珠湾攻撃：文明の衝突と戦争の文化」と題して講演を行った。

ダワー教授の講演は、大きなレクチャーホールに立ち見が出るほどの盛況ぶりだった。空調設備の故障で会場はかなり暑くなっていたが、聴講者は辛抱強く耳を傾け、ダワー教授の話に感銘を受けていた。ダワー教授はまず、真珠湾攻撃と9・11の違いを指摘した。日本の真珠湾攻撃が米軍を標的にしていたのに対し、アルカイダの攻撃は民間人とアメリカの資本主義の象徴を標的にしていたことを強調した。九月一一日のテロでは、約三〇〇〇人の罪のない民間人が殺害され、アメリカ人の怒りが爆発したと指摘した。彼はこのような犠牲者が出たことに深い哀悼の意を表しながら、日本の真珠湾攻撃で亡くなった二四〇〇人以上の犠牲者の大半が米軍関係者であったことについて特に言及した。

続いてダワー教授は、戦争での民間人の死という問題に注目してほしいと語った。そのために、ニューヨーク・タイムズ紙が二〇〇一年九月一五日から毎日、9・11同時多発テロで死亡した約一七人の写真と簡単な経歴を掲載し始めたことを紹介した。この感動的なシリーズのタイトルは、〝悲しみの肖像〟であった。二〇〇一年一二月三一日までに、一九一〇枚の肖像を掲載した。このペースでいくと、すべての犠牲者を取り上げるのに、約一七五日かかるとダワーは推測した。そして、ダワーは、広島と長崎の原爆による死者二一万四〇〇〇人のことを考えてみてほしいと言った。仮に日本の新聞社が一日一七枚のペースで「悲しみの肖像」のように一人一人の死を記憶していくとすると、三四年かかることになるのである。

講義の後半で、ダワー教授は真珠湾攻撃と九月一一日の事件の類似性について述べた。ダワー教授は、真珠湾攻撃と九月一一日の同時多発テロの共通点として、アメリカ人は「想像力の欠如」のために準備を怠ったと主張した。攻撃の可能性を示す多くの明確な指標があったにもかかわらず、アメリカ人の傲慢さと自惚れが、日本であれアルカイダであれ、アメリカの敵の能力と意図を示す多くの証拠を真剣に受け止めることを妨げていたのである。ダワー教授は、アメリカ人には「外国人を理性的で道徳的な人間として認識できると扱わない」傾向があり、そのために「自分の行動が国際的に意図しない結果をもたらす」ことに気付かないのだと主張した。この示唆に富んだ講義をもとにして、二〇一〇年に『戦争の文化：真珠湾／ヒロシマ／9・11／イラク』という本が出版された。

3、世界的なテロとの戦い

二〇〇一年一〇月七日、米国はアルカイダと、アルカイダがアフガニスタンを拠点として9・11テロを計画することを許したタリバン政権を標的として、アフガニスタンを空爆する「不朽の自由作戦」を開始した。テロ攻撃からちょうど一か月後、ブッシュ大統領は「テロに対する世界的な戦い」に関する声明の中で次のように述べている。「テロはアメリカ国内で起きたが、それは文明世界の心と魂に対する攻撃であった。そして世界は、新しくこれまでとは異なる戦争をするようになったが、これが二一世紀最初で唯一の戦争になると願いたい。それはテロを輸出しようとするすべての人々に対する戦争であり、そしてテロリストらを支援したり庇護したりする政府に対する戦争である」と述べた。

そして一一月、大統領は「テロとの戦いに中立の余地はない」と宣言した。一一月一〇日の国連での演説の数日前、報道陣の前で次のように主張した。

連合のパートナーは、単に共感を示すだけでなく、行動しなければならない。それは、国によって行動が異なることを意味する。軍隊を提供したくない国もあるが、それは理解できる。またある国は、情報を共有することで貢献することができる。しかしすべての国は、テロと戦いたいのであれば、何かをしなければならない。時間が経てば、何もしなければ責任を問われることを各国が知ることが重要であろう。テロとの戦いにおいては、我々の側にあるかテロリストの側かのいずれかである。

一九九〇年のイラクによるクウェート侵攻に端を発したペルシャ湾岸危機と戦争での日米関係の緊張を

考えると、ブッシュ大統領のこの言葉は、日米同盟が再び厳しい試練にさらされることを確信させるものだった。

ブッシュ大統領の国連演説から数週間後、私は米国議会議員と日本の国会議員による日米対話に参加するため、空席の多いANA便でワシントンDCから東京に向かった。ジョージ・ワシントン大学の同僚であるヘンリー・ナウ教授と、レーガン政権で高官を務めた故ガストン・シガー教授が、一九九〇年代初頭に始めた議員交流プログラムである。当然のことながら日本の国会議員からは、世界的なテロとの戦いの中でアメリカが日本に期待することや、その戦争がどの程度の規模になるのかといった質問が繰り返し出された。

その時の出張では、東京で日本の外交評論家による公開フォーラムが開催され、私たち米国代表団の一部も参加した。日本の聴衆は、アメリカが主導するテロ対策に「戦争」という言葉を使うことに抵抗を感じていたのが印象的であった。多くの日本の講演者は、9・11同時多発テロは犯罪行為であり、国家が他の国家に対して行う伝統的な戦争ではないと指摘した。従って適切な対応は、全面的な戦争ではなく、国際的な警察活動であると。とても印象的だったのは、会場にいた日本の元外交官の発言である。彼は、9・11テロの後、自分は完全にアメリカの味方だったと述べた。しかし、ブッシュ大統領が「我々の側にいるかテロリストの側か」と宣言してからは、9・11への米国の対応に疑問を感じるようになったという。

確かにブッシュ政権は、国際的な警察活動という観点からは考えていなかったのである。文明に対する極悪非道な罪を犯したアルカイダを追及するのではなく、タリバンを倒してアフガニスタンに新政権を樹立しようとしていたのである。世界的なテロとの戦いは、第二次世界大戦のような実存する戦争になっていた。第二次世界大戦との類似性が明らかになったのは、二〇〇二年一月二九日にブッシュ大統領が米国議会で行った一般教書演説である。大統領は、いかにして「偉大なる連合」がアフガニスタンを「残忍な抑圧」から解放し、「カブールの大使館に再びアメリカの旗が翻った」かを自慢した。その後、大統領は北朝鮮、イラン、イラクについて語った。この三か国が九月一一日のテロを直接支援した、あるいは関与したという具体的な証拠はなかったが、ブッシュは「これらの国とそのテロリストの同盟国は悪の枢軸を構成し、世界の平和を脅かすために武装している」と宣言した。また「世界で最も危険な体制が、世界で最も破壊的な武器を使って我々を脅かすことを、米国は許さない」と断言した。ブッシュによれば、「我々のテロとの戦いは首尾よく始まったが、まだ始まったばかりである」とのことであった。

「悪の枢軸」の演説は、私の背筋を凍らせた。私は最初、ブッシュが政権交代を目指して、北朝鮮、イラン、イラクの三か国に軍事攻撃を仕掛けるような無謀なことをするのではないかと心配した。二〇〇一年一月にブッシュ大統領が就任したとき、私が大変失望したことの一つは、クリントン大統領が任期末期にウィリアム・ペリー元国防長官の助言を受けて始めた北朝鮮に対する建設的関与政策を継続しないという決定であった。韓国の金大中大統領は「太陽政策」の一環として、二〇〇〇年六月に歴史的な平壌訪問を行い、金正日総書記との間で緊張緩和と統一に向けた対話の枠組みとなる「南北共同宣言」に署名した。このような状況の中、クリントン政権は、北朝鮮の弾道ミサイル開発を中止させる合意の可能性を探った。マデレーン・オルブライト国務長官を平壌に派遣し、金正日総書記がミサイル開発をしないことを約束すれば、大統領自らが北朝鮮に行って合意書にサインするのではないかという噂も流れた。結局米朝ミサイル協議の問題が解決しないために、クリントンは二〇〇〇年一一月初旬の北朝鮮訪問を見送った。

二〇〇一年三月初旬、金大中大統領はワシントンDCを訪れ、ブッシュ大統領が対北朝鮮「太陽政策」を支持することを求めた。コリン・パウエル国務長官は北朝鮮との対話や韓国との連携を支持していたが、ブッシュ大統領はディック・チェイニー副大統領やドナルド・ラムズフェルド国防長官の影響を受けて、北朝鮮政策の徹底的な見直しを求めた。北朝鮮を「悪の枢軸」と名指ししたことで、平壌との外交関係がうまくいかなくなったのである。幸いなことに、ブッシュ政権は軍事的手段による北朝鮮の政治体制転換を真剣に検討することはなかった。しかし二〇〇三年三月のイラク侵攻は、北朝鮮に抑止力としての核開発の意欲をさらにかきたてるというマイナス効果をもたらした。

4、対イラク戦争

九月一一日のテロ以前から、米国の新保守主義者たちは、イラクに侵攻してサダム・フセインを排除することを主張していた。彼らの多くは、二〇〇〇年九月に「米国の防衛力の再構築」と題した報告書を発表した「アメリカ新世紀プロジェクト」に参加しており、「米国の軍事力の優位性を維持することによって、米国の世界的リーダーシップを維持・拡大する」ことを主張していた。この見解によると、サダム・フセイン政権を倒して米国に有利な体制を整えれば、ペルシャ湾岸地域全体に米国の影響力を強めることができるとしている。「アメリカ新世紀プロジェクト」の研究に参加した著名な人物は、後にブッシュ政権の要人となったディック・チェイニー、ドナルド・ラムズフェルド、ポール・ウォルフォウィッツなどである。国家安全保障会議中イラク侵攻の話題が出たというが、本格的に検討されたのは9・11以降のことである。同時多発テロ以降、ブッシュ大統領は「善と悪」の対立軸で世界を見る傾向があったため、イラクの政治体制転換を主張する人たちは、ブッシュ大統領の考えを自分たちの方向に誘導することができたのである。

二〇〇一年一一月下旬、ラムズフェルド国防長官は、対イラク戦争で具体的に予期される緊急事態を想定した秘密のメモを作成した。彼は、メモの冒頭に「大量破壊兵器への焦点」を掲げ、「不意打ち、スピード、ショック、危険性」が重要であることを説いていた。ブッシュ大統領はすぐに、9・11のようなやり方での核攻撃を防ぐためには、対イラク戦争が必要だと確信した。サダム・フセインが核兵器を持ち、それをアルカイダのようなテロ組織に提供することを防ぐためには、イラクの体制を変える必要があった。しかし、米国の情報は、このような所見を裏付けるものではなかった。イラクが本格的な核兵器プログラムを持っているという証拠は、ほとんどなかったのである。サダム・フセインは、いつかは核兵器を手に入れたいという幻想を抱いていたかもしれないが、それを実現するにはほど遠い状態だった。またアルカイダとの関係を示す具体的な証拠もなかった。核の脅威を懸念するのであれば、イラクよりも北朝鮮やイランの方がはるかに大きな脅威であった。

では、なぜブッシュ政権はイラクを標的にしたのか。その一つのヒントが、二〇〇二年二月一三日付のワシントン・ポスト紙に掲載されたケネス・アデルマンの意見書である。米国防総省の国防政策委員会に所属するアデルマンは、「フセインの軍事力を破壊し、イラクを解放することは簡単なことだ」と主張した。つまり、北朝鮮やイランに対する軍事作戦は難しくて危険性が高いが、イラクを狙うのは簡単だというのだ。「核兵器による9・11のような攻撃」への恐怖と、軍事的な「楽勝」という考えが相まって、アメリカの政界やシンクタンクでは、「イラクのレジーム・チェンジは正しい」という機運が高まっていった。イラクが核兵器を保有していた、あるいは保有に近づいていたという証拠や、サダム・フセインがアルカイダと関係を持っていたという証拠がないにもかかわらず、米国の安全保障専門家の中で、米国を対イラク戦争に駆り立てた疑わしい仮定に公然と異議を唱える人はほとんどいなかった。

このようなことの中で、私は集団思考と合意という名の専制の危険を痛感した。私の日本の友人の多くは、米国のシンクタンクをうらやましがっているが、私はこのうらやましさは見当違いだと思うことがよくある。アメリカのシンクタンクでは、批判的で独立した思考は乏しい。シンクタンクのアナリストには、さまざまなキャリア上の理由から、ある外交政策の背後にある新たな合意に疑問を抱くよりも、それを支持するための強い動機がある。より慎重なアプローチを求める数少ない声を上げた一人が、当時カーネギー国際平和財団の会長だったジェシカ・マシューズだった。マシューズは、ヨーロッパが第一次世界大戦に突入した経緯を分析した『八月の砲声』で賞を受賞した著名な歴史家バーバラ・タフマンの娘である。ジェシカ・マシューズは、二〇〇三年一月二八日と二月九日にワシントン・ポスト紙に掲載された二つの記事で、イラクへの軍事行動を延期すべきであるという意見を賢明なことに主張した。彼女は、イラクが本当に核兵器を持っているかどうかを、国連安全保障理事会が承認した部隊に支援された専門家による査察を行うべきだと主張した。この勇気ある提案は大きな注目を集めたが、米国とかつての同盟国であった英国が進めていた戦争への道を変えるには遅すぎたのである。

二〇〇二年一〇月、米国議会はイラクへの武力行使を認めることで、憲法上の宣戦布告権を放棄した。下院では、賛成二九六票、反対一三三票で決議された。共和党は二二一人中二一五人がイラクへの武力行使の承認に賛成票を投じたが、反対票を投じた六人の中に、私の所属するメリーランド州選出のリベラル派議員コニー・モレラが含まれていたのは嬉しかった。民主党員のうち、武力行使容認に賛成したのは八一人、反対したのは一二六人であった。上院では、四九人の共和党上院議員のうち、一人を除いて全員が決議案に賛成した。しかし民主党の上院議員の大半もこの決議を支持していたことに、私は愕然とした。イラクへの武力行使の承認に賛成した二九人の民主党上院議員の中には、後にオバマ政権で活躍するジョー・バイデン、ヒラリー・クリントン、ジョン・ケリーが含まれていたのである。彼らの投票は、私の政治家に対するイメージをずっと悪くするものであった。しかし民主党の二一人の上院議員のうち、バーバラ・ミクルスキーとポール・サーベインズというメリーランド州出身の二人の上院議員が、イラクへの武力行使の承認に反対したことを嬉しく思った。

イラク戦争に反対する声が大きくなってきた二〇〇三年一月一八日、私は妻と三歳の息子を連れて、ワシントンDCのナショナル・モール公園で行われた反戦デモに参加した。このデモで戦争が防げるかどうかについて私は悲観的であったが、厳しい寒さの中、約二〇万人の人々が平和のために行進しているのを見て感激した。私は大学生の時、ベトナム戦争に反対する多くの平和行進に参加したことを思い出したのである。ワシントンの集会では、かつて大統領選に出馬したこともある公民権運動の指導者、ジェシー・ジャクソン牧師がスピーカーの一人として登場した。「私たちがここにいるのは、私たちが全滅ではなく共存を選び、爆弾ではなく英知を選び、武力ではなく知力を使って紛争を止め、テロを止め、テロを広めないようにするためである。アルカイダとの対決が終わらないまま、中東の現状を顧みず、いきなりイラクに侵攻するのは、道理に合わない。私たちは安全保障についてではなく、覇権や石油、防衛上の契約について気付き始めている。私たちはもっと良いものを手に入れることができるのだ」と述べた。一か月後の二月一五日、アメリカのイラク侵攻に抗議するため、世界の約六五〇都市で六〇〇万人から一一〇〇万人の人々がデモ行進を行った。これは、世界史上最大の反戦デモであり、一日に行われた世界的な抗議行動としても最大のものであった。

ブッシュ政権のイラク戦争への動きを止め、少なくとも遅らせることができたのは、当時のコリン・パウエル国務長官だった。パウエルは、おそらくブッシュ内閣で最も尊敬されていた人物であった。報道によれば、パウエル国務長官は二〇〇二年の夏、ブッシュ大統領に対イラク戦争について警告していたという。パウエルはブッシュに「あなたは、誇らしげに二五〇〇万の人々の主人となる。あなたは人々の希望や目標、そして問題点も含めて、そのすべてを所有することになるのです」と言ったという。パウエルの副長官を務めたリチャード・アーミテージは、これを「ポタリー・バーンルール」と呼んだ。ポタリー・バーンは、アメリカで人気のある生活雑貨や家具を扱う店のことである。もし誰かがポタリー・バーンのような店に入って商品を壊してしまったら、それはその人のものとして、弁償しなければならないのである。

そのため、ホワイトハウスでブッシュ大統領と話す機会があったパウエルが、イラクへの軍事攻撃に対する留保を改めて表明しなかったのは残念であった。ジャーナリストの証言によると、ブッシュ大統領はパウエルに意見を述べる機会すら与えず、ただ支持を求めたという。パウエルは、長年の軍人としての経験から、本能的に指揮官に従い、その通りに行動したのである。そして、パウエル国務長官は、国連安保理で軍事行動を支持するよう人を欺くような発言をして、イラク戦争遂行の陰謀に加担した。世界中でイラク戦争に反対する声が上がっている中、パウエルの演説は、アメリカがイラクに対して軍事力を行使することが正当であると、世界中の人々を説得するために不可欠なものであった。パウエルは後に、この国連演説が自分のキャリアの中で「汚点」となったことを認めたが、いわゆる「情報不足」のせいにしている。もしパウエルが戦争に反対し、ブッシュ政権の閣僚を辞任する意志と勇気を持っていたならば、その後の悲劇的な出来事を防ぐことができたであろう。

トニー・ブレア首相率いるイギリスは、アメリカと一緒になって戦争を推進したが、フランスとドイツは一緒になって戦争に反対することに合意した。二〇〇二年一月、フランスのジャック・シラク大統領は、「戦争は常に失敗の証拠であるし、最悪の解決策であるので、戦争を避けるためにあらゆることをしなければならない」と主張した。ドイツのゲアハルト・シュレーダー首相は、「戦争を正当化するような国連安保理決議には賛成しない」と宣言した。NATO諸国の中でも、アフガニスタンへの軍事行動を支持・参加していたフランスとドイツのこのような姿勢は、注目に値する。フランスが拒否権を行使する可能性が高く、またドイツを含む他の国連安保理メンバーからも強い反対があったため、米国と英国は結局イラクへの軍事力行使を認める国連決議を撤回した。

フランスやドイツの反対は、日本にとっても戦争反対を表明する機会となったが、日本は曖昧な立場をとった。小泉純一郎首相は、国連の承認を得ずにアメリカ主導で行われるイラク戦争を支持するかどうかは明言しなかった。その代わり小泉首相は報道陣に対し、「米国が英国などと共同で軍事攻撃を開始した場合、日本政府はその決定を支持する」と述べた。そして、二〇〇三年三月二〇日にアメリカとイギリスがイラクへの軍事行動を開始した一時間後、小泉首相は報道陣に対し、「アメリカの軍事行動への関与を理解し、支持する」と述べた。さらに、次のように付け加えた。「戦後の日本の発展を支えてきた最も重要な基本方針は、日米同盟と国際協調を堅持してきたことである。第二次世界大戦の敗戦を深く反省し、日本は二度と国際社会から孤立してはならない」と。

開戦前のある時期、歴代首相の外交アドバイザーとして活躍してきた北岡伸一教授のコメントを読んで気になったことがある。北岡教授は、「自分がアメリカ人であればイラク戦争に反対するが、日本人である以上、アメリカが戦争をするのであれば支持しなければならない」と述べている。私はこの発言に違和感を覚え、日米関係の不健全さを反映していると思ったのである。米国の政策が間違っていると思っても、日本は狭義の自己利益のために米国に反対する意志がないのである。小泉政権は、一九九一年のペルシャ湾岸戦争の教訓から、インド洋で中東での軍事作戦に参加する米軍・同盟軍の艦艇に燃料を補給するなど、米国を支援するためにできることを行った。

二〇〇三年五月一日、空母エイブラハム・リンカーン艦上のブッシュ大統領は、「イラクとの戦いで、米国と同盟国は勝利した」と述べ、「戦争目的の達成」を宣言した。確かに軍事面でのイラク作戦は、ケネス・アデルマンの予言通り「楽勝」だった。しかし、やがてイラクでは政治的混乱が生じ、憂慮すべき反乱軍の動きが出てきた。サダム・フセイン政権の崩壊は、イラクに平和と民主主義をもたらすどころか、イラク内外に過激で不安定な勢力を解き放ったのである。二〇〇三年の米軍のイラク侵攻をきっかけに、最終的にＩＳＩＳ（イラクとシリアのイスラム国）の出現につながる一連の動きが始まった。米国とそのいわゆる「有志連合」は、軍事的な戦争には勝ったかもしれないが、平和を失っていったのである。

なぜこのような悲劇が起こったのかという問いに対する答えは、主にアメリカの思い上がりである。しかしもう一つの重要な要因は、歴史的なアナロジー（類推）を誤解し、誤って適用したことである。ブッシュ政権の幹部の多くは、日本とドイツのアナロジーを持ち出した。アメリカが第二次世界大戦で日本と戦って勝利し、日本に安定した民主主義を確立したように、対イラク戦争の提唱者たちは、イラクの政治体制転換が必然的に民主主義の花を咲かせると素朴に考えていた。彼らは、明治維新から一九三〇年代までの日本が、立憲政治、競争の激しい選挙、政権与党の交代など、複雑な政治的発展を遂げてきたことを無視したか、あるいは知らなかったのである。戦後の日本で民主主義を制度化する上で、アメリカの占領は非常に重要であったが、一九三〇年以前に築かれた制度的基盤がなければ、この任務は不可能だったであろう。

私が教授として最も誇りに思っていることの一つは、二〇〇四年三月にジョージ・ワシントン大学で開催された日米同盟と沖縄に関するシンポジウムで、日本政治に関する私の講義を受けていた学部生が、元下院議員のスティーヴン・ソラーツ氏に質問したことである。ソラーツは民主党の有力議員で、かつてアジア・太平洋問題小委員会の委員長を務めていた。昼食会の基調講演では、「イラク戦争の教訓」を語ってくれた。確かにソラーツはイラク攻撃を強力に支持していたし、日本の民主化を例えにイラク戦争を正当化した戦争推進派の一人でもあった。私の教え子は、日本とイラクの政治史を見事に対比させて、ソラーツの主張に挑んだ。ソラーツ元議員は、「日本の天皇のような人がいてくれれば、戦後のイラクの占領をスムーズに進めることができたのに」と、私の学生に対するお粗末な回答をしたのであった。

5、民主党とアメリカの関係

米国主導のイラク侵攻により中東情勢が増々不安定になる一方で、日本の政治も歴史的な方向に向かって展開していた。一九九四年の選挙制度改革をきっかけに、民主党を中心に野党がまとまり、自民党への本格的な政治的挑戦が始まっていた。二〇〇七年七月の参議院選挙で民主党は、自民党及びそこと連立を組む公明党が参議院で過半数を取れないほどの議席を獲得した。民主党の小沢一郎代表は、インド洋で海上自衛隊が米国とその同盟国の艦船に給油するという日本政府の方針を制限することを決めた。彼は、国連の承認を得ていない米国の一方的な軍事行動を日本が支援していると主張し、給油活動に反対した。この海上自衛隊の任務は、もともと米国主導のアフガニスタンでの活動を支援するためのもので、二〇〇一年のテロ対策特別措置法に基づくものであった。しかしアメリカのイラク侵攻後、日本国内ではインド洋での後方給油がアメリカのイラク攻撃に貢献しているのではないかという疑念が生じた。そのため、小沢氏率いる民主党は、参議院で過半数を占めていたテロ対策特別措置法（二〇〇七年一一月に期限切れ）の更新を阻止する動きを見せたのである。

自民党は給油活動の全面的な中止を避けるため、民主党との間で艦艇への給油を対テロ・対密輸任務に限定することを取り決めた。この制限は、米国がイラクでの軍事作戦のために自国の海軍艦船を使用しようとする努力を複雑にするものであった。これに対し、カート・キャンベルとマイケル・グリーンの共著による意見書が、二〇〇七年八月二七日付の朝日新聞に掲載された。キャンベルはクリントン政権で国防次官補代理を務め、グリーンはブッシュ政権の国家安全保障会議でアジア担当上級部長を退任したばかりであった。キャンベルとグリーンは、「小沢の虚勢は日米同盟に長期的なダメージを与えかねない」と小沢を痛烈に批判した。

結局、アメリカ政府は日本政府に圧力をかけ、民主党・自民党案を拒否させ、二〇〇八年一月に「テロ対策海上阻止活動に対する補給支援活動の実施に関する特別措置法」が強行採決された。この法律は参議院では否決されたが、衆議院では自民党が三分の二の賛成票を得て参議院での議決を覆した。二〇〇八年一月の法律は一年間しか有効ではなかったので、二〇〇九年一月には失効する予定であった。二〇〇八年一〇月、自民党率いる衆議院は同法をさらに一年延長することを決議したが、参議院では再び同法に反対票が投じられた。これを受けて自民党は、二〇〇八年一二月に三分の二以上の賛成で再び衆議院を通過させ、給油活動を可能にする法案を二〇一〇年一月まで延長した。二〇〇九年八月の衆議院選挙で自民党を破って民主党が政権を取った後、鳩山政権は給油活動を終了し、テロ対策特別措置法を二〇一〇年一月に失効させた。

鳩山政権はインド洋での給油活動の代わりに、アフガニスタンに五〇億ドルの経済支援を行うことを決めた。よく知られているように、日米関係は鳩山由紀夫が首相のときに特に問題になった。オバマ政権の米政府高官は、「日米同盟をより対等なものにし、東アジア共同体を推進する」と語った鳩山氏の意図を疑った。不正確な情報をもとに、鳩山氏が地域の多国間対話から米国を排除し、中国を抱き込もうとしていると誤解したのである。その結果、米国政府は鳩山首相と協力して沖縄県辺野古の普天間代替施設計画を見直すことに消極的になった。

このような日米関係の困難な時期に笹川平和財団は、二〇一〇年一月にワシントンDCのウィラードホテルで日米同盟に関する年次シンポジウムを開催した。私はこのシンポジウムのすべてのセッションに参加したが、日本側のパネリストの多くが、鳩山首相について、日米同盟を弱体化させたとして公然と批判していたのが印象的だった。なかでも辛辣だったのは北岡伸一教授の発言で、これには、米国留学中の日本の青年が、鳩山首相へのあまりに不当な攻撃について北岡氏を批判する一幕もあった。

シンポジウム後の招待者限定の晩餐会では、ジム・スタインバーグ国務副長官がスピーチを行った。晩餐会が終わった直後、オバマ政権の高官が私のところに来て、私が民主党をミスリードしたと非難した。

彼は、私が「日本がアフガニスタンへの経済支援を大幅に増やすなら、インド洋での給油活動を中止してもよい」と民主党に進言したと主張したのである。この高官は、私が鳩山首相の普天間基地移設計画の見直しを公然と支持していることを好ましく思っていないことは分かっていたが、その時私はこの役人が何を言っているのか理解できなかったのである。帰宅後、ようやく彼の言っていることが分かったのである。民主党政権が誕生する前、私は選挙での決定的な結果によって日本の政権与党がついに公正に交代するという見通しを、かなり支持していた。ジョージ・ワシントン大学で民主党の国会議員を招いたパネルディスカッションを開催し、アメリカ人に日本の政治の中で台頭してきた民主党を知ってもらおうとした。また、二〇〇九年春に東京を訪れた際には、国会議事堂の一室で民主党の政治家たちと会った。彼らは、日本の外交・安全保障政策についての考え方を説明し、インド洋での給油活動を中止し、代わりにアフガニスタンへの経済支援を大幅に増やす意向であることを教えてくれた。そして、この政策転換に対するオバマ政権の反応を聞かれた。オバマ大統領自身がイラク戦争に反対し、二〇〇八年の民主党予備選ではイラク戦争を支持したヒラリー・クリントンを批判していたこともあり、私は「オバマ大統領は支持してくれると思う」と答えた。またもし民主党が政権を取れば、日米同盟を再構築して協調的な安全保障概念を推進し、世界の安全保障に対する軍事的解決法から脱却する良い機会になるだろうとも付け加えた。今にして思えば、私は、外交・安全保障政策における軍事的手段を過度に重視する、米国の軍・産・学複合体と呼ばれるものの影響力を過小評価していたのである。

二〇一一年五月二日に米国の特殊部隊がオサマ・ビンラディンを殺害した後、オバマ政権は米国の外交政策を中東からアジア太平洋地域へと再編成する自由を得た。オバマ政権は、これまで中東への軍事的関与に気を取られていたが、世界のパワーバランスは大きく変化しており、中国が主要な戦略的競争相手として台頭してきていると主張した。米国はアジアに再び焦点を当て、アジアにおける中国の強硬な対外行動に対抗する必要があったのである。米国の外交・安全保障政策を再調整した立役者の一人、カート・キャンベル国務次官補は、この政策転換を「アジアへのピボット（旋回）」と呼んだ。ホワイトハウス関係者は、「アジアのリバランス（新たなバランス）」と呼ぶことを好んだ。「ピボット」、「リバランス」のどちらにしても、オバマ政権がブッシュ政権の戦略的失敗を修正しようとしていることは明らかであった。オバマ大統領は、イラクから米軍を撤退させ、アフガニスタンにおける米軍のプレゼンスを低下させた。日米同盟の重要な政策課題は、対テロ戦争での協力から、中国の軍事力と強硬な対外行動の増大に対抗することに変わっていった。

6、最終的な考察

ジョージ・W・ブッシュは、米国史上最悪の大統領の一人であったと私は考えている。もし二〇〇〇年一一月の大統領選挙の後、フロリダ州のすべての票が再集計されていたら、そしてもし最高裁が介入してブッシュを大統領に「選出」することがなかったら、米国の歴史、ひいては世界の歴史は大きく変わっていたのではないかと、私はよく考える。もしブッシュではなくアルバート・ゴアが大統領になっていたら、クリントン政権の最後の数年間にビル・ペリー元国防長官の助言で始めた北朝鮮に対する包括的な関与政策を継続していただろうか。韓国の金大中大統領の下での「太陽政策」に米国がしっかりと同調していれば、北朝鮮の核開発・核実験を阻止するために外交が機能していたかもしれないのである。ゴアが大統領であれば、九月一一日の同時多発テロに対して、より慎重で軍事的でない対応をとり、アルカイダとの戦いを拡大することを避け、その後の数十年にわたる政情不安と人災を避けることができたのであろうか。

ジョージ・W・ブッシュが大統領として最悪だったように、二〇一六年に我が国の人々がさらに悪い大統領を選出することになるとは想像もしていなかった。ドナルド・トランプの民衆煽動と無能さをブッシュと比べると、ブッシュがましに見えるほどであった。二〇二〇年一一月の選挙でジョセフ・バイデンがトランプを破ったことに私は安堵したが、同時に選挙がどれほど接戦だったかについて警戒した。バイデンはトランプよりも七〇〇万票以上多くの一般投票を獲得し、トランプの二三二票に対して三〇六票の選挙人を獲得した。この結果を見ると、バイデンの勝率は相当なものだったと思われる。しかし詳細に分析すれば、大統領選挙で各州に割り当てられた選挙人票が果たす決定的な役割を考えると、かなりの接戦だったことがわかるのである。トランプは、二〇一六年にヒラリー・クリントンに勝利した際に獲得した四つの州を僅差で失った。アリゾナ州、ジョージア州、ペンシルベニア州、ウィスコンシン州である。もしトランプがこの四つの州で再び勝利していれば、選挙人票の集計は、トランプが二八九票、バイデンが二四九票となり、トランプ氏の決定的な勝利となっていたであろう。もしこの四つの州でバイデンではなく、合計約六万四〇〇〇票がトランプに流れていたら、理論的にはこれらの州で五七の選挙人票をトランプが獲得できたことになる。約一億六〇〇〇万票のうち、たった六万四〇〇〇票の移動で、トランプが再選されていた可能性があったのだ！　もしトランプが新型コロナウイルス感染症（COVID-19）パンデミックへの対応に部分的にでも能力を発揮していれば、勝利できたかもしれないのである。

二〇二一年一月六日に発生した米国連邦議会議事堂の暴力的な襲撃事件は、米国内の鋭い政治的分裂と米国民主主義そのものの脆弱性を鮮明に示した。トランプの選挙での敗北にもかかわらず、トランプ主義は残念ながら共和党の中で健在である。私は政治家としてのトランプを嫌悪しているが、彼の人気の源泉の一つは、米国の外交エリートが数十年にわたって推進してきた終わりのない戦争への反対であることを認めなければならない。二〇二一年四月一三日ついにバイデン大統領は、同時多発テロからちょうど二〇年後の九月一一日までに、アフガニスタンからすべての米軍を撤退させると発表した。ついにアメリカ史上最長の戦争が終結し、アメリカ人は、単に9・11として知られるあの衝撃的で悲劇的な日に始まった悲劇的な歴史の章を閉じることができるのである。二〇年間の戦いの後、アフガニスタンではタリバンが政権を取り戻しそうであり、中東は相変わらず不安定で暴力的な状態が続いている私たちは振り出しに戻ったかのように見えるので、この世界的なテロとの戦いは何だったのだろうかと思うのである。今回、アメリカ人は自国の失敗から本当に学ぶことができるのだろうか。

また二〇二一年は、マーヴィン・ゲイのレコード・アルバム『どうなっているのか（What's Going On）』の五〇周年にあたる。ローリング・ストーン誌が最近、これまでで最高のレコード・アルバムと評価したこのLPレコードは、私が大学生の頃、アメリカが歴史において再び問題を抱えていた時期に、非常に大きな影響を与えた。このアルバムの中で、マーヴィン・ゲイは「戦争は解決策ではない。愛だけが憎しみを克服できるからだ」と歌っている。9・11とその影響を振り返ると、この言葉は一九七一年に初めて聞いた時よりもさらに真実味を帯びてくるのである。

〈対談〉日米中関係の変化の中で日本の立ち位置を問う

寺島《てらしま》 実郎《じつろう》

一般財団法人日本総合研究所会長、多摩大学学長。早稲田大学大学院政治学研究科終了後、三井物産に入社。ブルッキングス研究所への出向を経て、米国三井物産ワシントン事務所長などを歴任。

柳澤《やなぎさわ》 協二《きょうじ》

元内閣官房副長官補（安全保障・危機管理担当）、「自衛隊を活かす会」代表、国際地政学研究所理事長。東京大学法学部を卒業後、防衛庁に入庁。官房長、運用局長、防衛研究所長などを歴任。

柳澤　大変ご無沙汰しています。ちょうど一〇年前になりますが、イラク戦争における自衛隊派遣を検証したいと考え、『脱・同盟時代――総理官邸でイラクの自衛隊を統括した男の自省と対話』というタイトルで、各界の方々と対談する本を刊行したのですが、それには寺島さんもくわわっていただきました。その節はありがとうございました。

寺島　こちらこそ、柳澤さんと対談できて楽しかったです。その時以来、柳澤さんのご発言にはずっと注目していました。ですから、今回、再び対談の話があったとき、すぐにお受けすることにしたのです。

柳澤　ありがとうございます。では早速、私から口火を切らせていただきます。

1、二〇年間のアメリカ、日本、中国の変化とその意味

柳澤　9・11というのは非常にショッキングな出来事ではあったのだけれど、9・11それ自体がその後の歴史を規定したのではなくて、9・11にどう対応したかが、世界に大きな影響をもたらしたと思います。

たとえばブッシュ大統領があの時に「これは戦争だ」と言ったわけです。そういうマインドセットがそのあとの対応を導いてきた。それまでテロには警察力でと捉えられていたのに、まさに戦争という文脈で考えるから、9・11のあとアフガニスタンにまで行って、ビン・ラディンの引き渡しを拒否するタリバン政権に対する戦争をしたわけです。国連も9・11へのシンパシーから自衛権を容認する。そしてタリバン政権は倒れ、アメリカは成功体験を持つことになった。

寺島　しかし、成功体験はアフガンまででした。

（1）イラク戦争と「無駄な戦争」

柳澤　ええ。そういう流れの中で、アメリカは次にイラク戦争に突きすすむことになります。あの時のアメリカは、冷戦が終わって自分が一強になったという認識があり、実際に当時、「アメリカの一極支配」とか「ドルの一極支配」という言葉も使われていた。そして、9・11を受けて、そのパワーの源である軍事力と民主主義をセットにして世界を変えるというネオコン的な理想主義があり、その果てにイラク戦争まで行くわけです。私が個人的にいちばん大きく影響を受けたのは、やはりイラク戦争でした。

二〇〇一年に9・11があって、二〇〇二年の年頭のブッシュ（子）大統領の一般教書演説で悪の枢軸発言が出てくるのです。そして、二〇〇二年の九月に先制攻撃ドクトリンが出てきた。これは、「武力で打倒すればあらゆることに決着がつく」という発想が非常に色濃く反映されているものでした。だから、戦争の正当性に関する丁寧な立証作業はされない。逆に、「大量破壊兵器がないことを証明しないサダム・フセインに責任がある」というような物の言い方までされました。もうそこまでくると、本当に戦争の正当性というのはいったい何なんだということです。そして、結果としてうまくいったかというと、中東全体がめちゃくちゃになって、現在に至っているわけです。

そういう意味で9・11というのは、このような所に世界を導いていく一つの布石になった。しかもそれは、世界史のあの時点における発想の中で、アメリカのマインドセットによって導かれた武力による解決だった。そして、それが見事に失敗しているということだと思います。

個人的には私は、あの戦争はもちろん国際法的に違法な戦争だと考えていました。アメリカ自身もillegal but legitimateという言い方をしていました。しかしはたして、illegalなものをlegitimateだと言えるかという問題がある。サダム・フセインがクルド人を虐殺したりしたという現実はあるのだけれど、だからといって「あいつは悪い奴だからやっつけてもいいんだ」というのが本当にlegitimateなのかというと、そこも違うだろうと思います。あるいは、たとえば日本が第二次大戦を振り返る時に、「無謀な戦争をした」と言う人がいます。しかし、「では、無謀でなければ戦争してよかったのか」ということも考えないといけない。そんなことを考えさせられる大きな契機になった。

その中で、私は退職したあとでイラク戦争の検証の作業をやったのですが、当時のいろんな記事をひっくり返していたら、ヨーロッパのジャーナリストの発言として、「無駄な戦争をした」という見方に接し、そういう見方があるのかと思いました。大量破壊を廃棄するのが戦争の目的であれば、それが元々なかったというのだから、明らかに無駄な戦争だということになる。9・11の報復という意味で考えても、9・11で亡くなった人は約三〇〇〇人弱だったと思うんですが、イラク・アフガンで亡くなったアメリカ人の数だけで八〇〇〇人にも達しています。これは、報復を正義とは言わないが、報復という大義のもとにも目的を達成していない。

要は、武力を使って目的を達成しようとするのが戦争だとすると、いかなる意味でもアメリカは戦争目的を達成していない。中東に民主的な秩序を打ち立てるという目的も掲げられましたが、その目的も達成していない。これは本当に無駄な戦争なのではないかと思います。無駄な戦争で派兵した兵士が死ぬのですから、その死は無駄死にというしかないと私は考えたのです。

私が官邸で自衛隊を統括して考えたことも同じです。自衛隊だって戦争があれば確実に死ぬわけですから、では戦争そのものが無駄だったらいったいどうするんだ、という問題意識になって、今の自分の思想の原点になっていくのです。

(2)「血の同盟」に対して生じた疑問

柳澤　もう一つは、同盟政策の問題です。当時の日本のマインドセットは、北朝鮮の脅威もあるし、大量破壊兵器の脅威という意味ではイラクと一緒だからというので、同盟国アメリカにくっついていかなければいけないというものでした。その結果、自衛隊をイラクに出して、一人も死ななかったからよかったけれど、死んでいたかもしれない状況ではあった。南スーダンの自衛隊だって、犠牲者が出ていてもおかしくない状況でした。けれども、犠牲がなかったということで、そこをまったく振り返らず、反省のないまま現在まで来てしまっている。

そういう流れの中で、私は、日米同盟の抑止力に依存するというか、アメリカの力に依存するという問題を考えざるを得なくなった。資本主義・自由主義と共産主義が全面的に対決していた冷戦時代と異なって、現在の日米同盟は、「ソ連が相手で、日本が最前線に立ち、アメリカが背後にいて」というような分かりやすい構図ではなくなっています。アメリカも同盟国を守ることが自由主義を守ることだという状況ではない。そうすると、安倍政権の時代に顕著になったように、アメリカに助けてもらうためには命懸けでもアメリカを守らなければならないという発想になっていくのは、ある意味で必然なのだと思うんです。

寺島　冷戦時代とは異なっています。

柳澤　はい。その流れの中で、二〇〇四年に安倍晋三さんが『この国を守る決意』という本の中で書いたように、「同盟というのは血の同盟なのだ」という思想が生まれる。「いざという時にアメリカのために血を流さなければ本当の同盟にならない」という、そういう思想で安倍政権以来、現在までやって来た。しかし、焦点になっている米中の関係はものすごく複雑で、ややこしい。いろんな局面を持った対立関係があるので、「アメリカと一体化していけば自動的に日本は守られるのだろうか」という疑問が、どんどん大きくなってきています。

そこはまさに同盟のジレンマです。オーストラリアも、かつて第一次世界大戦でイギリスのために尽くして、ガリポリの上陸作戦で八〇〇〇人が戦死しています。そうやって同盟国に尽くしていけば同盟国も自分のために尽くしてくれるという関係が、しかも同じアングロサクソンではなくて日本とアメリカのあいだに本当に成り立つのか、というところも疑問がある。そこが心配であればあるほど、つまり見捨てられる心配が大きければ大きいほど、巻き込まれる方向に舵を切ろうとしているのが、現在の日本の姿です。9・11を境に、アメリカが同盟よりも目的を重視する有志連合に転換する中で、日本はもっと違う対応もできたはずなのです。ところが、「何とかアメリカの力に頼って、日本も応分の力を発揮して、お互いに血を流して」というマインドセットで動いてきてしまった。それが今、米中がどこでお互いの力に応じた妥協点を見出すかという展望がないまま、どんどん緊張感が高まっていく中で、日本がどうするかという問題が生まれている。今の米中は安全保障のジレンマに陥って、これまでのように抑止とか防衛という名目でこちらが行動すれば、かえって相手を挑発して危険になっていく状況が生まれている。そこで日本は、ますます米国に頼ろうとする。そのため、日本は米中の安全保障のジレンマに加えて、日米の同盟のジレンマという、二重のジレンマを抱えていく。

この中で本当に米中が無駄な戦争をしないようにすることが求められます。そして日中の固有の戦争の原因になりうる尖閣の問題でも、日本の対応を確立する必要があります。私は、論理的にはやむをえざる「必要な戦争」もあると思っているのですが、しかし仮に純粋な意味で自衛権発動のような必要な戦争であったとしても、そういう事態に至るまでのあいだに政治がどういう手立てをとったかということを見ないと、結果として無駄な戦争になりうる場合もあると思うのですね。米中、そして日中の無駄な戦争をどう防いだらいいのか――。それがじつは、今この時点における私の最大の問題意識になっています。

（3）「不必要な戦争」を拒否する

寺島　ありがとうございます。

柳澤さんという方は、やはり軍事、そして自衛隊という中で生きてこられて、そちらの世界から日本のあり方や日米、日中などという問題に話を近づけてこられている。そして、そういう角度で自分の頭で物を考える方だと感じました。

一方、柳澤さんと違って、私はビジネスの現場で生きてきた人間です。それでも、9・11に際して、柳澤さんがおっしゃった「無駄な戦争」に通じる考えを公表していたのです。二〇〇三年三月に、「『不必要な戦争』を拒否する勇気と構想」という論稿を雑誌『世界』に寄稿して、「イラク戦争は不必要な戦争だ」ということを検証しました。なぜそう考えたのか。

私は一九七三年に三井物産に入社したのですが、当時、三井物産グループはイランとの間で「イラン・ジャパン石油化学（IJPC）」という巨大プロジェクトを進めていました。これは結局、「革命と戦争に襲われたプロジェクト」と言われる呪われたプロジェクトになってしまい、七〇〇〇億円を超す償却を余儀なくされて、結局は撤退した事業です。一九七九年にホメイニ革命が起こったイランとどう向き合うかということで、私自身がまさにサバイバルゲームの中を、たとえばイスラエルのテルアビブ大の研究所や湾岸産油国、イラン・イラク戦争真っただ中の灯火管制下のバグダッドなど、いろいろと動き回る機会がありました。つまり、中東に土地勘があったというわけです。

なおかつ、不思議なことに私は八〇年代の前半、ブルッキングス研究所の中東班にいた時期もあります。その後、三井のニューヨーク支店にいて、さらに一九九一年から一九九七年まで六年間ワシントンの事務所長だった。つまりアメリカ東海岸に一〇年以上張り付いていたんですね。

ですから、中東とアメリカにビジネスの観点でどっぷり浸った時期があることを前提にして、私なりの、自分の頭で物を組み立てるアプローチが生まれたのです。中東とアメリカのどちらにも土地勘と人間関係とを持って見ている人間はそれほどいないと思います。その中で9・11に直面し、日本との位置関係の中でこの事態をどう捉えるべきかということをしっかり考え、先ほどの論稿を寄稿したつもりです。だから9・11は、私自身がビジネスの世界から言論の場に一歩ずつ足を動かしていくきっかけでもありました。

それから二〇年が経ったサイクルの中で、何度か柳澤さんとも会わせていただいて、立ち位置のシンクロナイズと言ったらいいでしょうか、不思議な共通点を感じるのです。軍事の世界からこの問題を考えてこられた柳澤さんが一方にいる。他方、私は、ビジネスの世界から、サバイバルゲームで中東やアメリカとかかわり合う中から、日本がどう生きていくべきかというのを模索しながら現在の地点にいるのです。そのことをまず指摘しておきたいと思います。

(4) アメリカの世紀が終わる象徴

寺島 次に、本日の議論のテーマと関わることですが、二〇〇〇年という年と二〇二〇年という年を比較し、この二〇年間で世界がどうパラダイム転換したかということを確認したいのです。これも今の柳澤さんの話につながると思っています。この図(次頁)を見ながら説明したいと思います。

二〇〇〇年は、9・11が起こる前の年です。冷戦が終わってちょうど一〇年ぐらいの時です。世界GD

図1　進む日本の埋没と「アジアの世紀」の現実化

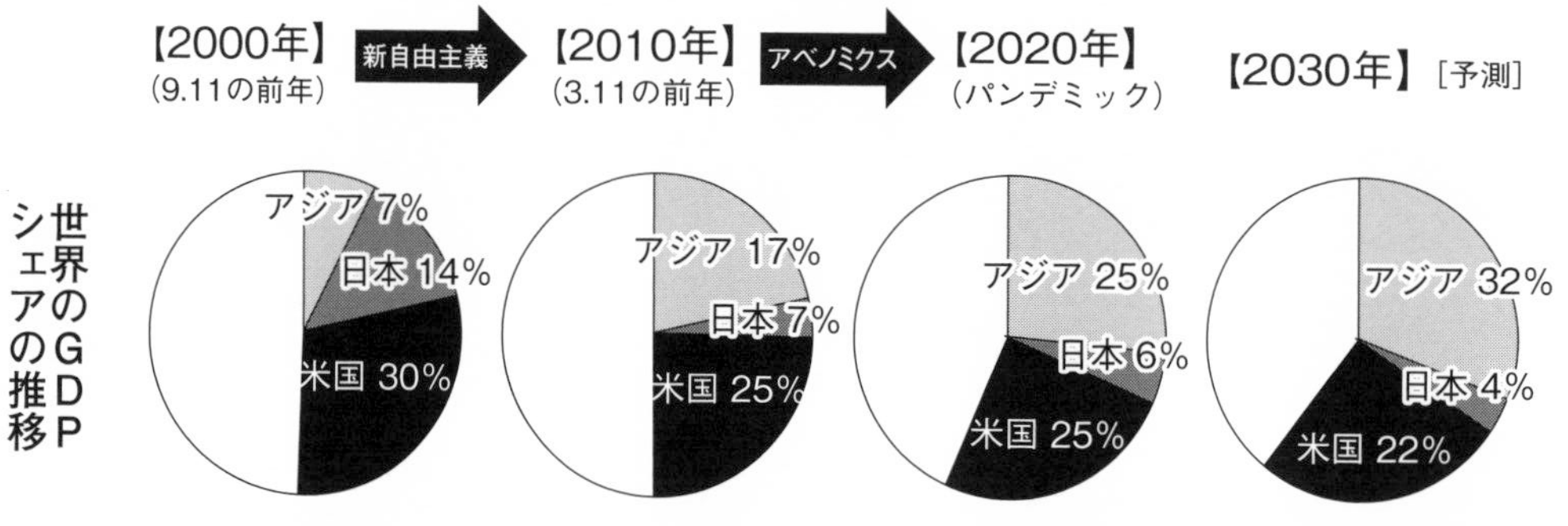

日本の貿易相手国シェアの推移（貿易総額）

	2000年	2010年	2020年	2030年
米　国	25.0%	12.7%	14.7%	12%
中　国	10.0%	20.7%	23.9%	26%
アジア	41.4%	51.0%	54.2%	61%

（出所） IMF、財務省「貿易統計」等

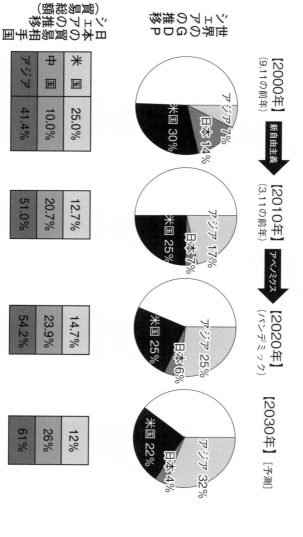

Pのシェアを見ると、アメリカが世界の三〇％、日本が一四％を占めるという形で二一世紀に入ってきた。柳澤さんも「アメリカの一極支配」や「ドルの一極支配」という言葉が使われていたとおっしゃっていたけれども、当時アメリカは、冷戦の勝利者としていわばそそり立つような形で二一世紀に入ってきた。一方、アジア全部をかき集めても日本の半分でした。そして、ブッシュ（子）大統領が率いているときに9・11に襲われたわけです。

それから二〇年、二〇二〇年の世界ではこれがどう推移したか。非常に微妙な所にあると思います。アメリカの世界GDPに占める比重は、なお二五％あります。一方で、日本は六％になり、残りのアジアが二五％になっている。「埋没する日本」という言葉が今、世界的には盛んに言われるのだけれども、その現実がこの数字にも表れているのです。

結局、9・11とは何だったのかということを考えたら、私が思い出すのは、夏目漱石の『漱石日記』です。この中に、一九〇一年にロンドンに留学していた夏目漱石が、ビクトリア女王の葬列を見たことが出てきます。あのビクトリア女王の、栄光のビクトリア時代が終焉したということ、大英帝国の時代の一九世紀が終わるシンボリックな現象を見たということですね。倒壊していくワールド・トレード・センターのビルの映像というのは、たぶん「アメリカの世紀」と言われた二〇世紀が終わっていく象徴として、やがて総括される時が来るのだろうと思います。そのプロセスが開始されたことを、二一世紀に入ってのこの二〇年間の世界史が示していると言ってもよいと思います。

あと二つのことだけ申し上げたいと思います。

柳澤さんは先ほど、legitimacyというたいへん重要な言葉を使われました。正当性ということですね。私は、いま紹介した世界のGDPの話というのは、アメリカが世界経済における比重を相対的に落としてきているというだけの話ではないと思うのです。単純な意味でのアメリカの衰亡というものではない。やはりアフガン・イラクと軍事展開したアメリカが失っていったものは、二一世紀を迎えたアメリカの、世界のリーダーとしての正当性、legitimacyなのです。つまり、リーダーというのは、多少自分にとって不利益なことがあっても、世界を束ねていくためにはじっと辛抱して、理想を掲げることによって、束ねる世界の中心になる概念を持っていないといけないのだと思います。

我々が見たトランプ現象というのは、アメリカの痙攣というしかないものでした。世界を束ねていく力を失ったアメリカが、まるで痙攣を起こして足をバタバタさせながら、「自分にとって益にならないようなことはしたくない」とわめき散らしているシーンを目撃させられていたようなもので、アメリカ自体がここまで来てしまったのかと感じさせました。

(5) 日本の頭の中はアメリカ、下部構造は中国

寺島 日本は、そのアメリカの痙攣を目撃しながらも、中国の台頭というものすごく大きな要素を背負っているが故に、「アメリカについていくしかないシンドローム」というような立場に立っています。要するに、トランプ政権がいかに不条理であれ、ナンセンスであれ、「アメリカと手を組んでいくことでしか

中国の脅威に向き合っていくことができない」という単純な思考回路の中で進んできたということです。ところが、先ほどの図に帰って、確認しておかなければいけないことがあります。下の段の所なのですが、二一世紀を迎えるころ、日本の貿易に占めるアメリカとの貿易比重は、二五％を占めていたのです。一方、中国の比重はわずかに一〇％だった。ところが、二〇二〇年になると、対米貿易の比重が一四・七％へと低下し、対中国との貿易は二三・九％までに増大しています。昨年も、コロナのトンネルを抜けながら、日本の対中貿易の比重が増えたのです。つまり、日本という国は頭の中では八割ほどアメリカを引きずっているのに、下部構造という言い方がありますけれども、下半身のほう、経済産業の関係では中国に依存しながらコロナのトンネルを抜けていこうとしている。そういうパラドックスの中にあるんですね。

これが一〇年後どうなると予測されているか。世界ＧＤＰに占めるアジアの比重は、どんなに少ない予測でも三二％ぐらいです。他方のアメリカは二二％ぐらいになっている。そういう予測の中で、日本はますます埋没感を深めて四％になっていると予測されています。この日本の埋没感に対する焦燥が、中国の台頭に対するある種の恐怖心にもなって、一つの心理的な土壌を形成しているのが現状です。さらに貿易関係で言えば、中国との比重もさることながら、日本は中国を含むアジアとの経済関係の中で生きていかざるをえないというトレンドの中にあるといえます。

その中でのゲームが展開されているわけですので、我々が賢く冷静に選択肢を模索していかなければならないということです。我々が認識しておかなければいけないのは、基本的にこういう問題だということです。

柳澤　今、寺島さんが言われたことから出てくるのはいったい何かというと、つまり、日本はもはや大国ではないということなんですね。

寺島　そのとおりです。

柳澤　だとすると、先ほど言われたように、日本は結局このまま、頭脳はアメリカに八割九割依存するが、下半身や内臓と言われる所はアジアや中国に八割九割に依存することになるわけですね。なぜそうなってしまうのか。先ほど、それに対する焦燥が中国への恐怖感とつながっていると指摘されましたが、五〇年近く前に日中国交を回復した時は、まだ中国は圧倒的に遅れた国で、一方の日本は経済大国で、日本人は中国人を上から目線で見て「昔、大陸で悪いこともしたし、いろいろ助けてやらなきゃいかん」と思っていた。

寺島　贖罪意識も含めたものでしたね。その時はそうだったと思います。

柳澤　それが今、完全に逆転してきている……。

寺島　おっしゃるとおりです。

（6）ミドルパワーの legitimacy

柳澤　物事が戦争につながる要因として、国民感情というものは非常に大きな要素――これはクラウゼヴィッツの受け売りですが――を占めている。日本のほうはある意味、対中コンプレックスがあって、「昔はおれのほうが上だったのに、今は上からやられている」という意識になっている。中国のほうは「もっと長い歴史の中でおれたちはどんな酷い目に遭ってきたか」というルサンチマンがある。この、ルサンチマンとコンプレックスの国民感情というものが、なかなかコントロールしきれないものとして存在しているように思います。

寺島　そのとおりですね。

柳澤　だから日本は、かつての大国としての名誉にすがっていくか、自分の力で及ばなければアメリカに頼るしかない、ということになる。そこをどう乗りこえるかが問われているのだと思います。

どう考えるべきかというと、そういう対立ではなくて、むしろこれは日本にとって一つのチャンスという目で見ることが必要ではないでしょうか。大国意識を捨てて自分の国はミドルパワーだと思えば、ほかにミドルパワーはアジアにたくさんいるわけで、どの国も米中の紛争に二者択一を迫られたくないわけですから、そういう国々と連携してやっていけば、ミドルパワーとしての新しい生き方ができる。それはそれで結構大きな外交的なパワーになっていくのだろうと思います。そちらのほうに舵を切るチャンスにもなっている。

そのいちばん大事なポイントは、自分自身を大国と認識して中国との競争関係を意識するのか、それともミドルパワーとして違う所で勝負しようとするのかという、そこの意識の持ち方なのではないかなと思うんです。

寺島　ミドルパワーにおける力の源泉も、やはり先ほどから議論している正当性、legitimacyや理念性だと思います。「あの人の言っていることは筋が通っている」「まともなことを言っている」ということが、いわゆる極が構造を支配する時代ではなくて、全員参加型に向かっていくような世界秩序の中では求められます。掲げている松明の高さや理念性というのが、ものすごく重要なんですよね。

2、尖閣問題にどう臨めばいいのか

(1) 日中ともに「固有の領土」論には無理がある

寺島　それで、そのことを前提にして少しお話ししておきたいのが、尖閣諸島の問題をどう捉えて、どう対応するのかという問題です。

尖閣問題は、日本が唯一武力衝突の可能性を抱えている問題です。ところが、日中双方ともに「固有の領土だ」という主張をぶつけるだけで、一向に解決の筋道が見えない。だからまず、この「固有の領土」論を検証することが必要です。

日本は「尖閣は沖縄県に帰属しているから日本の領土だ」というロジックであり、中国は「台湾に帰属しているから中国の領土だ」と言っています。しかし、歴史の長い座標軸の中で見ると、「固有の領土論」というのは、じつは日本が作った概念であって、もともと国際法理的な概念ではないのです。どちらの「固有の領土」論にも限界があるといえます。

日本側の論理について言うと、そもそも「沖縄県が日本の固有の領土だ」ということ自体、限界があります。江戸期の琉球王国は日中両属の独立国でした。だからアメリカは、琉球王国との間で一八五四年、米琉条約を結んだわけです。一方、明治政府は廃藩置県から遅れること七年の一八七九年、琉球処分を行って琉球を沖縄県とした。その流れの中で、日本の主張を見ると、一八九五年の日清戦争のタイミングに合わせて、「無主の地」、無人島だった尖閣を伊藤博文内閣の時に領有することを閣議決定し、領有を確認するという形に踏み込んだ。そして日清戦争の結果として台湾を領有するのですが、その後の九六年、福岡の実業家の古賀家に尖閣を無償貸与し、それが払い下げになったのが一九三二年という流れです。東アジアの海洋史というのは非常に複雑、微妙であって、東アジア史における沖縄の位置も同様に複雑なのです。

柳澤　はい、本当に複雑ですね。

寺島　同時に、台湾が中国領だという中国側の主張にも限界があります。それは、一七世紀以来四〇〇年の台湾の領有をめぐる歴史を分析すれば分かります。

じつは台湾はオランダ領だった時代があるのです。一六二四年、オランダ東インド会社が台湾を占領し、マカオ、澎湖諸島を攻めようとしたのですが、その時、当時の清国はオランダに対して、澎湖諸島までは清国のテリトリーだけれども、「台湾は域外」だからとして、台湾に退去することを求めました。台湾は部族が連立しているような状態で、まだ統一されておらず、中国に朝貢してきていないような地域だから、「台湾は中国の域外」という認識だったのです。中国は今、明の時代の古文書を持ち出して尖閣は中国領だということを主張しているけれども、明に続く清の時代でもそういう認識だったのです。

その後、明朝の遺臣だった鄭成功が一六六一年に台湾を支配した時代があり、一六八三年になってようやく清国が台湾を版図とします。その後、一八九五年からは日本が台湾を統治し、第二次大戦後に再び中国に帰属しますが、一九四九年に国民党が台湾に逃れて政権を樹立し、本土の支配から切り離された状態が続いているわけです。

こうしてみると、四〇〇年の台湾の歴史のうち、約半分の期間、中国の中央政権が台湾の施政権を持っていない状態が続いていたわけです。蔣介石と一緒に逃げ込んだ人たちもやがて反抗して中国全土を押さえようと考えていたから、「一つの中国」論は本土の共産党政権も含めてシンクロナイズしているように見えていた。けれども、それはあくまでも漢民族中心の考え方であって、台湾の民という視点で考えたら、この地域は単純に固有の領土という議論が成り立つような地域ではないのです。台湾に関しては、そういう世界観を持つべきです。

(2) サンフランシスコ講和条約が日本の原点

寺島 今言ってきたような話から、日本はどう対応すべきかが出てきます。その議論をしておきたいと思います。

日本は北方領土、竹島、尖閣と三つの領土問題を抱えています。その中で、先ほど述べましたが、尖閣だけが武力衝突の可能性のある危険なテーマになってきています。あとの二つは実質的に相手が実効支配をしているのだから、日本が積極的に動かないかぎり武力衝突にはならないと言えます。けれども、尖閣については、海警局の実際の動きや法律の制定も含めて、中国の居丈高さが尋常ではなくなってきている。次第に臨界点に達してきていることは確かです。

しかし私は、ここで日本人として静かに考えてみようと呼びかけたいのです。日本が国際社会に復帰できたのは、サンフランシスコ講和条約にコミットしたからです。ですから、とりわけ領土権について胸を叩いて誠実に守らなければいけないボトムラインも、やはりサンフランシスコ講和条約にある。苦々しい敗戦ではあったかもしれないけれど、その原点に立つべきなのです。

柳澤　サンフランシスコ条約の領土条項ということですね。

寺島　はい。サンフランシスコ講和条約で、こと尖閣に関係するのは第二条、第三条です。特に第三条は——国連信託統治などの用語が出て来る条項ですが——カイロ会談という、沖縄にとって歴史的な瞬間があったことと関係している条項です。

一九四四年のカイロ会談で、チャーチルとルーズベルトと蔣介石が、戦後処理について話し合いました。まずルーズベルトが蔣介石に、戦争が終わったあと中国は台湾の返還を求めるかと聞いたら、もちろん求めると答えたのです。次に琉球はどうかと聞きました。そこからが歴史的な瞬間だったのですが、蔣介石はアメリカが沖縄を戦後の東アジアの軍事拠点にする意図を持っているのを承知していた。ただし、連合国が発した大西洋憲章には領土不拡大方針が明記されており、それがチャーチルとルーズベルトのあいだの合意でした。もし大西洋憲章がなければ、アメリカは琉球を占拠して自国領だと宣言してしまっても構わなかったはずなのに、領土不拡大が原則になっているので、それはできない。そこで蒋介石は、琉球に基地を置くためには国連信託統治領にして、中国とアメリカが共管するのはどうかと、ルーズベルトに対して答えているのです。このやり取りは『蒋介石日記』にあります。それで、サンフランシスコ条約の第三条に国連信託統治のことが書き込まれたのですが、この第三条は、それを規定したあと、「このような提案が行われ且つ可決されるまで、合衆国は、領水を含むこれら島嶼の領域及び住民に対して、行政、立法及び司法上の権力の全部及び一部を行使する権利を有する」とされていたので、アメリカによる沖縄の戦後統治が開始され、一九七二年に沖縄返還協定が発効するまでのあいだ、アメリカ自身が施政権を持つことになったわけです。

柳澤　その経過はよく承知しております。

(3) 尖閣は日米中のトライアングルの問題

寺島　尖閣問題を考える時に、例のアメリカの曖昧作戦を理解しなければなりません。いちばんのポイントは、尖閣問題は日中間だけの問題ではないということです。別の角度で言うと、日米中のトライアングルの問題だということが、私の申し上げたいことです。

アメリカは、米国・民政府布告という形で、施政権を及ぼす沖縄の範囲を、北緯何度何分、東経何度何分と特定しています。そして大事なことは、尖閣諸島は、その範囲の中に明確に入っているのです。アメリカが施政権を預かっていたけれども、潜在主権を持っている日本にそれを返しますというのが沖縄返還協定なので、尖閣の領有権が日本に戻ってくるのは当然のことでした。だから、沖縄返還協定はサンフランシスコ条約と裏表なのですが、ところがアメリカは、返還協定調印の直前になって、施政権と領有権は別と言い出したのです。

これは昔の思い出話ではなく、現在につながっています。昨年の一一月一二日にバイデン大統領と菅首相のあいだで電話会談が行われ、いきなり向こう側から「尖閣は日米安保の対象に入る」という例の言葉が出てきたということで、この言葉が出ると日本側は何やら本領安堵された御家人みたいな気分で、「よかった、よかった」というような話にとどまっています。しかしこれは今までもアメリカが何回も繰り返してきている言葉に過ぎません。重要なのは、沖縄返還協定から現在に至るまで、アメリカは領有権については「特定の立場は取らない」と言いつづけていることです。今年二月二六日に、わざわざ国防総省のカービー報道官が記者会見までやって、「尖閣の領有権については特定の立場を取らず」と明確に言っている。このアメリカの態度が、尖閣問題をものすごく複雑にしていることに気づかなければなりません。

柳澤　なるほど。米軍が射爆場として使いっていいながら領有をあいまいにすることに不満を感じていましたが、戦後のアメリカの施政から来ているのですね。

寺島　私は今回、徹底的に調べました。あらゆる文献に当たってみたら、こういう経過だと分かりました。沖縄返還協定が結ばれた一九七一年六月には、まだ蔣介石が生きていました。その蔣介石は、アメリカが日本に沖縄を返還する流れに行こうとしていることにものすごく苛立ち、尖閣は台湾の領土だという圧力を掛けはじめたのです。カイロ会談の亡霊が甦ったようなものです。なぜ蒋介石が苛立ったかというと、自分が統治してきた台湾は、七一年一〇月に国連から追放されるわけです。ただでさえ切迫していた。さらに、沖縄返還協定を調印した直後の七月、キッシンジャーが秘密外交で北京に飛んで、本土政権との国交回復を目論んでいました。しかも、六八年に現在のＥＳＣＡＰが、尖閣の地域に石油が出るという報告書を出したため、中国及び台湾が尖閣に対して非常に関心を持ちはじめていました。アメリカは、そういうもろもろの事情に配慮して、「施政権と領有権は別」と言い出したのです。

しかし、常識的に考えてみれば、領有権があるから施政権を持っているわけです。そこを分断して考えるのが奇怪なことです。

調べてみて私は驚きましたが、当時、日本の政治家も黙って聞いていたのではなく、きちんとした考えを持った人たちがいたということです。一九七二年三月二一日、外務大臣をしていた福田赳夫が、アメリカが施政権は返すと言っているけれど、領有権は別と言っているのはおかしいではないかという質問が国会（参議院・沖縄及び北方問題に関する特別委員会）で出されたのに対して、尖閣の領有権に関して曖昧な態度をとるアメリカ、中立的姿勢をとるアメリカに対して不満を語り、「アメリカに厳重に抗議する意思」を表明しているのです。実際その後、牛場信彦駐米大使を通じて、アメリカの国務省に対して日本の立場を説明し、支持するよう求めています。しかし、アメリカは態度を変えなかったし、日本も事を荒立てないでこれまでやってきています。

柳澤　よくお調べになりましたね。

（4）領有権の存在をアメリカに認めさせる

寺島　問題は、そういう経過をふまえ、日本がどう対応すべきかです。日本が尖閣の領有権を持っていることをアメリカが認めないから、逆に言えば中国がこの問題に関して強気に出て来る。それをどうするのか、ということです。

少し話がそれるようですが、今年の三月、バイデン政権になって最初の米中外相会談がアラスカで行われ、激しいやり取りになったことがマスコミで報じられました。日本人は、ああいうやり取りを見ると、阿吽の呼吸が大事なのにと思ってしまいがちですが、日本は尖閣の問題では、あれぐらいアメリカに対して強く迫っていくべきなのです。「尖閣の領有権が日本にあることを明確に示してほしい」、「アメリカが曖昧な態度をとるから中国が現在のような行動をとる」、「そこを確定していただければこの話は展開が変わる」ということを、もし日本がアメリカに語る勇気があれば、この問題のレベルは変わってくるのです。

私が言うまでもないことですが、去年亡くなった李登輝元総統は、漁業者が尖閣の周りで漁業をしていたという歴史的事実はあることは盛んに言っていましたが――漁業権の問題については日本としても大いに配慮すればいいのですが――、尖閣が台湾の領土だったことはないという発言は何回もしているのです。そして重要なのは、中国が尖閣について、ダイレクトに「中国の領土だ」と言っているのではなく、「台湾に帰属する尖閣」という言い方をしていることです。日本が台湾とのあいだで尖閣問題を紛争化させず、漁業者に配慮するような合意ができれば、本土の中国政権と協議する上で大きな基盤になると思います。そういう基盤を作り上げていく外交的努力が日本には求められています。抑止力に期待してこの問題を方向づけするのではなくて、日本の外交的努力によって国際社会に対して日本の主張を鮮明にしていくことが大事です。

柳澤　抑止力はこの問題では何の役にも立ちません。

寺島　外務省はあまり動こうとはしないかもしれませんが、国際司法裁判所に訴え出るくらいの気迫を見せたらどうかと思います。それを言うと、そもそも領有権問題は存在しないから裁判に訴えるような話ではない、などのような話になってしまうのだけれど、そうではありません。むしろ日本の主張、外交努力を国際社会にアピールするためにも、勧進帳を読むような思いで国際社会に対して発言していくべきだというのが、今の私が考えていることのポイントなんです。

私が考えている今後の構想の中でとても重要な位置を占めるのは——これはむしろ柳澤さんにお聞きしたいぐらいの話なんですが——、台湾には一つも米軍基地がありません。私は台湾の人たちともものすごいコミュニケーションを持って議論をしていますが、台湾に米軍基地がないということは、今、台湾独立かという空気の中で、中国の締め上げがすごいですが、もし台湾海峡で何らかの武力衝突が起こり、台湾を支援する形で米軍が動くとなったら、言うまでもなく米軍基地のある沖縄が自動的に巻き込まれてしまうわけです。

柳澤　そうです。実際に米軍はそのための戦略づくりをしています。

(5)「不必要な戦争」「無駄な戦争」をしないために

寺島　ということは、台湾リスクは他人事ではないので、日本人として考えておかなければいけない問題だということです。米軍が巻き込まれるということは、自動的に日本が安全保障上の問題にさらされるということです。これについて考え方を決めておかなければいけません。

このことに関して言えば、日本がとるべき態度は明確だと思います。台湾問題で米中の軍事衝突、もしくは台湾との軍事衝突が起こることがあっても、日本は武力をもって紛争の解決手段としないことを国是としている国だから、基本的にこの問題に対しては武力をもって対応してくれては困るということです。そういう意思表示を事前にしっかりとしておかなければいけないのです。

尖閣の問題は、今度は逆の構図になっているといえます。日本人は「日米安保第五条の対象に入る」と言われたら、それだけで「戦争が起こったら、即アメリカが守ってくれるんだ」と喜んでしまう。大げさに言えば、沖縄の基地はそのためにこそあると思っている人たちが、日本人の中にはいるわけです。

ところが、アメリカは「同盟責任を果たす」と言いつづけているけれども、国際関係における常識として、同盟責任の果たし方にもいろいろあります。たとえば、国連安全保障理事会で日本の立場を強く支持することにとどめることもあります。アメリカにとっては、米中戦争だけは避けたいという力学があるので、尖閣問題での対応もその力学の中から出てくることは間違いない。もうすでに自衛隊と米軍とのあいだで了解ができていて、仮に尖閣で中国が何かを仕掛けてきても、一次的には自衛隊が対応し、そのあとの段階で、米軍がそれに対して呼応してサポートするかどうかという話は、次の次元の問題として残されているのだと思います。

いずれにせよ、今の日本が置かれている状況の喫緊性を考えたら、台湾には米軍基地がないという事実と、尖閣の問題はアメリカの曖昧作戦が事を複雑にしているんだということを、二つ大きなポイントとして認識、了解していないと、東アジアを外交的に安定させていこうとする努力の道筋が見えないということです。今の日本の報道のあり方も含めて、米中対立が高まる状況に対して、日米の軍事的一体化でもって対応するという発想のままでは、本当に火遊びになってしまいます。外交関係には知恵が要るのです。

そのための布石を今どんどん敷いておかないと、先ほど議論になったように、思いもかけない「不必要な戦争」「意味のない戦争」「無駄な戦争」に日本が自ら巻き込まれていくことになりかねません。そのことを柳澤さんが一貫して言っておられるから、今日は非常に大事な対談だと、私自身感じています。

(6) 領有権と施政権の双方をアメリカに認めさせる問題をめぐって

柳澤　少し余計なことですけれども。寺島さんがおっしゃるように、アメリカが施政権を主権と切り離しているわけです。一方で、日米安保条約第五条は「日本国の施政の下にある領域における」武力攻撃に対して対処するとなっている。だから、北方領土について言うと、日本は自国の領土だと言っているけれども、日本が施政権を持っていないことは明らかだから、安保五条の適用対象にはならない。竹島も結果としてそうなっている。他方、アメリカにしてみれば、尖閣はどの国の領土かどうかはともかくとして日本の施政権のもとにあるので、安保五条の適用対象には入るということで、ある意味で、アメリカにとっても都合のいい解釈にはなっているのです。

寺島　そのとおりです。

柳澤　その尖閣の領有権も日本にあることをアメリカに認めさせ、主権の問題にアメリカを引きずり込む場合、別の問題が生まれてくるかもしれない。ヤルタ会談では、もしかしたらアメリカとソ連のあいだで、日本に北方領土を手放させる合意があったのかもしれないので、そうすると論理的にはパッケージになる形で北方四島の領有権を手放すことにつながる可能性があります。私は安定のほうが大事だと思うので、今さら四島返還という見果てぬ夢を追ってなかなか物事が進まないよりは、決意してはっきりさせたほうがいいというのが、個人的な思いなんですけれども。

寺島　おっしゃることはよく分かります。ただ私が言いたいのは、日本の領土権を認めていないような所、ひょっとしたら中国の領土かもしれない所で中国の領海侵犯なり武力攻撃が行われたら、論理的正当性として、アメリカがアメリカの青年の血を流してまで助けるということにはならない、ということです。まずは日本が対応してください、という形になっていくことは間違いありません。アメリカがその次に支援的な行動をするかどうかは、常に曖昧にされているということが現実なのです。

柳澤　はい、分かります。そこはまさにアメリカから見た同盟のジレンマでもあるわけです。日本の戦争に巻き込まれたくない部分がアメリカにもあるわけです。

以前、二〇一三年に安倍さんが訪米した時の話ですが、米軍の星条旗新聞（Stars and Stripes）のコメンタリーの中に、「安倍はホワイトハウスであたたかく迎えられたあとに、こう言われるであろう」と書いていて、それに続けて「誰も住んでいない岩のためにおれたちを巻き込むのはやめてくれ」とありました。

寺島　そういう話がありましたね（笑）。

柳澤　アメリカはそういう本音を持っている国です。だから、我々がいくらアメリカに尽くしたところで、それがアメリカの本質的な精神構造であるとすれば、尖閣の領有権をアメリカに認めさせることは、そう簡単なことではないと思います。

寺島　簡単ではありません。それに、私が今言いたかったことで一つ忘れてはいけないのは、例の分断統治論です。なぜアメリカがこういう曖昧作戦に出たかという時に、うがった見方をする人がいて、日中関係がけっして良好にならないための得体の知れない問題として、そこに尖閣問題を置いているのだ、分断装置の一つのロジックなのだと理解する人が世の中にいるのです。

柳澤　陰謀論的な見方ということですね。

寺島　そうです。ただし、私は今回調べて確認したのは、なぜニクソンとキッシンジャーが領有権と施政権を分けたのかということに関して言えば、当時の情勢の中では苦肉の知恵だったのだということです。分断統治を狙った陰謀ではないことは確認していますが、ここを逆にアメリカにただすことが、日本の国際社会での外交努力ということを際立たせる上で大事だということなのです。

柳澤 そこは私もまったく賛成です。アメリカには「瓶のふた」論程度の発想ぐらいはあると思うのですが、そのためにことさら尖閣に曖昧戦略をとるような、そこまで賢いアメリカなら逆にまったく心配しない。

寺島 私もそうです。そこはまったくその通りです。だから、分断統治のためのシンボリックな状況なのだと理解して迫ってくる人もいるんですが、それはどうも違うということです。今おっしゃったように、アメリカはそんなに戦略的ではない。つまり、うろたえてここに来てしまった。それに我々が今、振り回されているとも言えるのです。

(7) 賢さと、慎重さと、思考停止から抜け出す勇気が必要

柳澤 今回のアラスカでの米中の外相会談を見ても、何を愚かな言い争いをしているんだというぐらい、まったく戦略性が感じられないんですね。

寺島 あの会談に出た中国の楊潔篪という人物とは、私はワシントン時代に一度面談をしたことがあります。まだ若い外交官だったのですが、その後二〇数年もワシントンに張り付いていたのではないか、と思います。アメリカにものすごく知己も多いし、コミュニケーションもあるし、ラインもある。だから、楊潔篪は全部わかった上で、あの会談でアメリカを公然と批判しました。アメリカ側が、世界中の国々を回っ

たがどの国も中国の人権問題について問題意識を持っているし、憤っているというたぐいの話を持ち出したのに対して、あなたが回ったすべての国は中国との貿易で経済を成り立たせているんですよと、楊氏は言ったのです。そういう面では本当にパラドックスなのですが。

いずれにしても、この力学の中で我々が力を入れて考えなければならないのは、日本はどうしていくかという話なんです。

柳澤　おっしゃるとおりですね。

寺島　賢さが必要、ということなんです。

柳澤　賢さと、慎重さと、今までの思考停止から抜け出す勇気と。

寺島　そう、それです。

柳澤　おそらくそういう資質が必要だと思うんですね。

寺島　おっしゃる通りです。私は、そのための一つの試みが、改めて領土権のこの曖昧さを持ち出すことだと思うのです。そのことによって、アメリカの対中国戦略、それから日本の同盟戦略、それらの本質の所をただしてテーブルにのせていくことができるし、米軍基地のあり方をテーブルにのせていくための入り口になると思っているのです。

柳澤　そうかもしれません。そこの曖昧さを払拭すると、自分に何か降りかかってくるという恐れも当然あるんですがね。

寺島　もちろんあります。

柳澤　そこはしかし、勇気をもって踏み込まないと。

寺島　本当にそこなんですよ、さすがによくお分かりになっておられます。私が言っているのはそこなんです。覚悟が要るということです。

柳澤　まさに覚悟ですね。

寺島　これを持ち出してしまったら、パンドラの箱をひっくり返すことになりかねません。

柳澤　もう今だってパンドラの箱が世界で開いているのに、なぜ自分だけが開けずにいるかということですね。

寺島　本当にそうなんです。

柳澤　開けた時には白髪のおじいさんになっちゃうという話ですね（笑）。

寺島　そう、そう（笑）。

3、日米中の関係をどう捉え、どう構築するか

（1）尖閣の防衛と抑止力という問題

柳澤　それで、先ほどの尖閣、台湾をめぐる軍事的な対応の話なんです。

私は尖閣について自衛隊の現役の幹部と話をしたことがあるのですけれども、防衛計画大綱には、島嶼

部の防衛のためには海上優勢・航空優勢が重要であると書いたあとに、「万が一占拠された場合には、あらゆる措置を講じて奪回する」と書いてあるのです。その気持は分かるけれども、海空優勢がないから奪われている時にどうやって奪回しに行くのかという技術論はさておいて、奪回したらそれで終わるのかということなのです。向こうだって人民解放軍が島を取りに来る場合は相当な決意で来ているのであって、一回自衛隊に取り戻されたからといってすごすごと諦めるわけではないでしょう。つまり、また取りに来る。そうしたらこっちはまた取り返すのだろうけれど、また向こうはやって来るでしょう。だから、その自衛官に「そこをどういうスパンで考えるんですか」と聞いたんです。ある意味、無限の消耗戦になっていくわけですから。

寺島　本当にそうですね。

柳澤　そうしたら、その自衛官が言うには、「そこはだから、一回奪回したところで政府が講和条約を結んで決着してくれないと困る。そうしてくれるという頭で自分たちは考えています」ということでした。僕も、まあ、そうでしょうね、と言うしかなかったのだけれど。

寺島　そうでないと山本五十六のようになってしまいますからね。

柳澤　そうです。日本はその先のシナリオを考えていない。尖閣を巡る争いは、別に経済的な理由でもなく、主権という名誉と感情の争いなので、お互いに引けないわけです。そうしたら、仮にあそこだけに戦場を絞ったとしても、無限の取り合いが続くということになる。そこはいずれにしてもどこかで政治が決着をつけなければいけないわけです。

その時に米軍が出てくるのか。米軍は出てきたとしても、目立たないように潜水艦を二隻出すとか、本当にその程度なのだろうと思うんです。仮に、アメリカが本気になって、まあ海兵隊を送り込んで青年の血を流すような作戦はありえないとしても、空軍が出て空中戦をやったり海軍の船を爆撃したりすれば、当然それは米中の戦争になっていくわけです。日本が「もういいから講和しましょう」と言ったって、「何を言っているんだ、おれの戦争だ」ということになってしまう。

その時に最前線の基地は沖縄ですから、そこにはボコボコにやられるようなミサイルが飛んでくるわけで、そういう戦争まで本当に覚悟するんですかということが問われている。そこまで突き詰めて考えない曖昧なところが抑止力になるという意見もあるんですけれども、しかし「曖昧だから来ないよな」と思わせたら抑止力にならなくて、「曖昧だけれど来るかもしれない」と思わせるから抑止力と言うんですね。では来たらどうなるのかということを考えれば、沖縄にミサイルが飛んでくるというのは、もう軍事的に常識なのです。そういう事態になることまで覚悟して初めて、アメリカの抑止力というものが論理的には成り立つはずなんだけれど、その覚悟がまったくないままに「アメリカ軍がいれば抑止力になる」と思っている。

寺島　まったくそのとおりですね。

柳澤　本当に抑止力として有効だということは、相手に対して報復の脅威を与えるから抑止なので、意を決した相手がどうするかと言ったら、いちばん怖い前線の相手をやっつけるところから戦争が始まる。だから、抑止というのは破綻しないわけではない。破綻した時には被害に耐えて戦争を継続する意志があるから抑止になる。どうもそこのところを、日本で安全保障を語る人が本当に何も考えていないのではないか。私が今いちばん気になるのがそこです。

（2）尖閣ではアメリカ、台湾では日本が仲介役に

柳澤　台湾の問題に移ると、今度は日中の主権の争いではなくて、米中の覇権の争いなのです。その米中の覇権の争いの中で、これもお互いたぶん引けないんでしょうし、特に中国にとって、今の中国共産党にとっては、やはり台湾で引いてしまったら、香港だって新疆ウイグルだっておかしなことになるので、引けないわけです。

そうすると、何が何でも引けない相手に対して、軍艦を何隻か出したところで抑止できるかというと、それは難しい。抑止とは相手が手を出すことを我慢するから抑止になるわけです。「反撃されるとかなわないからここはやめておこう」と言って我慢するから抑止になる。しかし、台湾の独立機運の広がりやアメリカの出方によっては、もう中国は我慢していられない状況になるかもしれない。それが台湾問題の難しさだと思います。そういう難しさを抱えている時に、アメリカがその独立機運を後押しするような政治的な動きをしたりすれば、これはむしろ抑止と言うよりは挑発でしょう。抑止は相手の我慢の限度を超えたら確実に破綻するわけですから。ではアメリカのような強敵と戦ったときに中国がどうするかと言えば、空母だって港にいるときがいちばん弱いからそこを狙うし、飛行機だって飛び立つ前が弱いわけですから、

まず沖縄の米軍基地を叩けということになる。これはもう軍事の常識です。

寺島　本当にそうですよね。

柳澤　だから、その台湾の防衛で日米が協力しますという時に、協力の仕方以前の問題として、台湾を巡る米中の戦いがあれば、もう確実に沖縄や九州にミサイルが飛んでくる、というふうに認識しないといけない。その上で「本当にどこまでやっていくか」を議論しなければいけない。そうすると、日本が最低限しなければいけないことは、「米中の戦争だけはやめろ」というメッセージを出すことになるはずです。

先ほど尖閣の問題を議論したところで、どうやって講和を結ぶかという話をしましたが、尖閣について今、日本と中国が言うことを聞ける仲介者は、たぶんアメリカだと思うんです。だから、日本がめざすべきは、アメリカを軍事面で当事者として巻き込む方向ではなく、軍事衝突に際しては仲介者、第三者の立場でいてもらうことであって、そうでないと決着を付ける人がいなくなるではないか、ということです。先ほどの主権の問題を詰める話と重なると、微妙な二正面作戦になりますが。

逆に、今度は台湾について言うと、やはり仲介者の役は日本がやらないといけないでしょう。戦争になれば日本が確実に巻き込まれて被害を受けるわけですから、そういう立場で、日本がどうやって米中のあいだの仲介のポジションを保てるかというのが、いちばん大きな課題だと思います。

そこら辺を突き詰めないと、立憲民主党なども、辺野古移設がおかしいのは分かるけれども、では海兵隊がなくなって尖閣をどう守るんだということで、結局は抑止力が大事というだけの話になってしまう。だから、このような議論に焦点を当てなくてはいけないと思っているのです。

寺島　おっしゃるとおりです。そのトライアングルの中で、日本はこういう考え方なのだということを明確にしていかなければいけないのです。日本が曖昧作戦ではいけないんです。日本自身が、「やはり武力ではなく外交力で問題を解決していく」と訴えることなのです。「そんなことは愚かだ」「限界がある」と言われても、日本のロジックというものを語りつづけることが、まず日本の前提に必要になってくると思います。

柳澤　現在の米中の激しい争いを通じて、やがてどこかですみ分ける線ができてくると思うのです。それがないといつまでも安定しないわけですから。そして、その線がどこで引かれるかは気になるところです。そこを予測して、日本が困らないようにするのが、我々の世代のつとめだと感じています。

寺島　そうですね。かつてスペインとポルトガルが大西洋の真ん中で線を引いたように、米中二国間でもそのようなことをやりかねないわけですから。

(3) 米中関係は表面だけを見ていてはいけない

寺島　それと、もう一点だけ付け加えたいと思います。私は日米中のトライアングルの関係を、ペリー来航以来の一五〇年史の中で分析して、いろいろな本も書いてきています。その中でいちばん気になることの本音は、米中関係は殴り合っているように見えて、じつは手をがっちり握っていて、逆に日米関係は良好なように見えてお互いがお互いに対して根底的な不信感を持っているから、本当の本質の所でもって見誤ってはいけないことがある、ということです。

あの第二次大戦と言われたアジア太平洋戦争だって、中国をめぐる日米の対決だったのですが、私がワシントン東海岸に一〇年張り付いていちばん感じとったことは、米中間のコミュニケーションのパイプの太さです。在米の華人・華僑という人たちのネットワークの深さもすごいものがあります。それが日米中のトライアングルの関係を動かしてきたのです。

戦前で言えば、ヘンリー・ルースのようなアメリカのメディアの帝王になってタイム・ワーナーの創始者となった人が、アメリカはいかに中国と連携して日本を追い込むというところにゲームを持っていったのか、という歴史を振り返っています。戦後においても、一見して米中が対立しているように見えたけれども、ある日突然、大国主義的なロジックにおいて手を組んだわけです。日本からすると「頭越し」にです。日本がアメリカと手を組んで必死になって中国と戦っているつもりでいると、ゲームの質がまるで変わるというパラダイム転換にさらされる可能性があることを、つねに注意しておかなければいけないと思っています。今度のアラスカでも殴り合っているように見えましたが、それは表面上の出来事なのです。尖閣の領有権の問題についても、それを絶対にテーブルの上に出してこないという阿吽の呼吸で、ぎりぎりの所で米中間の関係も成り立っているのです。

さらに、対談の冒頭でお話しした貿易の話に立ち返ると、去年の実績ですが、米中貿易は日米貿易の三倍を超しています。これだけの対立があるから、何やらものすごく減っているように思う人がいるかもしれませんが、全然違うのです。そういう中で、アメリカから中国に進出している多くの企業があり、中国の在米華人・華僑のネットワークの深さと影響力の高さがある。それを我々は絶対に無視してはいけないと思います。そういう中で「米中二極の冷戦の時代だ」という類の世界観を持っていると、話はそう単純ではないことに気づきます。

しかも話が複雑なのは、世界には七〇〇〇万人の華人・華僑がいて、東南アジアだけでも三五〇〇万人いるわけです。グレーターチャイナ、いわゆる大中華圏という華人・華僑ネットワークの存在は、じつは中国本体にとっても悩ましい問題なんです。これで中国が大きく見える一方で、その存在が中国の民主化に対する圧力にもなっている。たとえば、香港の問題で今、在米華人・華僑の人たちは中国にものすごい失望を感じています。しかし、そうは言いながらも、「中華民族の偉大な復興」というメッセージには呼応してくるような部分があり、非常に複雑なのです。世界の歴史は華人が動かしてきたと思っているような、我々が呆れかえるような歴史観があり、世界の四大発明は全部中国人がやったみたいな世界観をベースにして動いてくる。この一連のコミュニケーションのパイプがあるわけです。

ですから、日本人が単純な考え方をして、「日米で連携して中国と戦おう」というような枠組みで二一世紀を生きようとしたら大間違いです。やはり我々はいろいろ苛立ちながらも、自分たちの拠って立つlegitimacyは何なのかを提示していかなければなりません。

(4) 民主化された戦後日本の自衛隊のありよう

寺島　私がなぜ柳澤さんの一連のご発言を注目しているかというと、戦後民主化された日本において、ぎりぎり作り上げた自衛隊なる自主防衛の仕組みの中から、体制や国家などというものに過剰同調するのではなくて、自分の頭で、自衛隊というもののぎりぎりの価値をしっかり踏み固めて、社会的にも安定感のある発言をされているからです。そういう座標軸を持っている方がどうやって生まれたかというところに、じつは私は注目していました。

それから、私はワシントンにいるあいだ、陸上自衛隊から派遣されて来ている人たちと、ものすごく親しく付き合っていました。勉強会も一緒にやっていたし、隊友会に呼ばれて北海道などにも何度も講演に行っています。私は、そういう人たちの中から、地頭で真剣に自分の体験を考えて、民主化された日本国において防衛や安全保障はどうあるべきなのかを模索し、新しい時代の安定した思想を持ちだしてくる人が育たなくてはいけないと思っているのです。それがこれからどういう形で展開してくるのかということが、私はものすごく気になるのです。

政治がこれほどまでにある種の劣化をして legitimacy を失っている状況の中で、安全保障は国にとってやはり一つの柱なのですから、そういう所に柔らかい発想で世界を眺められる力の人たちが育ってこないとまずい。そうでないと、今の日本の政治における方針のあいまいさの中で、たとえばイラクに派遣されたり、どこそこに派遣されたりとしている中で振り回されて、生真面目な人ほどそのうち臨界点に来ると思います。

柳澤　安全保障の問題では、考えなければならないけれど、結論が出ていない問題が多いのです。９・11

のあと、まだ現役だった私がいちばん悩んだのは、アメリカでは不審な飛行機が警告を無視して飛んでいたら撃ち落とす命令が出たけれど、日本ではどうするのだろうということです。石破茂さんの事務所に呼ばれて、ハイジャックされた飛行機が国会に向かって飛んでいたらどうするのだと聞かれ、私は「市街地ではなく国会だと分かっているならむしろ放置しておくでしょう」と答えて笑われたのだけれど、難しい問題です。東京に近づく前に撃ち落とすのが望ましいけれど、望んでいるようにはならないでしょう。それに引き金を引くのはパイロットだろうけれど、決断するのは総理大臣でなければならない。そんな決断をして一生背負っていく覚悟が今の政治家にあるのかというと、心許ない。今でも結論の出ない問題です。

寺島　民間機をどうするかという話だから、放置しておけば標的となった市街地で民間人が死ぬわけだし、撃ち落とせば搭乗している民間人を死なすという話ですからね。難しい問題です。

柳澤　そういう問題に悩んでいる私が防衛庁にいた当時、寺島さんが市ヶ谷の防衛庁に来られて、陸幕でお話しするのを現役の局長として聞かせてもらったことがあるのです。

寺島　そうだったんですね。

柳澤　正直に言わせてもらえば、当時の私の受け止めは、寺島さんは視野の広い深みのあることを言っておられるが、その話は来週に必要になることで、我々が知りたいのは明日の話だと思って聞いていたのです。防衛省や自衛隊の現役の組織の文化には、その種の制約があるのです。退職してイラク戦争を振り返る中で、いろいろ気づいてくる。アメリカのやっていることにこちらが言い訳を考える必要があるのか、と思ったりするうちに、広い視野でものを見ることが必要だと分かって、はじめて寺島さんの話が理解できた気がします。そういう見方を若い世代に伝えていくことが、我々の世代に求められている。

（5）団塊の世代には責任がある

寺島　そう、我々団塊の世代の責任と言えるものです。柳澤さんと私は、違った世界を生きているからこそ、心が通う部分があります。柳澤さんが果たしている役割は、ものすごく大きいと思うのです。日本の自衛隊を、いい意味で多様性と民主主義の中でしっかり持ちこたえていられるのが柳澤さんだと、私は本気でそう思っています。

青年期の体験はその後の人生に影響するものですが、柳澤さんは安田講堂攻防戦の時は、もう東大を卒業していたのですか。

柳澤　四年生でした。それほど強烈な青春は過ごしていなくて、単位が足りないので、卒業するのに五年かかっています。司法試験に集中して授業に出なかったからですが、よく考えたら授業を受けないで司法試験に合格するわけがないのだけれど。

寺島　東大闘争の頃、私は早稲田にいましたが、当時、大学を超えて様々な研究会や勉強会がなされており、同世代の人間として鳩山由紀夫氏や菅直人氏などとも一定の交流がありました。

柳澤　菅さんは都立小山台高校で私の同期なんです。当時はクラス数が多いし、二年生から文系理系に分かれるので、卒業してかなりあとになるまで同期とは気づかなかったのですが。鳩山さんも東大で同期なんですね。数年前、本を出すので対談したのですが、本当にいい人でした。辺野古に行ってスクラムを組んでご自分も座り込みをしていたら、警察が力づくで次々と排除していくのですが、自分の前で止まったそうで、「なぜだろう」と本気で疑問を持っておられた。そんなの、あなたがいるからだろうって、誰だってすぐに分かるんですけどね。そんないい人だけれど、総理大臣には向かなかった。

寺島　鳩山氏は心の柔らかい人で、様々な意見に心を配る。それが行動の制約となってしまうところがあります。

柳澤　私の同期は、政治の世界ではうまくいっていない。

寺島　歴代の東京都知事を見ても、やはり政治に関わった団塊の世代はうまくいっていないように感じます。どこか鍛えられていないところがある。

柳澤　私の世代は、役所に入ると一〇年先輩には戦争体験者がいて、戦争体験から来るものを身につけておられて、それに付いていけばいいというところがあったのです。ところが、ふと気がついてみると、自分の独自ものがないのですね。

寺島　戦争体験をもった世代とは違い、我々の世代は、どこかふわふわして、きびしい局面になると腰砕けになるところがあるのですね。それを総括して、どうするかを提示しなければいけないから、このテーマで本でも出す必要がありますね。

柳澤　あと何年生きられるか分からないですが、生きているものの責任として、何かを出さねばならないでしょう。

編者あとがき

「自衛隊を活かす会」事務局長　松竹 伸幸

私は、本書の編者である「自衛隊を活かす会」の実務を担っているが、同時に、本書の版元の編集部に属しているという、少し複雑な位置にある。しかし、その複雑さが本書を生み出す一因にもなっており、そこには9・11が大いに関わっているので、その事情だけを書いておきたい。

9・11が起きた時、私はバリバリの左翼の一員であった。だからといって、誰よりも悪いのはアメリカだとまでは思わなかったし、ビンラディンを捕まえるのに軍事的手段は絶対に排除すべきだという立場でもなかった。軍事力は賞賛すべきものではないが、やむを得ずに使う場合があると考えていたのである。その意味で、左翼の中にある自衛隊絶対否定という立場には付いていくことができず、自分の立ち位置を模索していたと言える。

そこに光明を見いだすきっかけとなったのがイラク戦争であった。正確にいえば、イラク反戦闘争の質的な高まりである。

あの時、自衛隊のイラク派遣は違憲であるとの立場で全国いくつもの裁判が起こされたが、中でも注目されたのは北海道の札幌地裁における裁判であった。ここでは、かつて自民党の衆議院議員で防衛政務次官を務めたこともある箕輪登氏（故人）が原告団長となり、小泉首相を訴えていたのである。箕輪氏は、専守防衛の自衛隊は合憲であるが、戦争のために自衛隊を海外に派遣するのは違憲であって、愛する自衛隊員をそんな任務に就かせることはできないと訴えていた。

しかも注目されたのは、旧社会党や共産党の国会議員経験者が原告団にくわわり、その箕輪氏を支えていたことである。左翼政党が専守防衛の自衛隊なら認めたというものではなかったにせよ、戦後長い間、憲法九条と自衛隊の関係をめぐって国民世論の中に存在してきた分断を乗りこえる道筋がほのかに見えたというのが、当時の私の実感であった。

出版社に勤めることになった私は、最初の仕事として、箕輪氏らを著者とする『我、自衛隊を愛す　故に、憲法九条を守る』というタイトルの本をつくることになる。本の帯の推薦文は加藤紘一氏（故人、元自民党幹事長・防衛庁長官）に依頼した。また、その直後、伊勢﨑賢治氏にお願いし、同じような発想で『自衛隊の国際貢献は憲法九条で』を書いていただくことになった。

二〇〇九年に民主党の鳩山政権が誕生したが、重要な公約であった辺野古の県外移設をめぐって迷走し、公約を踏みにじることになる。その過程で、柳澤協二氏が抑止力の観点から沖縄には海兵隊は必ずしも必要でないと発言するのを拝見して感銘を受け、『抑止力を問う――元政府高官と防衛スペシャリスト達の対話』を書いていただいた。

その本に収録した対話の一つが、「日本独自の安全保障を構想する」と題する加藤朗氏を相手にするものであった。日本は憲法九条にもとづく防衛戦略を持つべきだと二人が盛り上がるのを伺いながら、その提起こそが九条と自衛隊の分断を乗り越える道筋だと考えた私は、二人に執筆を持ちかけるが、まだ頭に構想が浮かんだばかりだと断られる。逆に、「あなたが書いてはどうだ」とおだてられて書いたのが、『憲法九条の軍事戦略』という本である。

それら一連のやり取りの中で、憲法九条のもとで自衛隊の専守防衛や国際貢献のあり方を探求することの大切さは、私だけでなく防衛官僚経験者や国際政治の現場にいる人、学問の世界にいる人も、政治的立場を超えて共有していると感じた。そこで、もしその目的を実現するための会ができるなら、自分が実務を担いたいと分不相応にも表明し、二〇一四年に発足した「自衛隊を活かす会」の仕事をお手伝いすることとなった。

「自衛隊を活かす会」は、これまで三つの提言を出しており、著作もいくつかある。二〇回ほど実施したシンポジウムなどの記録は、基本的にホームページで紹介している。それらが「現行憲法のもとで誕生し、国民に支持されてきた自衛隊のさらなる可能性を探り、活かす方向にこそ、国民と国際社会に受け入れられ、時代にふさわしい防衛のあり方」（設立趣意書）があるとする設立時の目的を達成しているかは、読者の判断にゆだねるしかない。本書も、「自衛隊を活かす会」の七年間の活動の集大成として、読者の批判を受けたいと考えている。

9・11は非常に大きな出来事であり、世界にも日本にも重大な変化をもたらした。同時に、そのことを通じて人の生き方にも影響を与えたというのが、私の偽らざる実感である。

著者一覧

（掲載順。詳細プロフィールは各論考の冒頭部分）

伊勢﨑 賢治（東京外国語大学教授）
加藤 朗（桜美林大学教授）
長谷部 恭男（早稲田大学教授）
冨澤 暉（元陸上幕僚長）
渡邊 隆（元陸将）
林 吉永（元空将補）
半田 滋（防衛ジャーナリスト）
小村田 義之（朝日新聞記者）
志葉 玲（ジャーナリスト）
添谷 芳秀（慶應義塾大学名誉教授）
酒井 啓子（千葉大学グローバル関係融合研究センター長）
太田 昌克（共同通信編集委員）
河東 哲夫（元ウズベキスタン・タジキスタン大使）
宮坂 直史（防衛大学校国際関係学科教授）
佐道 明広（中京大学国際学部教授）
池田 香代子（ドイツ文学翻訳家）
屋良 朝博（衆議院議員）
マイク 望月（ジョージ・ワシントン大学教授）
寺島 実郎（一般財団法人日本総合研究所会長）
柳澤 協二（元内閣官房副長官補）

9・11から20年　人類は教訓を手に入れたのか

2021年7月30日　第1刷発行

監修者　柳澤協二
発行者　竹村正治
発行所　株式会社　かもがわ出版
〒602-8119　京都市上京区堀川通出水西入
TEL 075-432-2868 FAX 075-432-2869
振替　01010-5-12436
ホームページ　http://www.kamogawa.co.jp
印刷所　シナノ書籍印刷株式会社

ISBN978-4-7803-1175-4　C0036